한국 최초의 미국 개신교 간호 선교사

안나 P. 제이콥슨 자료집
1866~1897

박형우 편역

도서출판 선인

한국 최초의 미국 개신교 간호 선교사

안나 P. 제이콥슨 자료집 1866~1897

초판 1쇄 발행 2022년 4월 29일

편역자	박형우
편집인	한수영
편집위원	김창경, 김은현, 김현주
발행처	세브란스병원 간호국

제작처	돌선 선인
등록	제5-77호(1998.11.4)
주소	서울시 양천구 남부순환로 48길 1(신월동 163-1) 1층
전화	02)718-6252 / 6257 팩스	02)718-6253
E-mail	sunin72@chol.com

정가 38,000원

ISBN 979-11-6068-706-4 93900

A Source Book of
Miss Anna P. Jacobson, R. N.
1866~1897

Edited & Translated by Hyoung W. Park, M. D., Ph. D.

SUNIN PUBLISHING

▲ 안나 P. 제이콥슨.

『안나 P. 제이콥슨 자료집』

한수영
세브란스병원 간호부원장

세브란스병원 간호국은 2018년 『세브란스병원 간호의 역사』 출간 이후, 근대 간호를 도입하고 정착시킨 인물에 지속적으로 관심을 가져왔습니다. 그러한 과정 중에 한국인으로부터 큰 사랑을 받았던 안나 P. 제이콥슨에 대하여 자료집을 내기로 하였습니다.

미국에서 정규 간호교육을 받고 제중원에 파견된 첫 공식 간호사인 안나 P. 제이콥슨은 한국에서 열정적인 삶을 살았으나 2년도 되지 않는 짧은 재임기간으로 인해 행적을 살펴보기가 쉽지 않았습니다. 더욱이 COVID-19의 영향으로 외부 기관을 방문하여 사료를 찾는 일은 더욱 힘든 일이어서 우리의 의지만으로는 부족함을 인지하고 고민하던 중, 의료원의 여러 역사 관련 다수의 책자를 출간하고 자료를 축적하고 계신 박형우 교수님과의 조우를 통하여 속도를 낼 수 있었습니다. 그동안 흩어져있던 제이콥슨 관련 자료와 행적을 하나로 모으고 의미를 찾아가면서 세브란스병원의 전신인 제중원에 근대 간호의 도입을 위한 제이콥슨의 헌신과 짧지만 불꽃같은 삶을 생생하게 마주할 수 있었습니다.

제이콥슨은 정의롭고 의욕적인 성향으로 서울에 도착한 첫날부터 제중원에서 환자를 돌보는 일에 매달리며, 붕대감기, 대야와 기구 소독, 수술환자 준비와 이후 간호, 수술방 준비 등에 대해 엄격한 교육을 실시하고 청결 체계를 확립하여 수술을 안전하게 시행하고 환자를 성공적으로 치료할 수 있는 환경을 마련하게 하였습니다. 당시 유행한 콜레라 방역사업에도 헌신하여, 간호사에 대한 긍정적이고 적극적인 이미지를 한국인들에게 심어주었습니다. 제이콥슨의 후임이자 세브란스간호부 양성소의 초대 원장인 쉴즈는 추후 제이콥슨 기념 사택에서 지내면서 그녀의 정신을 이어 나갔습니다.

"이 모든 것이 그리스도가 저를 위하여 한 것이라고 생각할 때 저는 두려움이 없습니다. 죽는 것이 즐겁습니다"라고 안나 P. 제이콥슨은 늘 말했습니다.

세브란스병원 간호국은 제이콥슨 125주기를 맞이하여 올해 1월, 양화진 외국인 선교사 묘역을 참배하였습니다. 자신의 모든 것을 바쳐 간호의 불모지에 근대 간호의 씨앗을 심고, 환자의 안전과 치유를 위해 선교와 간호를 병행한 그녀의 큰 뜻을 너무 늦게 발굴한 것 같아 한겨울 차가운 바람이 더욱 가슴 아프게 다가왔던 날이었습니다. 그러나, 지금이라도 제중원에서 세브란스병원 간호국으로 이어지는 역사적 흐름에 중요한 역할을 한 제이콥슨에 대한 자료들을 엮어 한 권의 책을 낼 수 있음에 감사드립니다. 그녀의 활동이 길지 않았기에 자료집에는 그녀가 쓴 글이 많이 담겨있지는 않습니다. 그러나 그녀의 활동에 대한 많은 사료들은 난관을 헤치고 짧지만 열정적인 삶을 살아온 그녀의 모습을 보여주기에는 부족함이 없었습니다.

세브란스병원 간호국은 4년 만에 제이콥슨에 대한 의미를 더욱 구체화하겠다는 약속을 지켰습니다. 자료집 발행에 큰 의미를 두고 지지해 주신 윤동섭 의료원장님과 하종원 병원장님께 깊은 감사를 드리며 간호의 발전을 위해 늘 고민하시는 오의금 간호대학장님, 신경림 대한간호협회장님께도 감사를 드립니다. 축적하신 자료를 제공하여 주시고 손수 정리하고 번역하며 역사적 의미와 맥락을 짚어주신 박형우 교수님께 진심으로 감사드리며 무엇보다도 일 년간 제이콥슨 행적을 찾아 집중해 온 간호국 편집위원 한분 한분에게 감사를 드립니다.

해가 거듭되며 우리의 의료환경은 시시각각 급변하고 있지만, 제이콥슨이 제중원에서 가장 중요하게 지켜왔던 멸균 및 소독체계, 깨끗한 환경과 시설, 인간에 대한 사랑과 헌신은 120년이 훌쩍 지난 이 순간에도 매우 중요한 간호의 기본이라고 생각합니다.

앞으로의 간호 현장이 여러 가지 생각하지 못한 어려움이 발생하더라도 우리가 함께 지키고 간직해야 할 정신을 심어준 안나 P. 제이콥슨을 기리며, 이 자료집을 바칩니다.

2022년 4월

『안나 P. 제이콥슨 자료집』

윤동섭
연세대학교 의무부총장 겸 의료원장

세브란스병원 간호국의 『안나 P. 제이콥슨 자료집』 발간을 진심으로 축하드립니다.

연세의료원은 137년 전 섬김과 헌신을 실천한 선교사들의 정신을 이어받아 개화정신, 기독교정신, 협동정신의 창립정신에 따라 모든 구성원이 소명을 다하고 있습니다. 이번에 간호국에서 미국 북장로교회에서 한국에 파송한 첫 간호 선교사인 제이콥슨의 역사를 정리하여 자료집을 발간한 것은 선교사들의 헌신과 나눔을 통하여 성장한 세브란스의 역사를 찾고 확인한 매우 의미 있는 일입니다.

연세의료원은 그동안 초기 선교사의 삶과 업적을 정리하여 에비슨 자료집을 출간하였고, 제중원·세브란스 이야기를 통해 제중원에서 세브란스병원으로 이어지는 역사적 정통성을 기록한 바 있습니다. 간호대학에서는 에스터 쉴즈 자료집을 출간하였는데, 이번에 간호국에서 자료집을 발간하는 안나 제이콥슨은 에스터 쉴즈 이전에 제중원에서 근대 간호의 체계를 확립한 매우 의미 있는 역사적 인물입니다. 2년도 되지 않는 짧은 한국에서의 활동을 통해 콜레라 방역, 환자 간호로 한국인들에게 많은 감화를 주었으며, 제중원의 소독체계, 병동 업무와 수술 환경 마련 등으로 체계적 병동 운영과 교육에 기여하였으나, 열악한 환경과 격무로 안타깝게 짧은 생을 마감할 수밖에 없었습니다.

어떤 분야에서 든 처음은 매우 힘들고 고된 과정입니다. 제이콥슨은 제중원에 간호 선교사를 위한 제반 환경이 마련되지 않은 상태에서 헌신하였습니다. 그녀의 정신은 세브란스병원 간호국으로 이어져 사회 계층을 불문하고 24시간 환자 간호를 위하여 힘쓰며 의료인으로써의 소명 실천에 앞장서고 있는 바로 여러분의 마음속 깊숙이 자리 잡고 있으리라 생각합니다.

제이콥슨이 헌신한 구리개 제중원이 발전한 세브란스병원은 신촌, 강남, 용인에 이어 송도로 확장하여 섬김과 나눔을 실천하고자 합니다. 척박한 땅에 선교사들이 뿌린 씨앗과 정성이 세브란스병원을 만들어 왔듯이 제이콥슨을 비롯한 간호 선교사들의 숭고한 정신이 더 많은 곳에서 열매를 맺기를 바랍니다.

노르웨이에서 출생하여, 미국을 거쳐 한국에서 생을 마감한 제이콥슨의 여러 자료를 모아 자료집을 출간하느라 수많은 어려움이 있었을 것으로 생각됩니다. 그 모든 과정을 극복하고 자료집을 발간하기까지 처음부터 모든 과정을 이끌어 온 한수영 간호부원장님과 간호국 모든 분들에게 축하와 감사의 말씀을 드립니다.

감사합니다.
2022년 4월

『안나 P. 제이콥슨 자료집』

하종원
세브란스병원 병원장

세브란스병원 간호국에서 제중원에 파송된 첫 정규 간호사인 안나 P. 제이콥슨에 대한 자료집을 발간하게 된 것을 진심으로 축하드립니다.

한국 최초의 서양식 근대 병원인 제중원에서는 체계적으로 훈련받은 간호사가 매우 필요했습니다. 에비슨 박사님의 여러 노력 끝에 파송된 제이콥슨이 2년의 짧은 기간 동안 남긴 발자취는, 세브란스 간호부 양성소로 그리고 현재의 세브란스병원으로 고스란히 이어지고 있습니다.

세브란스병원은 138년 역사 속에서 국가 고객 만족도(NCSI) 조사에서 11년 연속 1위, JCI 평가를 비롯한 국내외 다양한 평가에서 그 가치를 확인하고 있습니다. 이와 같은 결과의 바탕에는 환자가 경험하는 가치를 최우선으로 여기며 병원 곳곳에서 환자와 소통하고 공감하며, 헌신하는 간호사들이 있습니다.

세브란스병원 간호사들은 각종 의료 봉사 활동과 사회봉사 활동을 통해 세브란스의 창립 정신인 기독교 정신과 제이콥슨을 비롯한 선교사들의 정신을 지금까지도 이어가고 있습니다. 보건 의료 환경의 변화 속에서도 사랑을 실천하는 기독교 정신, 자신의 것을 모두 내어 주어도 아깝지 않았던 제이콥슨의 헌신과 사랑은 세브란스를 지켜가는 든든한 기둥이 될 것입니다.

제이콥슨은 낯선 서양 의학에 쉽게 다가오지 못하던 한국인들에게 친근하고 열정적으로 다가가 간호사에 대한 긍정적인 이미지를 심어주었고, 간호 사업과 간호 교육을 알리는 데 공헌했습니다. 그녀의 헌신과 열정이 앞으로 간호계에 더 많이 알려지고 조명 받게 되기를 바랍니다. 또한 열악한 환경에서 자신의 건강을 돌볼 겨를이 없었던 그녀의 삶을 통해, 현대사회 간호사들의 업무 환경 개선에 대한 메시지를 전할 수 있기를 바랍니다.

세브란스병원에서 잊지 말고 기억해야 할 소중한 분, 척박한 환경을 개척해 온 제이콥슨을 조명하기 위해 노력하신 한수영 간호부원장님을 비롯한 모든 편집위원들께 감사를 드립니다. 이번에 발간한 자료집이 간호국 직원 모두의 가슴속 깊이 남아 더 발전하는 계기가 되기를 소망합니다.

2022년 4월

『안나 P. 제이콥슨 자료집』

오의금
연세대학교 간호대학장

　세브란스 병원의 첫 정규 간호사이자 한국 최초의 미국 개신교 선교 간호사를 소개한『안나 P. 제이콥슨 자료집』의 발간을 축하드립니다. 서양 의학이 도입되면서 자연스럽게 서양 간호가 한국에 유입되었고 이는 세브란스 간호부양성소를 통하여 체계적이고 전문적인 간호로 성장하였습니다. 훈련된 미국의 정규 간호사로서 1895년 4월 조선 제중원에 파견되어 조선인의 몸과 영혼을 헌신적으로 돌보다가 31세의 젊은 나이에 생을 마감한 안나 P. 제이콥슨을 소개하는 것은 세브란스 간호의 기원을 알리는 의미 깊은 작업이라고 생각합니다.

　세브란스 병원의 첫 정규 간호사 제이콥슨은 한국에 도착한 첫날부터 제중원에서 환자 간호를 시작하였고 열악한 숙소와 환경에도 불구하고 항상 감사와 기쁨으로 일함으로써 조선인들과 선교사들에게 숭고한 간호사의 면모를 일깨워 주었습니다. 아낌없는 사랑의 실천으로 제이콥슨의 사망 후에 미국 선교본부는 바로 한국에 간호사 숙소를 지을 수 있도록 예산을 후원하고 훌륭한 정규 간호사를 파송해 주었습니다. 그분이 바로 에스더 L. 쉴즈로 세브란스 간호부 양성소를 설립하고 40년간 세브란스병원의 간호 교육을 발전시킨 분입니다. 제이콥슨과 쉴즈로 이어지는 세브란스 병원의 초창기 간호는 인류를 위한 사랑과 헌신에 뿌리를 둔 진정한 '돌봄'과 '간호 교육'의 시작이었습니다.

　따라서 이번『안나 P. 제이콥슨 자료집』의 발간은 세브란스병원 간호국과 연세대학교 간호대학의 역사와 정통성을 되새기며 미래지향적 간호의 방향성을 공유하는 소중한 자료라고 생각합니다. 간호국과 간호대학의 지속적인 산학 협력을 통하여 임상 현장에서 시도되는 변화를 더욱 혁신적으로 전문화하며 한국 간호의 발전으로 이어가기 위하여 간호대학은 끊임없이 노력할 것입니다. 『안나 P. 제이콥슨 자료집』의 발간을 기념하며 다시 한 번 연세 간호의 성장과 발전을 위한 지원을 지속할 것을 약속드립니다.

　마지막으로, 바쁜 일정에도 불구하고 자료집 발간을 위해 수고하신 한수영 간호부원장님을 비롯한 간호국의 모든 분께 깊은 축하와 감사의 인사를 전합니다. 감사합니다.

2022년 4월

『안나 P. 제이콥슨 자료집』

신경림
대한간호협회 회장

　『안나 P. 제이콥슨 자료집』의 출간을 전국 48만 간호사를 대표하여 축하드립니다. 대한간호협회는 2008년부터 한국 간호의 역사를 재조명하기 위하여 '간호 역사 뿌리 찾기 사업'을 진행하고 있습니다. 한국 간호의 태동과 성장 과정을 알아가는 것은 다양한 시대적 변화 속에서 간호의 나아갈 방향과 미래를 위한 지침이 될 것입니다. 최근 4차 산업혁명과 인구집단의 초고령화, 지속적인 코로나 19 팬데믹 감염병 등의 환경은 더욱 빠르고 전문적인 간호의 변화와 혁신을 요구하고 있습니다. 대한간호협회는 시대적 요구를 적극적으로 수용하여 비대면 시대 간호 교육의 디지털 혁신과 임상 현장의 스마트 혁신을 추구하고 있습니다. 또한 전문 간호사 업무 범위 법제화와 교육 전담 간호사 제도 등을 통하여 간호 분야의 역량을 강화하고 방문 간호 사업을 활성화하여 만성 질환 환자 케어의 연속성을 이루어가고 있습니다. 조선시대에 서양 간호가 낯설었지만 제이콥슨을 비롯한 초창기 서양 간호사들이 과감히 헌신했던 '돌봄'을 현 시대의 요구에 맞추어 보다 전문적이고 혁신적으로 발전시켜 나아가고 있습니다.

　세브란스 병원은 바쁜 임상 업무 중에도 2018년에 130년 이상의 장구한 간호 역사를 담은 『세브란스 간호의 역사』를 발간하였습니다. 대한간호협회는 『한국 간호 역사 자료집 I, II』를 출간하며 그 과정이 얼마나 힘든 일인지 체감하였기에 진심으로 축하의 메시지를 전한 바 있습니다. 이번 『안나 P. 제이콥슨 자료집』은 짧은 기간이었지만 한국 파송 공식 첫 간호사를 자세히 조명하였다는 점에서 큰 의의가 있습니다. 열악한 환경에서도 조선인의 몸과 영혼을 헌신적으로 돌보다 돌아가신 제이콥슨의 생애는 우리에게 깊은 감동을 주는 직업 정신과 사명입니다. 이를 위하여 수고를 아끼지 않으신 한수영 간호 부원장님을 비롯한 세브란스병원 간호국에 감사와 축하의 인사를 전합니다. 더불어 소중한 간호역사를 지속적으로 발굴하여 한국 간호의 정체성을 더욱 튼튼하게 다지고, 미래 간호를 향한 힘찬 성장 동력으로 만들어 갈 수 있는 세브란스병원 간호국이 되시기를 응원합니다. 수고 많으셨습니다.

2022년 4월

　미국 교회에서 한국에 가장 먼저 파송한 간호사는 미국 북장로교회 해외 선교본부가 1895년에 파송한 안나 P. 제이콥슨이었습니다. 물론 간호학교를 졸업하고 의학 교육을 중간 정도 마친 상태로 1886년 7월에 내한하였던 애니 E. 엘러즈도 엄격히 따지면 간호사이었습니다. 하지만 그녀는 제중원에서 여의사로 역할을 하였을 뿐 현대적 간호 개념의 도입에는 적극 나서지 않았습니다.

　1893년 11월부터 제중원의 책임을 맡게 된 올리버 R. 에비슨은 제중원을 병원답게 운영하기 위하여 여러 조치를 취하는 가운데 선교본부에 여의사와 훈련 받은 간호사의 파송을 요청하였습니다. 그런데 1894년 5월 에비슨이 제중원 주사들의 횡포로 제중원을 사직하고, 이어 청일전쟁이 일어나면서 한국의 정세는 극도로 혼란스러웠습니다. 이에 따라 1894년 6월 4일에 한국으로 파송할 간호사로 임명되었던 언나 P. 제이콥슨의 파송은 지연되다가 1895년 4월 9일 서울에 도착하여 에비슨 박사를 도와 제중원에서 간호 업무를 시작하였습니다.

　당시 제중원은 왕립 병원이라는 명성에 부끄럽게도 의료에서 가장 중요한 '청결'이 불량하였고, 이 때문에 환자가 희생되는 경우도 있었습니다. 제이콥슨은 바로 이 '청결'의 개념을 확립하기 위하여 온 힘을 쏟았습니다. 자신이 교육을 받았던 메인 종합병원에 비해 설비가 훨씬 빈약하였음은 물론 한옥이 병원으로 사용되기에는 적합하지 않았지만, 각고의 노력 끝에 환자 치료에 있어 괄목할 만한 개선이 이루어졌습니다. 하지만 '청결'을 위한 근본적인 개선이 이루어지지 못한 가운데, 그녀 자신이 이질에 걸려 한국에 온 지 2년도 되지 않은 1897년 1월 31세의 나이로 먼 이국땅에서 소천하였습니다.

　이 책을 발간하는 2022년은 간호 선교사로 한국에 파송되어 자신을 희생하였던 제이콥슨이 소천한 지 125년이 되는 해입니다. 간호 선교사로서 그녀의 선구자적인 업적은 안타깝게도 그동안 거의 다루어지지 않았습니다. 그 이유는 두 가지로 요약할 수 있습니다.

첫째, 그녀가 한국에 오게 된 독특한 배경 때문입니다. 그녀는 원래 노르웨이에서 태어나 루터 교회에서 세례를 받았지만 19세가 되었을 때 장로교회의 신자가 되자 집에서 쫓겨나게 되었습니다. 그녀는 간호사 교육을 받기 위하여 1889년 미국으로 이주하였고, 1894년 8월 메인 주 포틀랜드 종합병원의 간호사 양성소를 졸업하였습니다. 모교에 남으라는 요청도 있었지만 제이콥슨은 해외 선교에 나서기로 결심하고 지원하여 졸업 직전인 6월 4일 선교사로 임명되고 한국이 임지로 결정되었습니다. 당시 제이콥슨은 아직 미국 시민권을 갖고 있지 않았기 때문에 서둘러 6월 22일 미국인으로 귀화하였습니다. 이런 배경이 있었기에 그녀가 1897년 사망하였을 때 노르웨이에 있는 가족들과의 연락도 되지 않았고, 미국에도 챙겨줄 만한 적절한 사람이 없었던 것입니다.

둘째, 독신으로 너무도 일찍 소천하였기 때문입니다. 제이콥슨에 앞서 자신의 꿈을 펼치지 못하고 일찍 사망하였던 대표적인 선교사로 존 W. 헤론(1890년), 윌리엄 J. 홀(1894년) 등을 들 수 있습니다. 이들은 결혼하여 가족들이 있었고, 그래서 그들이 활동이 후대에까지 전해질 수 있었습니다. 하지만 제이콥슨의 경우 독신으로 너무 일찍 소천하여 '사람은 망각의 동물이다'라는 말대로 그녀에 대한 기억이 거의 잊혀져 있었습니다.

이런 상황에서 제이콥슨에 대한 연구는 거의 없었습니다. 하지만 다행이도 소천 125주년을 맞이하여 세브란스병원 간호국에서 안나 P. 제이콥슨 자료집을 만들게 된 것은 세브란스병원 간호국뿐만 아니라 한국의 간호사에 있어서도 큰 의미를 갖는 일입니다.

필자가 이 자료집을 만들자는 제안을 받았을 때, 대략 150쪽 정도의 간략한 자료집이 될 것으로 예상하였습니다. 그런데 막상 자료를 취합해 보니 350쪽이 넘는 분량이 되었습니다. 하지만 한국에서 근무한 기간이 2년이 채 되지 않았고, 정식으로 보고서를 작성한 것도 1건밖에 없어 그녀의 활동을 좀 더 상세하게 전할 수 없는 상황이 안타까울 뿐입니다.

이 자료집을 나오기까지 후원해주신 한수영 간호부원장님께 깊은 감사를 드립니다.

2022년 4월
안산 자락에서
상우(尙友) 박형우 씀

The first nurse sent to Korea by the American Protestant Church was Miss Anna P. Jacobson, who was sent in 1895 by the Board of Foreign Mission, Presbyterian Church in the U. S. A. Of course, Miss Annie E. Ellers, who came to Korea in July 1886 after graduating from nursing school and completing medical education halfway, was also strictly a nurse. However, she only worked as a woman doctor in Jejoongwon, but did not actively introduce the concept of modern nursing.

Dr. Oliver R. Avison, who took charge of Jejoongwon from November 1893, requested the woman female doctor and trained nurse to the Board of Foreign Mission while taking various measures to operate Jejoongwon like a 'real hospital'. However, in May 1894, Dr. Avison resigned due to the tyranny of the Chusahs in the Hospital, and the Sino-Japanese War broke out, and the situation in Korea was extremely chaotic. Accordingly, the sending out of Miss P. Jacobson, who was appointed as a nurse to Korea on June 4, 1894, was delayed. At last she arrived in Seoul on April 9, 1895, and helped Dr. Avison to start nursing at Jejoongwon.

At that time, Jejoongwon was ashamed of its reputation as a Royal hospital, but the most important thing in medical care, "cleanliness," was poor, and there were cases where patients were sacrificed for this. Miss Jacobson did everything he could to establish this very concept of 'cleanliness'. Compared to the Maine General Hospital where she was educated, the facilities were much poorer and, of course, the Korean buildings were not suitable for use as a hospital. After a lot of hard work, significant improvements have been made in patients care. However, while fundamental improvements for 'cleanliness' was not achieved, she passed away in a distant foreign land in January 1897, less than two years after she came to Korea due to dysentery.

The year of the publication of this book is the 125th anniversary of the death of Jacobson, who was sent to Korea as a nursing missionary and sacrificed herself. Sadly, her pioneering work as a nursing missionary has been largely neglected. The reasons for this can be summarized in two ways.

First, because of her unique background. She was originally born in Norway and was baptized in a Lutheran church, but when she became a member of the Presbyterian Church at the age of 19, she was kicked out of her home. She immigrated to the United States in 1889 to receive nurse training, and in August

1894 graduated from the Training School for Nurses at Portland General Hospital, Maine. Although there were requests to remain at his alma mater, Miss Jacobson decided to go on abroad as a missionary and applied to the Presbyterian Church in the U. S. A. She was appointed as a missionary on June 4, just before graduation, and assigned to Korea. Since Miss Jacobson did not yet hold U. S. citizenship at the time, she hurriedly became a naturalized U. S. citizen on June 22. It was against this background that when she died in 1897, she had no contact with her family in Norway, nor did she have the right person to take care of in the United States.

Second, because she passed away too early as a single Dr. John W. Heron (1890) and Dr. William J. Hall (1894) are representative missionaries who died prematurely without realizing their dreams before Miss Jacobson. They were married and had families, so their activities could be passed on to the next generation. However, in the case of Miss Jacobson, she passed away too early as a single, so that, as the saying goes, 'Man is an animal of oblivion', the memory of her was almost forgotten.

In this context, there was very little research on Miss Jacobson. However, fortunately, the Severance Hospital Nursing Department planned to publish the 'Source Book of Anna P. Jacobson' at the 125th anniversary of her death, which is of great significance not only to the Severance Hospital Nursing Department, but also to the Nursing History in Korea.

When I was offered to make this Source Book, I expected it to be a short one of about 150 pages. However, when I put the data together, it turned out to be over 350 pages. However, it is only regrettable that she has not worked in Korea for less than two years and has only written one formal report, so it is not possible to provide more detailed information about her activities.

I would like to express my sincere gratitude to Su-Young Han, Vice-Superintendent of Severance Hospital, Seoul, Korea.

Apr. 2022
Sangwoo(尚友) Hyoung Woo Park

발 간 사
축   사
머 리 말

제1장 집안 배경 / 1

제2장 미국 이민과 선교사 지원 / 15

2-1. 미국 이민

3-1. 1895년

제4장 안타까운 죽음 / 229

제5장 에스터 L. 쉴즈의 임명과 제이콥슨 기념 사택 건립 / 273

Contents

Publisher's Note
Congratulation
Preface

Chapter 1. Familial Background / 1

Chapter 2. Immigration to U. S. A. and Application as a Missionary / 15

2-1. Immigration to U. S. A.

2-2. Application for a Missionary

2-3. Appointment and Preparation for Sailing to Korea

Chapter 3. The First Nursing Missionary to Korea, of Presbyterian Church in the U. S. A. / 123

3-1. 1895

3-2. 1896

Chapter 4. Sad Death / 229

Chapter 5. Appointment of Miss Esther L. Shields and Erection of Jacobson Memorial Home / 273

제1장
집안 배경
Familial Background

안나 P. 제이콥슨의 집안은 부모까지만 확인할 수 있다. 아버지 **안데르스 야콥센**(Anders Jakobsen, 1818~1891년 이전)은 동부 노르웨이의 가장 남쪽에 위치한 베스트폴드 카운티[현재는 베스트폴드와 텔레마크(Vestfold og Telemark) 카운티]의 뇌테로 송 오그 프레스테그(Nøterø Sogn Og Præsteg)에서 태어났다.

안데르스가 태어나기 몇 년 전에 스웨덴이 일으킨 전쟁의 결과, 노르웨이는 1814년 11월 스웨덴-노르웨이 연합에 들어가 스웨덴 왕을 섬기는 대신, 독자적인 헌법을 유지하기로 합의하였다. 하지만 19세기 내내 독립 움직임이 있었고, 결국 1905년 6월 스웨덴-노르웨이 연합이 종결되며 독립하였다.

노르웨이의 인구는 1891년 약 200만 명, 1900년 약 220만 명이었다. 노르웨이 인들은 1866년부터 1873년까지 약 10만 명이, 1900년~1910년까지 20만 명이 미국으로 이주하였다.

현재 노르웨이인 중 종교가 없는 사람이 20.2%이고 75.6%가 기독교 신자인데, 75.6% 중 68.7%는 노르웨이의 국교인 루터교 신자이며, 6.9%가 다른 교파 신자이다.

안데르스는 라우르빅에서 출생한 **마렌 베르틴**(Maren Bertine Jakobsen, 1828~1901. 2. 2)과 결혼하여, 4남 5녀를 둔 것으로 알려져 있다.[1]

---

[1] 마렌 베르틴의 결혼 전 성(姓)이 무엇인지 기록에 따라 다른데, '안데르센(Andersen)' 혹은 '구릭센(Gulliksenu)'으로 추정된다.

이벤 A. 야콥센(Even A. Jakobsen, 1849~ ?) - 아들
뇌테뢰 송 오그 프레스테그에서 출생하였다. 1875년 당시 선원이었으며,
1891년 당시 기혼[2]으로 45톤 크기의 크리스틴 호의 선장으로 영국에서 활동
중이었다.

엘리제벳 야콥센(Elisebet Jakobsen, 1852?~1875년 이전) - 딸

안데르스 오테르백 야콥센(Anders Oterbæk Jakobsen, 1854?~ ?) - 아들
뇌테뢰 송 오그 프레스테그에서 출생하였으며, 1875년 당시 선원이었다.

안데르스 외르겐 야콥센(Anders Jørgen Jakobsen, 1858. 11. 9~ ?) - 아들
뇌테로 송 오그 프레스테그에서 출생하였다. 1875년 당시 선원이었으며,
1891년 당시 독신으로 캘리포니아에 거주하고 있었다.

안톤 야콥센(Anton Jakobsen, 1860~ ?) - 아들

잉거 마리 야콥센(Inger Marie
Jakobsen, 1860~ ?) - 딸
뇌테로 송 오그 프레스테그에
서 출생하였으며, 후에 미국으로
이주한 것으로 알려져 있다.

줄리 야콥센(Julie Jakobsen, 1863.
3. 1~ ?) - 딸
뇌테로 송 오그 프레스테그에
서 출생하였다. 1891년 독신으로
어머니와 함께 살고 있었다.

앤 페트레아 야콥센(Anne Petrea
Jakobsen, 1866~1897) - 딸

**그림 1. 언니 잉거 마리 야콥센으로 알려진
사진.** 1899년 촬영.

---

2) 1891년 노르웨이 총인구 조사에는 독신으로 되어 있으나, 1891년 영국 총인구 조사에는 기혼으로
   되어 있다.

마렌 야콥센(Maren Jakobsen, 1868~ ?) - 딸
뇌테로 송 오그 프레스테그에서 출생하였다.

노르웨이 교회 기록, 1812~1938년
(1859년 1월 4일, 안데르스 외르겐 야콥센)

이름   : 안데르스 외르겐   기록 형태   : 세례
출생 년도   : 1858년 11월 9일   세례 일   : 1859년 1월 4일
세례 장소   : 노르웨이 베스트폴드 카운티 뇌테뢰이
세례 지자체 : 뇌테뢰이
아버지   : 안데르스 야콥센
어머니   : 마렌 베르틴 안데르센

Norway, Church Records, 1812~1938
(Jan. 4th, 1859, Anders Jørgen Jackobsen)

Name   : Anders Jørgen   **Record Type** : dåp (Baptism)
Birth Date : Nov. 9, 1858B   **aptism Date** : Jan. 4, 1859
Baptism Place   : Nøtterøy, Vestfold, Norge (Norway)
Baptism Municipality : Nøtterøy
Father   : Anders Jakobsen
Mother: Maren Bertine Andersen

18630325

노르웨이 교회 기록, 1812~1938년
(1863년 5월 25일, 줄리 야콥센)

이름	: 줄리 야콥센	기록 형태	: 세례
출생 년도	: 1863년 5월 3일	세례 일	: 1863년 5월 25일
세례 장소	: 노르웨이 베스트폴드 카운티 뇌테뢰이		
아버지	: 안데르스 야콥센		
어머니	: 마렌 베르틴 굴릭센		

Norway, Church Records, 1812~1938
(May 25th, 1863, Julie Anderson)

Name	: Julie	**Record Type**	: dåp (Baptism)
Birth Date	: May 3, 1863	**Baptism Date**	: May 25, 1863
Baptism Place	: Nøtterøy, Vestfold, Norge (Norway)		
Father	: Anders Jakobsen		
Mother	: Maren Bertine Gulliksen		

노르웨이 교회 기록, 1812~1938년
(1866년 8월 26일, 앤 페트레아 야콥센)

이름	: 앤 페트레아	기록 형태	: 세례
출생 년도	: 4월 18일	세례 일	: 1866년 8월 26일
세례 장소	: 노르웨이 베스트폴드 카운티 뇌테뢰이		
세례 지자체	: 뇌테뢰이		
아버지	: 안데르스 야콥센		
어머니	: 마렌 베르틴 안데르센		

그림 2. *Norway, Church Records, 1812~1938* (Aug. 26th, 1866, Anne Petrea Jakobsen).

노르웨이의 교회 기록

역사적 맥락: 노르웨이의 공식 교회는 복음주의 루터교이며, 루터교 교회 기록은 노르웨이의 가계를 연구하는 사람들이 사용하는 핵심 자료이다. 1720년대부터 교구 등록부는 보다 상세하고 널리 보급되었고, 1812년 처음으로 정형화된 등록부가 사용되기 시작하여 내용이 더 일관성을 갖게 되었다.

부칭(父稱, Patronymics): 1860~1870년대까지 대부분의 평민들은 성 대신 부칭을 사용하였다. 부칭은 아버지의 이름을 따서 'sen'(아들) 혹은 'datter'(딸)을

Norway, Church Records, 1812~1938
(Aug. 26th, 1866, Anne Petrea Jakobsen)

Name   : Anne Petrea   Record Type   : dåp (Baptism)

Birth Date   : April 18   Baptism Date : Aug. 26, 1866

Baptism Place   : Nøtterøy, Vestfold, Norge (Norway)

Baptism Municipality : Nøtterøy

Father   : Anders Jakobsen

Mother: Maren Berthine Andersen

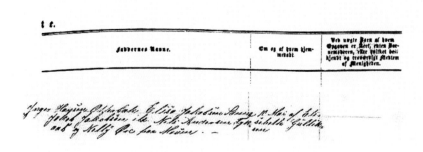

붙였는데, 예를 들어 'Jens Nielsen'의 딸 'Maren'의 전체 이름은 'Maren Jensdatter'이고 그의 아들 'Søren'은 'Søren Jensen'이 된다. 종종 농장 이름이 추가되어 어디에 살았는지에 대한 단서를 제공하기도 한다. 1880년대에 하나의 성이 정착하기 시작하였지만 일부 가족은 영구적인 성이 채택된 1923년까지 부칭을 계속 사용하였다.

세례: 아이들은 일반적으로 출생 후 며칠 이내에 세례를 받았으며, 기록에는 종종 합법적 상태 및 아버지의 직업과 같은 정보가 포함되어 있다.

18751231

1875년 노르웨이 총인구 조사[3)
(안데르스 야콥센, 1875년 12월 31일)

1875년 거주지: 노르웨이 베스트폴드 카운티 나트발트 시(市) 뇌테뢰이 슈
제르베 지구

이름	: 안데르스 야콥센		
출생년도	: 1818년경	**나이**	: 57세
출생지	: 뇌테뢰 송 오그 프레스테그		
직업	: 자영 농부 및 화물 운송업자		
교구	: 뇌테뢰이		

세대원:

이름	출생연도/ 나이	관계	출생지	직업
마렌 베르틴 야콥센	1828/ 47	아내	라우르빅	
이벤 야콥센	1850/ 25	아들	뇌테뢰 송	
			오그 프레스테그	선원
안데르스 오테르백 야콥센	1855/ 20	아들	"	선원
안데르스 외르겐 야콥센	1857/ 18	아들	"	선원
잉거 마리 야콥센	1860/ 15	딸	"	
줄리 야콥센	1863/ 12	딸	"	
앤 페트레아 야콥센	1866/ 9	딸	"	
마렌 야콥센	1868/ 7	딸	"	
엘리제벳 굴릭센	1802/ 73	하숙인	라우르빅	조산사,
				연금 수령자

---

3) 1875년 노르웨이 인구 조사는 1875년 12월 31일에 실시되었으며, 노르웨이 국민과 다른 거주자를
모두 포함하였다. 국적, 해외 노르웨이 선박의 선원과 노르웨이 항구의 선박에 있는 모든 선원도
조사하였다. 처음으로 출생 연도를 조사하였다. 조사 내용은 이름, 성별, 세대주와의 관계, 결혼 여
부, 출생일, 정신 질환, 거주지, 국적, 언어 등이었다.

1875 Norway Census (Anders Jakobsen, Dec. 31st, 1875)

Home in 1875: Schjerve, Nøtterøy, Natvald, Vestfold, Norway

Name	: Anders Jakobsen		
Birth Year	: abt 1818	**Age in 1875**	: 57
Birthplace	: Nøtterø Sogn Og Præstegj		
Occupation	: Gaardbruger Selveier og Fragtemand		
Clerical District	: Nøtterøy		

Household Members:

Name	Birth Year/Age	Relation	Place of Birth	Occupation
Maren Bertine Jakobsen	1828/ 47	wife	Laurvig	
Even Jakobsen	1850/ 25	Son	Nøterø Sogn og Præstegj	Matros
Anders Oterbæk Jakobsen	1855/ 20	Son	"	Matros
Anders Jørgen Jakobsen	1857/ 18	Son	"	Matros
Inger Marie Jakobsen	1860/ 15	Daughter	"	
Julie Jakobsen	1863/ 12	Daughter	"	
Anne Petrea Jakobsen	1866/ 9	Daughter	"	
Maren Jakobsen	1868/ 7	Daughter	"	
Elisabet Gulliksen	1802/ 73	Lodger	Laurvig	Jordemoder Pengsionist

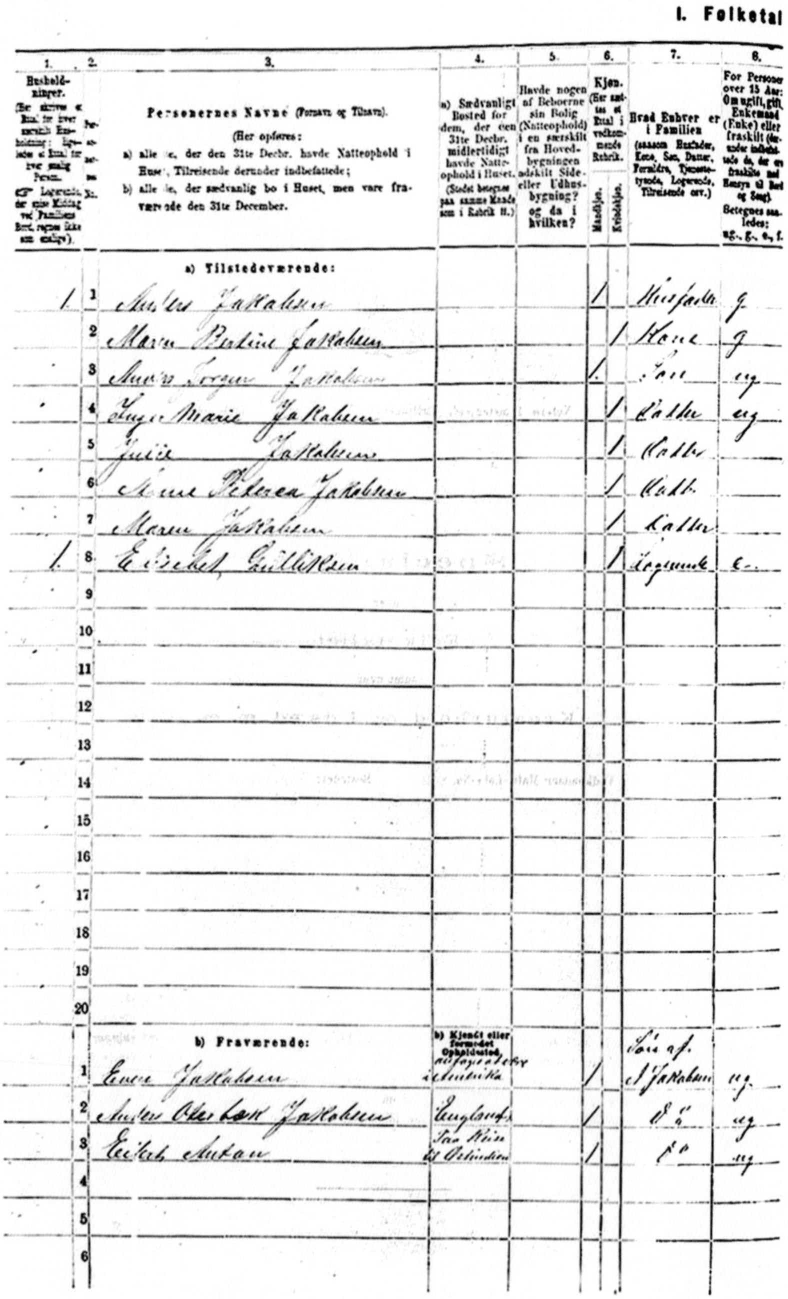

그림 3. *1875 Norway Census* (Anders Jakobsen, Dec. 31st, 1875).

9.	10.	11.	12.	13.	14.	15.	16.
a) For Personer 15 Aar og derover: Livsstilling (Næringsvei) eller af hvem forsørget? (Se herom den i Rubrik 16 givne Forklaring). b) For Personer under 15 Aar, der have lønnet Arbeide, opgives dettes Art.	Fødselsaar.	Fødested. (Byens, Sognets og Præstegjeldets Navn eller, hvis Sognet er født i Udlandet, Statets og Landets Navn).	Hvilken Stats Undersaat? (Formærkes kun saavidt den ei er norsk Undersaat).	Troesbekjendelse. (Formærkes kun saavidt den ei er den norske Statskirke, anføres her, til hvilken Troesbekjendelse Personen hører.)	Om Sindssvag? Derunder Vanvittig, Tungsindig, Sløv, Idiot. Derunder eller Blind? (Som Blind føres den, der ikke har fyldt 4de Aar.)	I Tilfælde af Sindssvaghed, Døvstumhed anføres i denne Rubrik, hvorvidt samme er indtraadt før eller efter det fyldte 4de Aar.	Regler for Udfyldningen af Rubrik 9.
Gaardbruger, selveier og Fragtemand?	1818	Natterø Sogn og Præstegj.					Personernes Livsstilling bør angives efter deres væsentlige Beskjæftigelse eller Næringsvei med Udelukkelse af Benævnelser, der kun betegne Beklædelse af Ombud, tagne Examina eller andre ydre Egenskaber. Forener Skatteyderen flere Beskjæftigelser, der kunne anses som væsentlige, bør han opføres med dobbelt Livsstilling, idet hans vigtigste Erhvervskilde sættes først; f. Ex. Gaardbruger og Fisker; Skibreder og Gaardbruger o. s. v. Forøvrigt bør Stillingen opgives saa bestemt, specielt og slsagtigt som muligt. Til nærmere Veiledning anføres her endel Exempler: Ved Brugveilerere: Arbeider, Dagarbeider, Inderst, Løskarl, Strandsidder eller ligo. bør ulføles det Slags Arbeide, hvormed vedhommende hovedsagelig er sysselsat; f. Ex. Jordbrug, Tømrerarbeide, Veiarbeide, hvilket Slags Fabrik- eller flaandværksarbeide o. s. v. Ved alle saadanne Tjenesteforhold, som baade kan være privat og offentligt, bør Forholdets Art opgives, t. Ex. ved Regnskabsførere, om de ere ansatte ved en privat eller ved en offentlig Indretning og da hvilken; ligenede ved Fuldmægtig, Kontorist, Opsynsmand, Forvalter, Assistent, Lærer, Ingeniør og andre. Om Gaardbrugere oplyses, hvorvidt de ere Selveiere, Leilændinge eller Forpagtere. Om Husmænd, hvorvidt de fornemmelig ernære sig ved Jordbrug eller ved andet Arbeide, og da af hvad Slags. Om Haandværkere og andre Industridrivende, hvad Slags Industri de drive, samt hvorvidt de drive den selvstændigt eller ere i andres Arbeide. Om Tømmermænd oplyses, hvorvidt de ere ansatte som Skibstømmermænd, eller arbeide paa Skibsverfter, eller beskjæftiges ved andet Tømmermandsarbeide. I Henseende til Maskinister og Fyrbødere oplyses, om de føre Gasen eller ved hvilket Slags Fabrikdrift eller anden Virksomhedsgren de ere ansatte. Ved Smede, Sadlere og andre, der ere ansatte ved Fabriker og Brug, bør dettes Navn opgives. For Studenter, Landbrugselever, Skoledisciple og andre, der ikke forsørge sig selv, bør Forsørgerens Livsstilling opgives, forsaavidt de ikke bo sammen med denne. For dem, der have Fattigunderstøttelse, oplyses, hvorvidt de ere helt eller delvis understøttede og i sidste Tilfælde, hvad de forøvrigt ernære sig ved.
	1828	Lauvig.					
c Matros	1851	Natterø Sogn og Præstegj.					
	1860	do.					
	1863	do.					
	1866	do.					
	1868	do.					
Jorde moder og Pengsionist?	1802	Lauvig.					
Matros.	1850	Natterø Sogn og Præstegj.					
do.	1855	do.					
do.	1859	do.					

1891년 노르웨이 총인구 조사[4]
(마렌 베르틴 야콥센, 1891년 1월 1일)

1891년 거주지: 노르웨이 베스트폴드 카운티 뇌테뢰이

이름	: 마렌 베르틴 야콥센		
성별	: 여자	결혼 상태	: 과부
세대주와의 관계	: 세대주		
출생연도	: 1828년	출생지	: 라우르빅

세대원:

이름	출생연도	관계	결혼 상태	추정 거주지
이벤 야콥센	1849	아들	독신	영국
요르겐 야콥센	1857	아들	독신	캘리포니아
줄리 야콥센	1863	딸	독신	

---

4) 1891년 노르웨이 인구 조사는 1891년 1월 1일에 실시되었으며, 당시 노르웨이에 거주하는 2백만 명이 넘는 사람들을 대상으로 하였다. 가구 당 사람을 나열하는 대신 각 개인에 대한 양식을 작성 하여 매우 포괄적으로 조사하였다.

1891 Norway Census (Maren Bertine Jakobsen, Jan. 1st, 1891)

Home in 1891: Nøterø, Nøtterøy, Vestfold, Norge (Norway)

Name   : Maren Bertine Jakobsen

Gender   : Kvinne (Female)   **Marital status**: Enke (Widow)

Relation to Head : Familiens overhode (Head)

Birth Date   : 1828   **Birth Place**: Laurvig

Household Members:

Name	Birth Year Relation	Relatio	Marital Status	Assumed Place of Living
Even Jakobsen	1849	Son	Single	England
Jørgen Jakobsen	1857	Son	Single	Kolifornien
Julie Jakobsen	1863	Daughter	Single	

1900년 노르웨이 총인구조사[5]
(마렌 베르틴 야콥센, 1900년 12월 3일)

1900년 거주지: 노르웨이 베스트폴드 카운티 뇌테뢰이

이름   : 마렌 베르틴 야콥센
성별   : 여자
세대주와의 관계 : 시어머니
출생연도   : 1828년   주소   : 네스 손드레 0017

1900 Norway Census (Maren Bertine Jakobsen, Dec. 3rd, 1900)

Home in 1900: Nøterø, Nøtterøy, Vestfold, Norge (Norway)

Name   : Maren Bertine Jakobsen
Gender   : Kvinne (Female)
Relation to Head : FL Svigermoder
Birth Date   : 1828   **Street Address**: Næs søndre 0017

---

5) 1900년 노르웨이 인구 조사는 1900년 12월 3일에 실시되었으며, 당시 노르웨이에 거주하는 220만 명이 넘는 사람들을 대상으로 하였다. 가구 당 사람을 나열하는 대신 각 개인에 대한 양식을 작성하여 매우 포괄적으로 조사하였으며, 1891년 인구 조사와 유사하였다.

제2장
미국 이민과 선교사 지원
Immigration to U. S. A. and Application as a Missionary

생후 4개월경에 노르웨이의 국교(國敎)인 루터 교회에서 세례를 받은 제이콥슨은 1886년 1월 장로교회로 적을 옮겼고, 해외 선교사가 되기로 결심하였다. 이 일로 부모의 강압에 의한 약혼이 깨졌으며, 집에서 쫓겨나 가정부 일을 하며 생활하였다. 그녀는 간호사가 되어 해외 선교사가 되기로 결심하고 1889년 8월 미국 메인 주 포틀랜드에 도착하였다. 학비를 벌기 위하여 가정부 일을 시작한 제이콥슨은 1890년 4월 포틀랜드 제일장로교회에 다니기 시작하였다. 그녀는 미국에 도착한 3년 후인 1892년 9월 포틀랜드 종합병원 간호사 양성소에 입학하여 1894년 8월 졸업하였다.

그녀는 1년 과정을 끝낸 1893년 10월 여자 선교회에 선교사가 되겠다는 편지를 보냈고, 졸업을 앞둔 1894년 5월 13일 공식적인 선교사 지원 편지를 보냈다. 이와 함께 검진의의 소견서, 외과 의사 윌리엄 로렌스 다나, 양성소 소장인 어밀리어 L. 스미스, 아델라 E. 호키스, 담임 목사인 시드니 S. 콩거, 그리고 코넬리아 M. 다우의 추천서가 보내졌다. 이를 바탕으로 6월 4일 미국 북장로교회 해외선교본부는 그녀를 선교사로 임명하고 임지를 한국으로 결정하였다. 제이콥슨은 6월 22일 미국 시민으로 귀화하였다.

그런데 당시 한국은 청일전쟁과 에비슨의 제중원 사임 때문에 선교사, 특히 여자의 극동 지방 여행이 허락되지 않았다. 그동안 제이콥슨과 함께 한국으로 파송하기로 결정되었던 모드 M. 알렌 박사가 인도 선교부로 이적되었고 1884년 12월 조지아나 E. 화이팅 박사가 새로 임명되었다.

Miss Anna P. Jacobson, who was baptized at the Lutheran Church, the state religion of Norway, at around 4 months of age, joined the Presbyterian Church in January 1886 and decided to become a foreign missionary. Because of this, the engagement, which had been made under pressure from her parents, was broken, and she was evicted from the house and lived with household chores. She decided to become a missionary as a nurse, and arrived in Portland, Maine, U. S. A. in August 1889. Miss Jacobson started doing household chores to earn money for school and began attending the First Presbyterian Church in Portland in April 1890. In September 1892, three years after arriving in the United States, she entered the Portland General Hospital Nurses' Training School and graduated in August 1894.

In October 1893, after finishing the course of the first year, she sent a letter to the Women's Board that she would become a missionary, and on May 13, 1894, just before graduation, she sent an formal application letter. Along with this, a letter of the medical examiner, a recommendation letters from Dr. William L. Dana, surgeon of the Hospital, from Amelia L. Smith, Superintendent of the Training School, from Adella E. Hawkes, from Sidney S. Conger, the pastor of the Church and from Cornelia M. Dow were sent to the Board of Foreign Missions, Presbyterian Church in the U. S. A.. Based on these letters, on June 4, she was appointed as a missionary and assigned to Korea. Jacobson became a naturalized U. S. citizen on June 22.

However, at that time, missionaries, especially women, were not allowed to travel to the Far East because of the Sino-Japanese War, and Dr. Avison had resigned from Jejoongwon. During this time, Dr. Maude M. Allen, who had assigned to Korea with Miss Jacobson, was transferred to the India Mission, and in December 1884, Dr. Georgiana E. Whiting was newly appointed.

2-1. 미국 이민 Immigration to U. S. A.

18930000

1893년 포틀랜드와 근교 인명부, 제34권
(메인 주 포틀랜드, 브라운 서스턴 컴퍼니, 1893년), 403쪽

안나 P. 제이콥슨 양, 간호사, 메인 종합병원, 기숙(寄宿), 앞과 같음

1893 Directory of Portland and Vicinity, Volume 34
(Portland, Maine, Brown Thurston Co., 1893), p. 403

Jacobson, Anna P. Miss, nurse, Maine General Hospital, bds, do.

그림 4. 원래의 메인 종합병원 건물.

메인 종합병원 간호사 양성소
(Maine General Hospital Training School for Nurses)

1867년 메인 주 의사협회의 회장에 취임한 S. H. 튝스버리 박사는 메인 주 주민들을 위하여 포틀랜드에 종합병원이 필요함을 역설하였고, 1868년 2월 메인 주는 메인 종합병원을 조직하는 법안을 통과시켰다. 1871년 브람홀 언덕에 병원의 정초석을 놓았으며, 1874년 10월 22일 동별관이 봉헌되었고 1874년 11월 9일 첫 환자가 입원하였다. 1876년 중앙 건물이 추가되었고, 1892년 서별관과 병원장 사택이 건축되었다. 메인 종합병원은 1951년 메인 안이병원, 소아병원과 통합되어 메인 의료원(Maine Medical Center)이 되었다.

메인 종합병원에는 1885년 2월 1일 간호사 양성소가 개교하였으며, 졸업생은 메인 주 종합병원 간호의 대부분을 담당하였다. 1951년부터 메인 종합병원의 간호 교육은 메인 의료원 간호학교에서 담당하였으며, 1967년 졸업생을 끝으로 문을 닫았다.

양성소 개소 당시 책임자는 앨리다 M. 돈넬 리스(Alida M. Donnell Leese, 1852~1892. 4. 1) 부인이었는데, 양성소가 병원과 지역 사회에서 큰 역할을 하도록 기틀을 다졌다. 당시 양성소의 입학 지원자는 나이가 22~34세 사이로서 건강하고 미혼이어야 하며, 자신들의 훌륭한 성품을 입증하는 추천서를 제출해야 했다. 앨리다는 가족 구성원의 질병 때문에 1889년 5월 사임하였다.[6]

그림 5. 앨리다 M. 돈넬 리스.

앨리다에 이어 오랫동안 보스턴 시립병원 간호사 양성소의 부소장으로 근무하였던 엠마 L. 스토(Emma L. Stowe)가 후임으로 임명되었다. 1889년에 7명이 졸업하였다.

1891년 당시에는 패니 A. 터커(Fanny A. Tucker)가 책임을 맡았다. 당시 병원 측은 졸업생들이 사회의 신망을 많이 받고 있지만 병원으로서는 아무런 이득이 없으며, 양성소를 얼마나 유지

---

6) 메인 종합병원은 1902년 준공된 간호사 사택을 앨리다 리스 간호사 사택(Alida Leese Nurses' Home)이라고 명명하였다.

그림 6. 1890년대 중반의 여자 병동 오른쪽 뒤에서 어밀리어 L. 스미스가 간호하고 있다.

할지 의문을 제기하는 상황이었다. 1891년 8명이 졸업하였는데, 이 중에는 후에 소장이 된 어밀리어 L. 스미스가 있었다. 3명은 질병과 기타 이유로 탈락하였다. 13명의 예비 학생(probationer) 중에서 10명이 학생으로 받아들여졌다. 이해에 소장은 교과서로 104번, 기초 안마에 대하여 40번, 그리고 환자를 위한 요리를 12번 강의하였다. 이외에 다나, 윅스, 고든, 거리시, 펜들턴 및 링 박사들이 30번의 강의를 하였고, W. L. 다나 박사는 붕대 감는 법에 대하여 여러 번 강의를 하였다.

어밀리어 L. 스미스(Amelia Longfellow Smith, 1858. 6. 3~1945. 4. 9)는 1893년 양성소 소장으로 임명되어 14년 동안 활동하였다. 1894~95년에 양성소에는 53명의 학생이 있었으며 21명이 졸업하였다. 당시 수업 연한은 2년이었다.

안나 P. 제이콥슨은 1892년 9월 양성소에 입학하여 1894년 8월에 졸업하

그림 7. 1891년 졸업생.

그림 8. 1895년경의 수술실.

였다. 제이콥슨이 간호 교육을 받던 시절 환자들은 신체적 안락함과 사생활
보호를 거의 누리지 못하였다. 여자 병동의 경우, 무거운 철제 침대 20개가 마
주보며 두 줄로 늘어서 있었다. 메인 종합병원은 넓은 창을 통해 들어오는 빛
이 풍부하였고, 꽃은 허용되었다. 면회 시간은 일요일을 제외하고 1일 1시간으
로 제한되었고, 여자 환자는 직계 가족 이외의 남자 방문객을 만날 수 없었다.
이론상 각 환자는 한 번에 한 명의 방문객만 허용되지만 이 규칙이 시행되지
않는 경우가 많았다. 수술이 활발해지면서 1885년 원형 강의실이 건축되었다.
수술실은 200석 규모로 2층에 위치해 있었는데, 35피트 높이의 채광창이 조명
에 큰 도움을 주었다.

18940000

1894년 포틀랜드와 근교 인명부, 제35권
(메인 주 포틀랜드, 브라운 서스턴 컴퍼니, 1894년), 405쪽

안나 P. 제이콥슨 양, 간호사, 메인 종합병원, 기숙(寄宿), 앞과 같음

1894 Directory of Portland and Vicinity, Volume 35
(Portland, Maine, Brown Thurston Co., 1894), p. 405

Jacobson, Anna P. Miss, nurse, Maine General Hospital, bds, do.

미 합중국 메인 주, 합중국 귀화 기록, 1787~1991년
(안나 P. 제이콥슨, 1894년 6월 22일)

미 합중국

주후 18_94_년 _4_월 _23_일에 메인 지구 내의 포틀랜드에서 개정(開廷)된 미국 _순회_ 법원의 존경하는 판사님께,

외국인으로서 _스웨덴과 노르웨이_에서 자유인이며, 주후 18_66_년 _4_월 _18_일 혹은 경에 태어나 현재 _28_세인 그 지구의 _포틀랜드_의 _안나 P. 제이콥슨_은; 주후 18_89_년 _8_월 _27_일 혹은 경에 미 합중국의 _메인_ 지구의 _포틀랜드_에 도착하였고; 그 당시에도 그랬고 지금도 마찬가지인데 진실로 미국 시민이 되고 모든 외국의 제후, 국가, 군주, 그리고 무엇이든 종주권, 특히 여태껏 국민이었던 _스웨덴과 노르웨이의 왕인 오스카 II세_에 대한 모든 충의와 충성을 영원히 포기하려는 의사를 삼가 제출하고자 합니다. 따라서 그녀는 이러한 의사의 선언이 그러한 경우에 만들어지고 제공된 법률에 따라 이 명예로운 법원의 기록이 되기를 기도합니다.

안나 P. 제이콥슨

메인 지구: 미 합중국 _순회_ 법원, 서기실

18_94_년 _6월 22일_. - 그런 다음 위에 이름을 가진 지정된 청원인이 행당 법원 서기 앞에 직접 출석하여 그녀의 서명에 의하여 위 선언에 명시된 사실이 진실임을 맹세하였습니다.

증명함, H. H. 데이비스, 서기

Maine, U. S., Federal Naturalization Records, 1787~1991
(Anna P Jacobson, June 22nd, 1894)

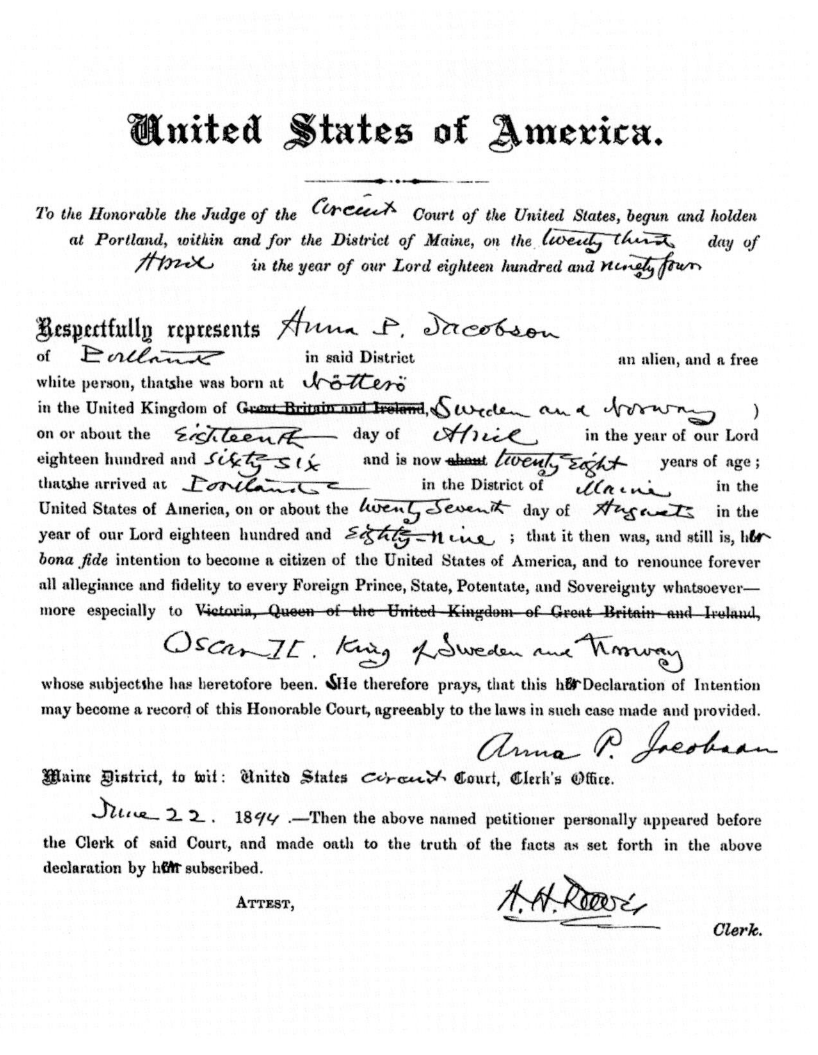

United States of America.

To the Honorable the Judge of the *Circuit* Court of the United States, begun and holden at Portland, within and for the District of Maine, on the *twenty third* day of *April* in the year of our Lord eighteen hundred and *ninety four*

Respectfully represents *Anna P. Jacobson* of *Portland* in said District an alien, and a free white person, that she was born at *Nötterö* in the United Kingdom of ~~Great Britain and Ireland,~~ *Sweden and Norway*) on or about the *Eighteenth* day of *April* in the year of our Lord eighteen hundred and *Sixty six* and is now ~~about~~ *twenty Eight* years of age ; that she arrived at *Portland* in the District of *Maine* in the United States of America, on or about the *twenty Seventh* day of *August* in the year of our Lord eighteen hundred and *Eighty nine* ; that it then was, and still is, her bona fide intention to become a citizen of the United States of America, and to renounce forever all allegiance and fidelity to every Foreign Prince, State, Potentate, and Sovereignty whatsoever— more especially to ~~Victoria, Queen of the United Kingdom of Great Britain and Ireland,~~ *Oscar II. King of Sweden and Norway* whose subject she has heretofore been. She therefore prays, that this her Declaration of Intention may become a record of this Honorable Court, agreeably to the laws in such case made and provided.

Anna P. Jacobson

Maine District, to wit: United States *Circuit* Court, Clerk's Office.

June 22. 18*94* .—Then the above named petitioner personally appeared before the Clerk of said Court, and made oath to the truth of the facts as set forth in the above declaration by her subscribed.

ATTEST,

A. H. Rover

Clerk.

그림 9. *Maine, U. S., Federal Naturalization Records, 1787~1991* (Anna P Jacobson, June 22nd, 1894).

2-2. 선교사 지원 Application for a Missionary

18931024

안나 P. 제이콥슨(메인 주 포틀랜드)이
마사 H. 비어스(뉴욕)에게 보낸 편지 (1893년 10월 24일)

메인 종합병원,
메인 주 포틀랜드,
1893년 10월 24일

친애하는 비어스 부인,7)

하나님의 뜻이라면 해외 선교 현장에서 하나님께 제 삶을 드리는 것이 다년간 제가 가졌던 오랜 소망이었으며, 이를 염두에 두고 저는 작년 9월에 위의 간호사 양성소에 입학하게 되었고 아직 10개월이 남았습니다.

저의 목사인 S. S. 콩거 목사(장로교인)는 저의 의도를 알고 해외선교본부의 스피어 씨에게 편지를 썼으며, 그는 답장을 보내어 향후의 일과 그것에 대한 준비에 대하여 필요한 모든 정보를 저에게 제공할 귀하와 논의할 것을 조언하였습니다.

귀하께서 만일 그렇게 하신다면 큰 호의를 베푸는 것이 될 것입니다.

귀하와 함께 사무실에서 일하고 있는 것으로 알고 있는 저의 친구 매리언 E. 게렛 양이 저에 대하여 이야기할 수 있습니다.

안녕히 계십시오.
안나 피터리아 제이콥슨

---

7) 마사 H. 비어스(Marhta Hart Beers, 1832. 10. 31~1909. 6. 26)는 1893년과 1894년 미국 북장로교회 해외선교본부 뉴욕 지부의 지부장이었다.

Anna P. Jacobson (Portland, Maine),
Letter to Martha H. Beers (New York) (Oct. 24th, 1893)

Maine General Hospital,
Portland, Maine,
October 24, 1893

My dear Mrs. Beers,

It has been my desire for many years to give my life to God, if it should be His will, in the Foreign Missionary field, and with this in view I entered one year ago last September the training school for nurses, in the above named Institution and have still ten months to serve.

My pastor Rev. S. S. Conger (Presbyterian), knowing of my intentions, wrote Mr. Speer of the Board of Foreign Missions, who in reply advised that I communicate with you, who he said would give me all necessary information regarding such a future, and the preparation for it.

If you will do so, you will confer great favor.

My friend Miss Marian E. Gerrett who is I believe in the office with you, can tell you of me.

Sincerely yours in Christ,
Anna Peterea Jacobson

건강 검진의가 답할 질문들
(오거스터스 S. 테이어, 1894년 5월 7일)

대외비

———

미국 장로교회 해외선교본부
뉴욕시 5가 53

———

건강 검진의가 답할 질문들

———

1. 지원자의 이름과 주소, 그리고 지원자는 현재 주소에서 얼마나 오래 살았습니까?
   안나 P. 제이콥슨
   메인 주 포틀랜드 메인 종합병원

2. 이전부터 지원자와 알고 있었습니까?
   예.

3. 지원자의 체중, 신장 및 외모를 적으시오.
   체중 - 122 [파운드]; 키 - 5피트 2½인치; 자세가 곧고 훌륭함.

4. 외모로 보아 건강이 원기 왕성합니까, 보통입니까, 혹은 부족합니까?
   건강이 원기 왕성함.

5. 지원자의 기질은 무엇입니까 - 신경질적, 림프성, 혹은 담즙성?
   신경질적.

6. 흉부의 진찰에서 심장 혹은 폐의 어떤 질병이 있습니까?
   아니오.

(a) 비정상적인 음(音)이 들립니까? 있다면 시간을 적고 그 의미에 대한 소 견을 적으시오.　　　　　　　　　　　　　　　　없음.

(b) 진성 호흡성 잡음은 완전합니까?　　　　　　　예.

(c) 분당 호흡수는 얼마입니까?　　　　　　　　　17번.

(d) 분당 심장 박동 수는 얼마이며, 혈압의 상태는?　74번.　규칙적이고 강도가 좋음

[정상으로부터 벗어난 소견이 있으면 다른 날 검사하시오.]

(e) 호흡시 흉곽이 확장되는 정도는 (인치)?
3¼인치.

7. 지원자의 부모, 형제, 누이는 선천성으로 폐 혹은 다른 질병을 갖고 있습니까? 그렇다면 무엇인지 적으시오.
　　어머니는 대단히 건강한 여자는 아니며, 아직 노르웨이에 생존해 있다. 오빠와 자매들은 건강하다. 아버지는 ＿＿ 질환으로 사망하였다.

8. 지원자는 기침, 쉰 목소리, 실성증(失聲症), 호흡곤란 혹은 심계 항진증 등을 갖고 있습니까?
　　아니오.

9. 이전 질병 혹은 상해에 의해 체질적으로 유해한 효과를 나타냅니까?
　　아니오.

(a) 지원자는 말라리아열을 앓은 적이 있습니까? 그렇다면 이 질병의 후유 증이 아직 있습니까? 구체적으로 적으시오.
　　아니오.

(b) 지원자는 여름에 태양 빛에 특별히 예민합니까?
　　아니오.

10. 국소적 혹은 체질적인 질병에 대한 어떤 경향이 아직 있습니까?
　　아니오.

11. 기능이 정상 상태입니까?
    (a) 뇌와 신경계통   좋으며 건강한 상태임
    (b) 근육계통   좋으며 잘 발달됨
    (c) 소화기계통   좋은 상태에 있음
    (d) 비뇨기계통   좋은 상태에 있음

    건강하지 않으면 구체적으로 적으시오.

12. 당신은 지원자의 건강 상태가 어느 일등급 생명 보험회사라도 허락할 것으로 생각합니까?
    예.

13. 체질적으로 어떤 기후가 가장 적응하기 좋습니까?
    온대성 기후

14. 열대 기후가 간 질환을 유발시킬 것 같습니까?
    나는 그렇지 않다고 생각합니다.

15. 위의 질문에서 언급되지 않지만 지원자의 건강에 영향을 줄 요인들이 있습니까? 그렇다면, 언급해 주세요. 당신이 알고 있는 비정상적인 상태를 구체적으로 언급해 주세요.
    없음. 나는 지원자를 메인 종합병원의 간호사로 약 20개월 동안 알고 지냈으며, 개인적으로 아는 한 훌륭하게 업무를 수행하였습니다.

    주의. 건강 검진의는 그가 타당하다고 생각하는 질문을 하고, 검진은 완전하고, 정확하며 상세하게 할 것으로 기대합니다. 그리고 자신의 서술에 따라 지원자 및 그의 동료, 그리고 선교본부에 큰 신뢰가 주어진다는 것을 염두에 두고 자신 임무의 대해 책임감을 느낄 것으로 기대합니다.

        확 인 :   오거스터스 S. 테이어, 의학박사
                  지원자의 서명

        날짜 장소   메인 주 포틀랜드
                    1894년 5월 7일

건강 검진의가 서명한 후, 청구서와 함께 다음의 곳으로 발송하시오

여자 해외선교본부
5번가 53번지
뉴욕.

지원자 위원회 간사 귀중

Questions to be answered by the Medical Examiner
(Augustus S. Thayer, May 7th, 1894)

The Board of Foreign Missions of the Presbyterian Church in the U. S. A.

53 FIFTH AVENUE, NEW YORK.

Questions to be answered by the Medical Examiner.

1. Name and residence of applicant, and how long a resident of present locality?

Anna P Jacobson.
Maine General Hospital
Portland Me

2. Have you had previous acquaintance with the applicant?

No.

3. State weight, height, and figure of the applicant.

Weight 122 - Hight 5 ft 2½ ins Erect, Good

4. Does general appearance indicate vigorous health, medium health, or want of vigor?

vigorous health

5. What is the temperament of the individual—Nervous, Lymphatic, or Bilious?

Nervous

6. Does a thorough examination of the chest indicate any disease of heart or lungs?

No.

그림 10. Questions to be answered by the Medical Examiner (Augustus S. Thayer, May 7th, 1894).

(a) If there are any abnormal sounds, please refer to them at length, and state your opinion as to their significance.

None

(b) Is the true respiratory or vesicular murmer complete?

Yes

(c) What is the number of respirations in a minute?

17—

(d) What is the number of pulse beats in a minute, and what is the condition of the artery as to tension?

74. Regular & good strength

[If any marked deviation from normal condition exists, please examine another day.]

(e) What is the amount of chest expansion (in inches)?

3¼ inches

7. Have the parents, brothers, or sisters, of applicant been affected with pulmonary or other diseases hereditary in their nature? If so, state what.

Mother is not a very strong woman. & still lives in Norway – Brothers & sisters healthy. Father died from bright's disease

8. Is the applicant subject to cough, hoarseness, loss of voice, difficulty of breathing, or palpitation of the heart?

No.

9. Has any injurious effect been produced upon the constitution by previous illness or injury?

No.

(a) Has the applicant ever had malarial fever, and if so, does there now exist any appreciable result of this disease? State particulars.

No.

(b) Is the applicant specially sensitive to the heat of the sun in summer?

No.

10. Does there exist any predisposition to local or constitutional disease?

No.

11. Are the functions in a healthy state, of

(a) The brain and nervous system? *Good healthy condition*

(b) The muscular system? *Good. Well developed*

(c) The digestive system? *In poor condition*

(d) The urinary organs? *In healthy condition.*

If unhealthy, please state particulars.

12. Do you consider the state of health such as would render the applicant an acceptable risk to any first-class life insurance company?

Yes.

13. What climate would be best adapted to the constitution?

A temperate climate

14. Would a tropical climate be likely to induce diseases of the liver?

I think not.

15. Are there any facts known to you affecting the health of the applicant not brought out by the above questions? If so, please state them. Please refer in detail to any abnormal condition that may be known to you. *No. — I have known applicant for about 20 months, since she has been at the Maine General Hospital as a nurse — from personal knowledge can say she has done excellent work & loves the work very well*

N. B. It is expected that the Medical Examiner will make such other inquiries as he may think proper, and that the examination will be thorough, exact, and circumstantial, that he will feel the responsibility of his office, bearing in mind that upon his statements great reliance will be placed by the missionary applicant and his friends, and by the Board.

ATTEST:

Augustus S. Thayer M.D.

Signature of Medical Examiner.

Dated at *Portland Me*

May 7th .... 1894.

To be signed by Medical Examiner, and forwarded, with bill, to

WOMEN'S BOARD OF FOREIGN MISSIONS,

53 Fifth Avenue,

New York.

For Secretary of Candidate Com.

어밀리어 L. 스미스(메인 종합병원 간호사 양성소 소장)가 미국 북장로교회 해외선교본부로 보낸 편지 (1894년 5월 7일)

미국 북장로교회 해외선교본부

안녕하십니까,

  저는 해외 선교지에 임명될 후보자인 안나 제이콥슨 양의 훌륭한 자질을 증언하게 되어 대단히 기쁩니다. 저는 제이콥슨 양을 알고 지낸 지 몇 달 밖에 되지 않았지만 그녀는 그 기간 동안 학생과 교수의 긴밀한 관계에서 저의 끊임없는 감독 하에 있었습니다. 저는 그녀가 흠이 없는 도덕적 성품과 매우 두드러진 기독교 원칙을 가진 젊은 여성이라고 믿는다고 말씀드릴 수 있습니다.

  그녀의 기독교 신앙은 그녀의 삶을 형성하고 그녀의 일상적인 말과 행동을 지배하는, 항상 존재하는 현실인 것 같습니다.

  그녀의 용모는 그것을 발산하는 것 같습니다.

  그리고 저는 그녀가 '어둠 속에 앉아 있는 사람들'을 '세상의 빛'이신 그 분께 인도하는 일에 대단히 적합하다고 판단해야 합니다. 저는 그녀가 병동과 개인 간호 모두에서 체계적인 간호 업무를 하는데 가장 효율적이라는 것을 발견하였습니다. 응급 상황에서 쾌활하고 의욕에 넘치고, 끈기 있게 노력하며, 어려움에 굴하지 않고 모든 일에 충실합니다.

  저는 그녀가 선택한 일을 위하여 그녀를 기쁘게 추천하며, 그녀가 '많은 사람을 의(義)로 이끄는' 역할을 할 것이라고 믿고 있습니다.

  안녕히 계십시오.
  어밀리어 L. 스미스
  소장, 메인 종합병원 간호사 양성소

  포틀랜드, 1894년 5월 7일

Amelia L. Smith (Supt., Training School for Nurses, Maine General Hospital), Letter to the Presbyterian Board of Foreign Missions (May 7th, 1894)

To the Presbyterian Board of Foreign Missions

Gentlemen,

It gives me much pleasure to give testimony to the many admirable qualities possessed by Miss Anna Jacobson, your candidate for appointment to the Foreign Mission Fields. I have known Miss Jacobson but a few months; but she has been under my constant supervision during that time, in the close relation of pupil and teacher. I would say that I believe her to be a young lady of unblemished moral character, and very marked Christian principle.

Her Christianity seems to be an ever present reality; moulding her life, and governing her daily words and acts.

Her very countenance seems to radiate it.

And I should judge her to be eminently fitted for the work of leading "those who sit it in darkness," unto Him who is the "Light of the world." I have found her to be most efficient in the work of systematic nursing, both in the wards, and in private cases. Cheerful and willing in emergencies, persistent in effort, undismayed by difficulties, faithful in all things.

I cheerfully recommend her for the work which she has chosen, and believe she will be instrumental in "turning many to righteousness."

Most respectfully,
Amelia L. Smith
Supt. Training School for Nurses
Maine General Hospital

Portland, May 7, 1894

지침서에 제시된 사항 이외에 지원자가 답해야 할 사항들
(안나 P. 제이콥슨, 1894년 5월 9일)

대외비

————

미국 장로교회 해외선교본부
뉴욕 시 5가 53

————

편람에 제시된 사항 이외에 지원자가 답해야 할 사항들

————

1. 이름

안나 피터리아 제이콥슨

2. 거주지

메인 주, 포틀랜드

3. 출생일 및 출생지

노르웨이에서 출생, 1866년 4월 18일.

4. 귀하의 학업 이외에 고용된 적이 있습니까? 그렇다면 어떤 형태의 일입니까?

가사 및 요리

5. 귀하의 부모들은 기독교 교회의 훌륭한 신자입니까, 혹은 사망하였다면 이었습니까? 그렇다면 무슨 교파입니까?

저의 아버지는 루터 교회의 신자이었고, 훌륭한 신자로 사망하였습니다. 저의 어머니는 같은 교회의 신자이었으나 구주를 favor하지 않았습니다.

6. 귀하는 언제 그리고 어느 곳에서 교회에 다녔습니까?

저는 생후 1개월에 루터 교회에서 세례를 받았고, 1886년 1월 12일까지 그 교회의 신자로 남아 있었습니다. 저는 입교하기 전에 죄(罪) 사함의 교리를 믿지 않았기 때문에 루터 교회를 떠나 같은 달 31일 노르웨이 장로교회의 신자가 되었습니다. 서신에 의하여 1890년 4월 포틀랜드 제일장로교회로 이적되었습니다.

7. 귀하는 현재 어느 교회의 신자입니까?

메인 주 포틀랜드의 제일장로교회

8. 귀하는 교회에 다니기 전에 교회와 주일 학교에 정기적으로 출석하였습니까?

9. 성경 공부와 관련한 귀하의 습관은 무엇입니까?

저는 7년 동안 주간 학교에서 매일 3시간씩 성경을 공부하였으며, 이번 가을이면 12년이 될, 제가 구세주를 알게 된 이후 가장 많이 공부한 책이 되었습니다.

10. 귀하는 다른 사람들을 그리스도로 인도하려는 개인적인 노력을 하였던 경험이 있습니까? 그렇다면 그 일은 어떤 형태이며, 그 성과는 어떠하였습니까?

예. 모임 후의 대화와 그들과의 기도. 가난하고 아픈 사람들의 집을 방문함. 교회에서 기도 모임을 이끔. 약 3년 동안 지방에서 거의 모든 주일에 오두막 모임을 가짐. 그러나 사업의 결과는 주님께 맡겼습니다.

11. 귀하는 얼마나 오랫동안 해외 선교사가 되기를 갈망하였습니까?

제가 개종한 이후(약 12년 전).

12. 귀하는 만일 하나님께서 하신다면 지금 일생을 해외 선교 사업에 나서겠습니까?

예, 그렇습니다.

13. 귀하는 업무의 어려움과 고난을 고려하였으며, 그리스도를 위하여 끈질긴 용기를 가지고 그것들을 견뎌낼 준비가 되어 있습니까?

    예, 그렇습니다.

14. 영어 이외에 배운 언어는 무엇입니까? 귀하는 그런 공부에 재능을 가지고 있습니까?

    노르웨이 어와 스웨덴 어

15. 귀하는 빚을 지기 쉽습니까?

    아니요

16. 다음으로 고생한 적이 있습니까?

    (a) 신경통, 악성 두통, 현기증, 등의 지속성 동통, 발작, 마비, 졸증, 정신 이상, 일사병?
    안경을 쓰기 전에 두통이 있었지만 그 이후 문제가 없었습니다.

    (b) 습관성 기침, 천식, 만성 카타르, 각혈, 폐병, 숨참, 심계항진, 수종?
    아니요.

    (c) 말라리아, 간의 장애, 치질, 정맥류, 탈장, 류머티즘, 소화불량, 혹은 다른 소화기관의 질병?
    아니요.

17. 당신은 어떤 질병, 기형 혹은 허약으로 앓고 있거나 쉽게 그렇게 됩니까? 혹은 위의 답에서 언급한 것 이외의 어떤 심한 질병(소아의 일반적인 질병은 제외)을 앓은 적이 있습니까? 혹은 심한 부상을 입거나 수술을 받은 적이 있습니까? 시력이나 청력에 손상이 있습니까?

    아니요. 청력은 온전하고, 안경을 사용하여 시력은 좋습니다.

18. 당신이 알고 있기에 당신의 뇌, 신경 및 근육 계통, 심장, 폐 및 복부 장기는 건강합니까?

    예, 제가 알고 있는 한.

19. 성공적으로 예방접종을 받았습니까? 가장 최근의 예방접종은?

　저는 12세 때 성공적으로 예방접종을 받았습니다.

20. 어느 의사에게서 건 전문적인 진료를 받은 적이 있습니까? 그렇다면, 언제, 어떤 질병이었는지 언급하고, 생존하고 있다면 의사의 주소를 적으시오.

　아니요. 저는 6세 이후 아픈 적이 없으며, 무슨 질병이었는지 말할 수 없습니다.

21. 생명보험에 가입한 적이 있습니까? 그렇다면 당신의 신청이 허락되었습니까? 어느 회사입니까?

　아니요.

22. 야간 수면에 장애가 있었던지, 혹은 지금 있습니까?

　아니오.

23. 저녁에 두뇌를 사용하면 야간 수면에 지장이 있습니까? 그렇다면 어느 정도 심합니까?

　아니오.

24. 당신의 교육을 위해 매일 몇 시간을 공부에 할애합니까? 그리고 현재 매일 하루에 몇 시간이나 공부에 할애할 수 있습니까?

　6시간. 병동에서 12시간의 업무 외에 약 3시간.

25. 당신이 경험한 바에 의하면 다수의 결정에 흔쾌하게 묵묵히 따릅니까? 혹은 이런 일을 닥치면 정신적 동요 및 불만이 생깁니까?

　예 - 매우 쉽게 동요되거나 불만이 생기지 않습니다.

26. 당신의 기질은 해외 선교지의 새롭고 낯선 생활에 쉽게 적응할 수 있습니까?

　예, 그렇다고 믿고 있습니다. 저는 미국에서 외국인으로 낯선 상황을 대단히 쉽게 극복한 것 같습니다.

27. 차분하고 기꺼이 책임을 감당합니까? 혹은 그런 경우 불안하고, 잠을 자지 못하고, 걱정이 됩니까?

> 가끔 문제가 되는 경우가 있지만 저는 항상 책임을 차분하고 기꺼이 감당하려 노력합니다.

28. 사망한 경우, 각 사람에 대해 사망 연령, 원인 및 최종 질병을 앓았던 기간을, 생존해 있는 경우, 각 사람의 연령, 현재의 건강 상태를 당신이 알고 있는 한 적으시오. 알고 있지 못하면 문의해서 적으시오.

생존했을 경우 연령		건강 상태	사망 시 연령	사망 원인
아버지			69	1년 반 동안 침대에 누워 있었음. 브라이트 병
어머니	65	몇 년 동안 아팠음		
형 제	39	제가 아는 한 모두		
	37	건강함		
	36			
	34			
자 매	38	모두 건강합니다.		
			33	복막염 및 심부전
	31			
	26			

> 위의 답을 할 때 막연한 것을 피하고, 가능하면 명료하게 할 것.

확 인 :　안나 피터리아 제이콥슨
　　　　지원자의 서명

날짜　1894년 5월 9일
　　　메인 종합병원, 1894년

답했으면 다음의 곳으로 발송하시오.

장로교회 여자 해외선교본부
5번가 53번지
뉴욕, 뉴욕 주

양식 제65호

Personal Questions to be Answered by Candidates in Addition to Those Suggested in the Manual (Anna P. Jacobson, May 9th, 1894)

CONFIDENTIAL.

The Board of Foreign Missions of the Presbyterian Church in the U. S. A.

53 FIFTH AVENUE, NEW YORK.

PERSONAL QUESTIONS TO BE ANSWERED BY CANDIDATES IN ADDITION TO THOSE SUGGESTED IN THE MANUAL.

1. Full name. *Anna Peterea Jacobson.*

2. Residence. *Portland Maine.*

3. When and where born. *Born in Norway April 18th 1866.*

4. Have you had employment other than your studies? If so, in what form of work? *Housekeeping and Cooking.*

5. Are your parents, or were they if deceased, members in good standing of a Christian church? If so, of what denomination? *My father was a member of the Lutheran Church, and died as a good christian. My mother is a member of the same church; but has not found the Savior.*

6. When and where did you unite with the Church? *I was united with the Lutheran Church in the baptism as a month old, and remained as a member of the same until January 12th 1886. I left the Lutheran Church because of not believing in the doctrine of forgiveness of sin before the communion, and united the 21st of same month with Presbyterian church of Narsoy. Received into the First Presbyterian Church of Portland by letter in April 1890.*

7. Of what church are you now a member? *First-Presbyterian Church Portland Maine*

8. Were you a regular attendant upon church and Sunday-school services before you united with the Church?

9. What is your habit as to study of the Bible? *I studied the Bible three hours everyday in the Dayschool for seven years, and it has been The Book I have studied the most since I found my Savior, which will be twelve years next fall.*

그림 11. Personal Questions to be Answered by Candidates in Addition to Those Suggested in the Manual (Anna P. Jacobson, May 9th, 1894).

10. Have you had any experience in personal effort for bringing others to Christ? If so, in what form of *Yes.*
work and with what success? *By conversation after meetings, and praying with them.*
Visiting the poor and sick in their homes, leading prayer meetings in the Church
Holding Cottage meeting most every Sunday in the Country, for about three years; but
the result of the work I have left with the Lord.

11. How long have you entertained the desire to become a foreign missionary? *Since I was converted.*
(About twelve years ago.)

12. Do you now enter the foreign missionary work for life, if God will? *yes I do.*

13. Have you considered the difficulties and hardships of the work, and are you ready to meet them with persistent courage for Christ's sake? *Yes I am.*

14. What languages other than English have you studied? Have you facility in such study?
Norwegian and Swedish.

15. Are you liable for debt? *No.*

16. Have you ever suffered from
(a) Neuralgia, Bad Headaches, Dizziness, Persistent Pain in the Back, Fits, Paralysis, Apoplexy, Insanity, or Sunstroke? *Suffered from headaches before wearing glasses; but have never been troubled since.*

(b) Habitual Cough, Asthma, Chronic Catarrh, Spitting of Blood, Consumption, Shortness of Breath, Palpitation of the Heart, Dropsy? *No.*

(c) Malaria, Liver Complaint, Piles, Varicose Veins, Rupture, Rheumatism, Dyspepsia, or any other disease of the digestive organs? *No.*

17. Are you now suffering from, or subject to, any disease, malformation or weakness; or have you had any severe disease (except the usual diseases of children) other than those stated in above answers; or received any injury or undergone any surgical operation? Have you any defect of eyesight or hearing? *No.*
Hearing perfect. Eyesight good by wearing glasses.

18. As far as you know, are your brain, nervous and muscular systems, heart, lungs, and abdominal organs in a healthy state? *Yes, as far as I know.*

19. Have you been successfully vaccinated? When last? *I was once successfully vaccinated as twelve years old.*

20. Have you ever been under the professional care of any physician? If so, state when, for what disease, and give address of physician, if living. *No. I have never been sick since six years old, and what disease then I could not tell.*

21. Have you ever applied for a life insurance policy? If so, was your application granted, and by what company? *No never.*

22. Have you ever had, or do you now have, any difficulty in sleeping at night? *No never.*

23. Does brain work in the evening prevent sleep at night? If so, to what extent? *Not at all.*

24. How many hours were you accustomed to spend in study each day when pursuing your education? *Six hours* and how many hours are you able to spend in study each day now? *about three hours beside my twelve hours work in the Ward.*

25. Does your experience lead to the conclusion that you can cheerfully acquiesce in the decision of a majority? or does this necessity, when met, produce mental perturbation and discontent? *Not very easily perturbed or discontented. Yes.*

26. Is your temperament such as to lead to the belief that you can easily adapt yourself to the new and strange conditions of life in a foreign field? *Yes, I believe so. As a foreigner in America, the strange condition seemed very easy for me to overcome.*

27. Are responsibilities calmly and cheerfully borne? or do they produce disquietude, anxiety, sleepless nights and care? *I always try to bear the responsibilities calmly and cheerfully; still if the care sometimes troubles me.*

28. State, as far as you know, what was the age at death, cause of death and duration of final illness of each of the following persons, if deceased. What is the age and present state of health of each of them, if now living? If you do not know, please inquire and report.

	Age, if living	State of health.	Age, at death.	Cause of death.
Father			69 years	Father was confined to the bed one year from Bright's disease.
Mother	65 years	Sickly, has been for years.		
Brothers	1) 39 2) 37 3) 36 4) 34	As far as I know they are all very well		
Sisters	1) 38 2) 31 4) 26	They are all in a healty condition	3) 33	Peretanitis and Hart failure

In the above answers, please avoid indefinite terms, and be as explicit as possible.

ATTEST:

Anna Peterson Jacobsens
Signature of Applicant.

Dated at May 9th 1894

Maine General Hospital, 1894

When filled, to be forwarded to
WOMEN'S BOARD OF FOREIGN MISSIONS OF THE PRESBYTERIAN CHURCH,
53 Fifth Avenue,
New York. N. Y.

Form No. 65.

18940511

윌리엄 로렌스 다나 (메인 주 포틀랜드)가 제임스 S. 데니스 부인 (메인 주 포틀랜드)에게 보낸 편지 (1894년 5월 11일)

메인 종합병원,
메인 주 포틀랜드,
1894년 5월 11일

제임스 S. 데니스 부인

친애하는 부인,

귀하가 관심을 갖고 있는 선교 사업을 시작하려고 하는 안나 P. 제이콥슨 양을 대신하여 몇 마디 진심 어린 추천을 보내게 된 것을 기쁘게 생각합니다. 저는 제이콥슨 양을 거의 2년 동안 알고 지냈으며, 그 기간 동안 그녀는 메인 종합병원의 간호사 양성소의 일원이었고, 제가 소속된 외과의 일원이었습니다. 그 자격으로 저는 그녀의 성격, 능력 및 그녀의 일에 대한 헌신을 판단할 기회를 가졌습니다.

그녀의 개인적인 성격은 흠잡을 데가 없다고 생각합니다. 그녀의 지성과 간호사로서의 재능은 매우 훌륭하며, 자신의 업무에 열정적인 그녀의 헌신은 놀랍고 특징적입니다. 저는 그녀가 자신이 선택한 직업에 특히 잘 적응하였다고 생각하며, 귀하가 신뢰하고 호감을 갖도록 그녀를 추천하게 되어 기쁘게 생각합니다. 제가 다룬 요점이 귀하가 주로 원하는 정보에 관한 것이라고 믿습니다.

안녕히 계십시오.

윌리엄 로렌스 다나[8]
콩그레스 가(街)

---

8) 윌리엄 L. 다나(WIlliam L. Dana, 1862. 6. 30~1897. 5. 27)는 1883년 하버드 대학을 졸업하고 문학사 학위를 받았으며, 1886년 보든 대학을 졸업하고 의학박사의 학위를 받았다. 그는 1893년부터 사망할 때까지 모교 해부학 및 조직학의 강사를 역임하였다.

William L. Dana (Portland, Maine),
Letter to Mrs. James S. Dennis (Portland, Maine) (May 11th, 1894)

Maine General Hospital,
Portland, Maine
May 11th, 1894

Mrs. James S. Dennis

My Dear Madam,

I take pleasure in this submitting to you a few words of cordial recommendation in behalf of Miss Anna P. Jacobson, who, I understand, is about to enter upon missionary work in which you are interested. I have known ivliss Jacobson for nearly two years, during which time she has been a member of Training School for Nurses at the Maine General Hospital, of the Surgical Staff of which I am a member. In that capacity I have had opportunity to judge of her character, ability & devotion to her work.

Her personal character I believe to be above reproach; her intelligence & accomplishments as a nurse an exceptionally good, & her devotion to enthusiasm in her work are striking & characteristic. I consider her peculiarly well adapted to the work which she has chosen, & it gives me pleasure to commend her to your confidence & regard. Trusting that the points I have covered are these regarding which you chiefly desire information. I am

Very truly yours,
Wn. Lawrence Dana
660 Congress St.

제임스 S. 데니스 부인(Mrs. James S. Dennis)

제임스 S. 데니스 부인(Mary Elizabeth Pinneo, 1839. 8. 7~1916. 10. 21)은 당시 미국 북장로교회 뉴욕지부의 해외 선교 지원자 위원회(Foreign Missions Candidate Commi- ttee)의 간사이었다. 그녀는 뉴저지에서 출생하였으며, 1872년 6월 26일 제임스 S. 데니스(1842~1914)와 결혼하였다. 데니스는 프린스턴 대학교와 프린스턴 신학교를 졸업하고 미국 북장로교회로부터 목사직을 안수 받은 후 1868년 미국 회중교회 외국선교본부에 의해 시리아 선교사로 파송되었다가 1871년 귀국하였다. 결혼한 데니스 부부는 미국 북장로교회에 의해 시리아로 파송되었다가 1891년 귀국하였다.

그림 12. 제임스 S. 데니스 부인.

18940513

안나 P. 제이콥슨(메인 주 포틀랜드)이 미국 북장로교회
해외선교본부로 보낸 편지 (1894년 5월 13일)

메인 종합병원,
메인 주 포틀랜드,
1894년 5월 13일

장로교회 해외선교본부,

저는 개종(12년 전) 이후 주님께서 제가 해외 선교지에서 주님을 위하여 일하기를 원하신다는 것을 믿고, 그 목적을 위하여 저는 제가 가장 적합하다고 믿고 있기에 메인 종합병원 간호사 양성소에 입학하였습니다.

비록 간호가 제 직업이지만 선교사로서 요구될 수 있는 모든 종류의 전도 활동을 하고 싶습니다. 간호사로 근무할 때 혹은 제가 어디에 있든지 저는 마지막 영혼들에게 그리스도의 복음을 전할 것입니다.

선교지의 선택과 관련하여 저는 항상 중국을 생각하였지만 선교본부에서 제가 가장 해야 할 일이라고 생각하는 곳으로 갈 의향이 있습니다. 특별히 중국에 가고 싶은 유일한 이유는 그곳의 여자들을 위하여 더 많은 일을 할 수 있다고 믿고 있기 때문입니다.

저는 독신으로 갈 것으로 예상하고 있습니다.

안녕히 계십시오.
안나 P. 제이콥슨

Anna P. Jacobson (Portland, Maine),
Letter to the Presbyterian Board of Foreign Missions (May 13th, 1894)

Maine General Hospital,

Portland, Maine,

May 13h, 1894

Foreign Missions of the Presbyterian Church,

    Believing as I have since my conversion (twelve years ago) that the Lord wants me to work for Him in the Foreign Mission Field, I entered the Maine General Hospital Training School with that end in view, as I believe this is the work I am best fitted for.

    Although nursing is my profession, I desire to do any kind of evangelistic work in anyway that may be required of a missionary. When on duty as nurse or wherever I am I shall speak the Gospel of Christ to last souls.

    In regard to choice of Field, my thought has always been of China, but I am willing to go where the Board think it is the most work for me to do. The only reason for wanting specially to go to China is that I believe I could do more for the women there.

    I expect to go single.

Yours in the Love of Christ,

Anna P. Jacobson

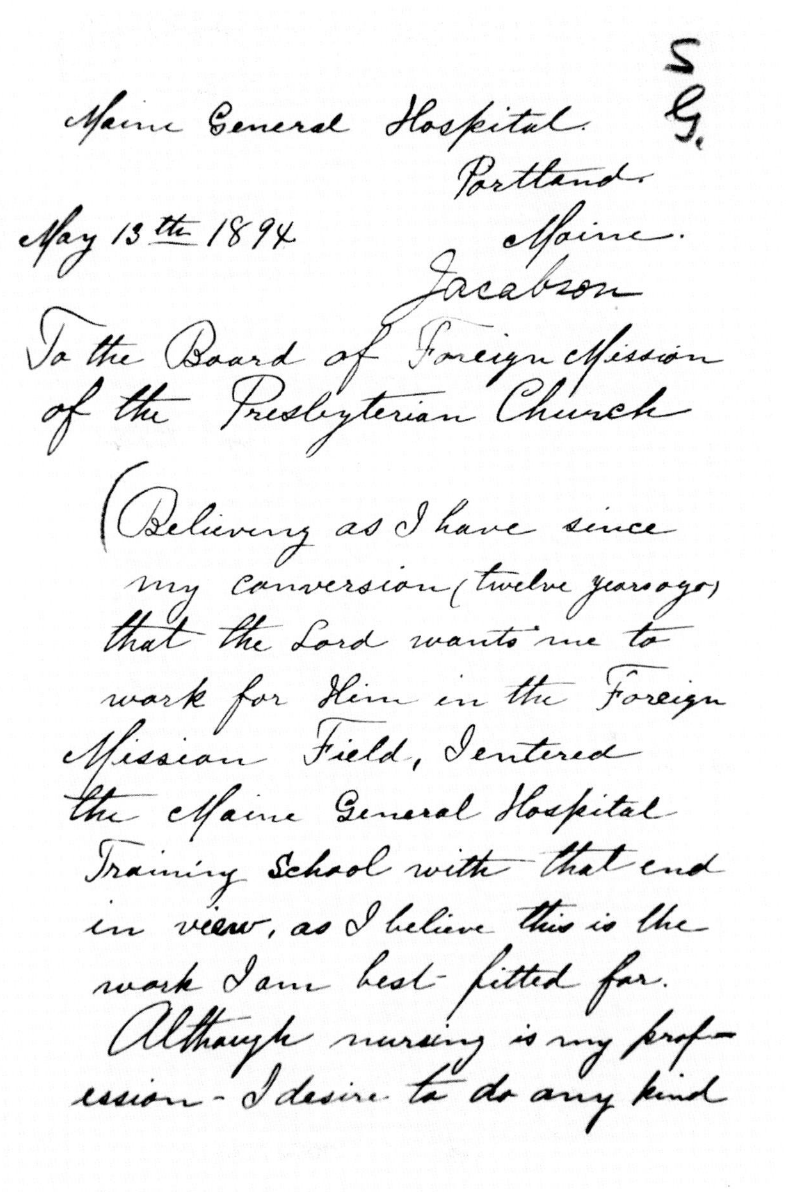

Maine General Hospital.
Portland
May 13th 1894   Maine.
                        Jacobson
To the Board of Foreign Mission
of the Presbyterian Church

(Believing as I have since
my conversion (twelve years ago)
that the Lord wants me to
work for Him in the Foreign
Mission Field, I entered
the Maine General Hospital
Training School with that end
in view, as I believe this is the
work I am best fitted for.
Although nursing is my prof-
ession - I desire to do any kind

그림 13. Anna P. Jacobson (Portland, Maine), Letter to the Presbyterian Board of Foreign Missions (May 13th, 1894).

of evangelistic work in any
way that may be required
of a Missionary - When on duty
as nurse or wherever I am
I shall spread the Gospel of
Christ to lost souls.
In regard to choice of Field -
My thought has always been
of China; but I am willing
to go where the Board thinks
it is the most work for
me to do. The only reason
for wanting specially to go to
China is that I believed
I could do more for the
women there.
I expect to go single.
    Yours in the Love of Christ -
    Anna P. Jacobson

18940518

아델라 E. 호키스(메인 주 포틀랜드)가 장로교회 여자 해외선교부로 보낸 편지 (1894년 5월 18일)

메인 주 포틀랜드,
1894년 5월 18일

장로교회 여자 해외선교부 귀중

친애하는 자매들께,

저의 사랑하는 친구 안나 제이콥슨 양을 대신하여 말씀을 드릴 수 있는 기회는 저에게 큰 기쁨입니다. 저는 그녀를 3년 이상 알고 지냈으며, 그녀가 항상 진정한 친구이자 열렬한 기독교인임을 알게 되었습니다. 저는 그녀를 처음 만났을 때 그녀가 그렇게 될 것이라고 느꼈습니다.

이것에 진정으로 신성한 삶이 있으며, 그녀와 교제한 후에 더 진실되고 더 나은 삶을 살고자 하는 열망을 느낄 수밖에 없었습니다. 그녀의 모든 목표는 제가 알고 있는 그녀의 하나님이자 주님의 승인을 얻는 것입니다.

그녀를 귀 선교부의 대표로 확보함으로써, 이곳에 있는 우리(그녀의 친구들)처럼 그녀를 사랑하고 감사할 수 있는 큰 상을 받게 되며, 하나님께서 이 가장 고귀한 사업에서 항상 그녀와 함께 가셔서 그녀를 축복하실 것입니다.

이 가장 고귀한 사업에서 하나님이 항상 그녀와 함께 가셔서 그녀를 축복하시는 것이 그녀 친구들의 진실한 기도입니다.

아델라 E. 호키스[9]

---

9) 아렐라 임스(Adella Eames, 1850~1943. 4. 9)는 1874년 제임스 F. 호키스(James Francis Hawkes, 1846~1912)와 결혼하였다.

Ardella E. Hawkes (Portland, Maine), Letter to the Woman's Board of Foreign Missions of the Presbyterian Church (May 18th, 1894)

Portland, Maine
May 18th, 1894

To the Woman's Board of Foreign Missions of the Presbyterian Church

Dear Ladies,

The opportunity to speak in behalf of my dear friend Miss Anna Jacobson gives me great pleasure. I have known her for three or more years, and have always found her to be the same true friend and earnest Christian. I felt she would be when I first met her.

Here is truly a consecrated life, and one can but feel a desire to be truer and better after having associated with her. Her whole aims I know, is to live for, and ,vin the approval of her Lord and Master.

In securing her for a representative of your mission Board, you have a great prize that you may love and appreciate her as we (her friends) on here, and that God will go with and bless her always, in this most noblest of His work is the sincere prayer of her friends and Yours in Christ,

Ardilla E. Hawkes

18940518

시드니 S. 콩거(메인 주 포틀랜드 제일장로교회 목사)가 제임스 S. 데니스 부인에게 보낸 편지 (1894년 5월 18일)

메인 주 포틀랜드,
1894년 5월 18일

데니스 부인

친애하는 부인께,

안나 제이콥슨 양은 제가 한번 그녀에 대하여 여자 선교부에 썼던 편지가 잘못 전달되었지만 비슷한 편지를 원한다고 알리고 있습니다.

제이콥슨 양은 철저한 기독교인입니다. 그녀는 신앙이 확고하고 거짓이 없으며, 성품이 차분하고 입이 무거우며 진지합니다.

현재 그녀가 일하고 있는 병원의 환자들은 그녀의 존재가 축복이자 위안이라고 말합니다.

저는 그녀가 해외 선교에 특히 적합하며, 그녀가 하나님의 포도원으로 부르심을 받았다고 생각합니다.

그녀는 '건전한 몸에 건전한 정신'을 가지고 있고, 사려 깊고 쾌활하며, 주님의 가르침을 받은 주님의 자녀들의 평화를 소유하고 있습니다.

제이콥슨 양은 인간이기에 틀림없이 결점을 갖고 있지만, 그녀의 목사로서 지난 2년 동안 저는 그것을 발견하지 못하였습니다.

안녕히 계십시오.
시드니 S. 콩거,
제일장로교회 목사

Sidney S. Conger (Pastor, First Presby. Ch., Porland, Maine), Letter to Mrs. James S. Dennis (May 18th, 1894)

Portland, Maine

May 18, 1894

Mrs. Dennis

Dear Madame,

Miss Anna Jacobson informs me that a letter which I once wrote to the Woman's board concerning her has been mislaid, but that a similar one is desired.

Miss Jacobson is a thorough Christian. Her faith is firm and unfeigned, her disposition calm and secret and earnest.

Patients at the hospital where she is at present at work speak of her presence as a blessing and comfort.

I think she is particularly adapted to foreign missionary work, and that she has received the call of God into that portion of His vineyard.

She has "the sound mind in the sound body," is thoughtful and cheerful, and possesses the peace of the Lord's children, who are taught of the Lord.

Doubtless, being human, Miss Jacobson has her faults, but in two years acquaintance with her as her pastor, I have failed to discover them.

Very sincerely yours,

Sidney S. Conger

Pastor First Presbyterian Church

시드니 S. 콩거(Sidney S. Conger)

시드니 S. 콩거(1867. 12. 17~ 1920. 5. 5)는 뉴욕 시에서 태어났다. 1882년 뉴저지 주 오렌지의 에섹스 학원을 졸업하고 1887년까지 뉴욕에서 건어물 도매상에서 일을 하였다. 그는 1889년 프린스턴 신학교에 입학하여 1892년 졸업하였고 7월 보스턴 노회에서 목사 안수를 받은 직후부터 1894년 4월까지 메인 주 포틀랜드의 제일장로교회에서 시무하였다. 이후 뉴저지 주 와이오밍의 장로교회(1894~1898), 뉴욕 주 쿠퍼스타운의 제일장로교회(1899~1910), 멕시코 시 교회(1911~1915) 등에서 활동하였다.

그림 14. 시드니 S. 콩거.

18940518

코넬리아 M. 다우(메인 주 포틀랜드)가 장로교회 여자 해외선교회로 보낸 편지 (1894년 5월 18일)

콩그레스 가(街) 714
메인 주 포틀랜드

장로교회 여자 해외선교회 귀중,

저는 애니 제이콥슨을 몇 년 동안 알고 지냈고, 그녀는 9개월 동안 저의 가족이 되었습니다.

저는 그녀가 항상 일관되고 진실하다는 것을 알게 된 기독교인으로서 그녀를 가장 존경합니다.

그녀가 언어를 습득하는 속도와 간호사 양성소에서 그녀의 꾸준한 발전은 이 나라에서 그녀가 경험한 모든 과정과 마찬가지로 비범한 지성과 야망을 보여줍니다.

그녀가 선택한 간호 업무에 대한 지적인 열정과 주님을 섬기고 그것을 통하여 이 세상에서 그 분의 일을 하려는 그녀의 열망은 해외 선교 분야에서 그녀의 성공을 보장할 것이라고 확신합니다.

안녕히 계세요.
코넬리아 M. 다우

1894년 5월 18일

Cornelia M. Dow (Portland, Maine), Letter to the Woman's Foreign Missionary Society of the Presbyterian Church (May 18th, 1894)

714 Congress St.
Portland, Me.

To the Woman's Foreign Missionary Soc. of the Presbyterian Church

I have known Annie Jacobsen for several years, she having been a member of my family for nine months.

I have the highest respect for her as a christian, having always found her consistent and true.

The rapidity with which she acquired over language, and her steady progress in the Training School for Nurses, show unusual intelligence and ambition, as has all her course in this country.

Her intelligent enthusiasm in her chosen work of nursing, and her desire to serve her Master and do His work in this world through it, will, I am sure, ensuer her success in the Foreign missionary field.

Truly yours,
Cornelia M. Dow

May 18, 1894

코넬리아 M. 다우(Cornelia M. Dow)

코넬리아 M. 다우(1842. 11. 10~ 1905. 10. 12)는 메인 주 포틀랜드에서 태어난 자선가이자 금주 개혁가이었다. 그녀는 면밀한 주부로서 탁월하였지만 세상을 위한 일을 위하여 많은 시간을 할애하였는데, 수 년동안 포틀랜드 여자 기독교협회의 서기로 활동하였고, 포틀랜드 노인 여자 요양원의 재무이자 주립 여자 및 아동 임시 숙소의 회계를 역임하였다. 그녀는 많은 시간을 금주 운동에 할애하였다. 또한 컴벌랜드 카운티의 노동조합 위원장이자 주(州) 노동조합의 감독, 그리고 가장 유능한 부의

그림 15. 코넬리아 M. 다우.

장 중 한 명이었다. 그녀는 포틀랜드의 스테이트 스트리트 회중교회의 신자이었다.

2-3. 선교사 임명과 출항 준비
Appointment and Preparation for Sailing to Korea

18940604

지원자 기록 (안나 P. 제이콥슨, 1894년 6월 4일)

지원자 기록

번호 '95년 3월 4일 출항함

이름 <u>안나 P. 제이콥슨</u>

주소 <u>메인 종합병원, 메인 주 포틀랜드</u>

첫 편지 날짜 <u>1893년 10월 24일</u>

공식 지원서 날짜 <u>1894년 5월 9일</u>

아내의 이름과 주소 _____

추천서 <u>윌리엄 로렌스 다나, 1894년 5월 11일</u>

<u>어밀리어 L. 스미스, 1894년 5월 7일</u>

<u>A. E. 호키스, 1894년 5월 18일</u>

<u>코넬리아 M. 다우, 1894년 5월 18일</u>

<u>시드니 S. 콩거 목사, 1894년 5월 18일</u>

노회 추천 _____

건강 증명서 <u>오거스터스 S. 테이어, 의학박사</u>

선호 선교지 <u>중국</u>

선교본부에 제출된 지원서 _____

선교사 임명 <u>1894년 6월 4일</u>

선교지 결정, 날짜 <u>1894년 6월 4일</u> <u>한국</u> 선교부로

Record of Candidates (Anna P. Jacobson, June 4th, 1894)

RECORD OF CANDIDATES.

NUMBER *Sailed Mar. 4, '95*

Name *Anna P. Jacobson.*

Address *Maine General Hospital. Portland. Me.*

Date of First Letter *Oct. 24th, 1893.*

Date of Formal Application *May 9th, 1894.*

Name and Address of Wife

Testimonials from *Wm Lawrence Dana. May 11th, 1894.*
Amelia L. Smith. May 7th '94.
A. E. Hawkes. May 18 '94 Cornelia M. Dow. May 18 '94.
Rev. Sidney S. Conger May 18 '94.

Presbyterial Recommendation

Medical Certificate *Augustus S. Thayer M. D.*

Preference of Field *China.*

Application presented to Board

Appointed *June 4th. 1894*

Assigned, Date *June 4th. 1894* to *Korea* Mission.

그림 16. Record of Candidates (Anna P. Jacobson, June 4th, 1894).

18940604

A. P. 제이콥슨 양의 임명 및 임지 결정. 미국 북장로교회
해외선교본부 실행이사회 회의록, 1837~1919 (1894년 6월 4일)

A. P. 제이콥슨 양의 임명 및 임지 결정. 안나 P. 제이콥슨 양이 선교사로 임명되었고, 한국 선교부로 배정되었다. 추천서는 1894년 5월 18일 S. S. 쿠거 목사; 1894년 5월 7일 어밀리아 L. 스미스; 1894년 5월 18일 코넬리아 M. 다우 양.

Appointment & Assignment of Miss A. P. Jacobson.
Minutes [of Executive Committee, PCUSA], 1837~1919 (June 4th, 1894)

Appointment & Assignment of Miss A. P. Jacobson. Miss Annie P. Jacobson was appointed a missionary and assigned to Korea Mission. Testimonials Rev. S. S Couger, May 18, '94, Miss Amelia L. Smith, May 7, '94, Miss Cornelia M. Dow, May 18, '94.

프랭크 F. 엘린우드(미국 북장로교회 해외선교본부 총무)가
한국 선교회로 보낸 편지 (1894년 6월 5일)

(중략)

예전에 내가 할 수 없었을까봐 두려웠지만, 오랜 설득 끝에 훌륭한 정규 간호사인 안나 제이콥슨 양을 서울의 제중원에 임명할 수 있게 되었다는 편지를 보낼 수 있어 기쁩니다. 그녀는 노르웨이 출신이며, 간호와 관련된 의학 분야의 상당한 공부를 하였으며 한 해를 더 공부하려 하였으나, 마침내 올해 서울로 가기로 하였습니다. 편의가 제공될 수 있다면 그곳에서 의학 과정을 계속하는 것도 현명할 것이며, 그녀는 그렇게 하는 것을 받아들일 것입니다. 내 생각에 그녀는 훌륭한 젊은 여성이며, 에비슨 박사에게 큰 도움이 될 것이고 교제해 보면 ____ ____ ____입니다. 그녀는 최근 큰 ____에 의해 고통을 받았습니다. 그녀가 우리를 만나기 위해 메인 주 포틀랜드에서 이곳에 와 있는 동안 이곳을 방문하고 있던 자매가 사망하였습니다. 그리고 비통의 상징 ____ ____ ____ 원하였습니다. 그녀는 헌신적인 기독교 신자입니다. 내 판단으로 그녀는 영적 도움의 원천이 될 것입니다.

(중략)

Frank F. Ellinwood (Sec., BFM, PCUSA),
Letter to the Korea Mission (June 5th, 1894)

(Omitted)

It is a pleasure to me to be able to write, as I feared for sometime past I would not be able to, that after long persuasion I have _____ to secure the appointment of admirable trained nurse for the Hospital in Seoul - Miss Anna Jacobson. She is a Norwegian, and had given considerable study to medicine in connection with nursing, and was wishing to remain another year and study, but she has finally _____ed to go out to Seoul this year. Should it seem wise for her to _____ a course of medicine out there, so far as advantages might admit, I _____ she will be _____ ___ing to do so. She is I think a admirable young woman, and will be a great help to Dr. Avison and a comfort _____ _____ _____ _____ in contact. She has seen chastened by great _____ of late. While she came on here to see us from Portland, Maine, a sister whom she was visiting in the city was removed by death, and _____ _____ _____ _____ wish _____ symbols of sorrow. She is a consecrated Christian. If I may judge, and will be a source of spiritual help.

(Omitted)

18940605

프랭크 F. 엘린우드(미국 북장로교회 해외선교본부 총무)가 안나 P. 제이콥슨(메인 주 포틀랜드)에게 보낸 편지
(1894년 6월 5일)

(189)4년 6월 5일

친애하는 제이콥슨 양,

　　라바리 박사는 귀하가 어제 선교본부의 선교사로 임명되었고, 병원에서 에비슨 박사를 도울 생각으로 한국으로 배정되었다는 것을 틀림없이 통고하였습니다. 이것에 대하여 나는 귀하가 뉴욕에 있을 때 약간의 대화를 나누었고, 그 대화를 기억하고 있어 이것이 귀하 자신의 바람에 부합할 것이라고 판단합니다. 에비슨 박사는 귀하와 함께 일할 고귀한 사람임을 알게 될 것입니다. 그는 열정으로 가득 차 있습니다. 그는 이미 선교사들과 왕과 왕실을 포함한 현지인들의 지지를 얻었습니다. 우리는 훈련된 간호사 2명을 보내달라는 요청을 받았는데, 우리가 2명을 보낼 수 있었다면 그렇게 하였을 것입니다. 우리는 귀하가 가는 것을 기뻐하고 있습니다. 귀하는 귀하의 보살핌을 받는 사람들의 육체뿐만 아니라 영혼에 선(善)을 행할 기회를 갖게 될 것이며, 이것을 고려하여 반드시 언어에 숙달하세요. 질병과 관련하여 자신을 표현할 수 있을 뿐만 아니라 종교적 믿음에 대한 더 어렵고 미묘한 개념에 대해서도 표현할 수 있을 정도로 습득하세요. 그러면 귀하의 일이 즐거울 것이며, 귀하와 그 낯선 사람들 사이의 문이 활짝 열릴 것입니다. 그들은 이해가기 어려운 말더듬이가 아니라 기쁨으로 귀하의 말을 들을 것입니다. 귀하는 그들의 신뢰와 사랑으로 성장할 것이며, 귀하의 업무에서 가장 은총 받는 일은 위대한 의사이신 그리스도께로 그들을 인도하는 신성한 샘물일 것입니다.

　　여러분 모두는 선교사들의 따뜻한 환영을 받고 있습니다. 하나님께서 귀하에게 풍성한 축복을 주시기를 빕니다.

　　안녕히 계세요.
　　F. F. 엘린우드

Frank F. Ellinwood (Sec., BFM, PCUSA),
Letter to Anna P. Jacobson (Portland, Maine) (June, 5th, 1894)

June 5th, (189)4

My dear Miss Jacobson: -

Dr. Labaree has notified you doubtless that you were appointed yesterday as a missionary of the Board and assigned to Korea, with the idea that you will assist Dr. Avison in the Hospital. Of this I had some conversation with you when you were in New York, and from what I remember of that conversation I judge that this will be in accordance with your own desires. Dr. Avison you will find to be a noble man to work with. He is full of enthusiasm. He has already won favor of missionaries and of natives, including the King and the royal family. We have been asked to send two trained nurses, would that, we were able to sent two. We rejoice that you are going. You will have opportunities to do good, not merely to the bodies but to the souls of those who come under your care, and with this in view by all means master the language. Get it to such a degree that you cannot only express yourself with reference to sickness, but also with reference to the more difficult and subtle conceptions of religious faith. Then your work will be pleasant, and the door between you and that strange people will be thrown wide open. They will listen to you, not as a stammerer hard to understand, but with delight. You will grow into their confidence and love, and the most blessed thing in all your work will be the ____ ____ Divine well to lead them to Christ, the Great Physician. _____has you all receive a warm welcome on the part of the missionaries. May God bless you abundantly.

Very sincerely yours,
F. F. Ellinwood

18940607

기록 총무(미국 북장로교회 해외선교본부)가 안나 P. 제이콥슨(메인 주 포틀랜드)에게 보낸 편지 (1894년 6월 7일)

(189)4년 6월 7일

안나 P. 제이콥슨 양,
   메인 종합병원,
   메인 주 포틀랜드

친애하는 제이콥슨 양,

   나는 지난 월요일 해외선교본부 회의에서 선교사 지원자로서 귀하의 이름이 제출되어 임명이 확정되었으며, 귀하의 선교지로서 한국에 배정되었음을 알려드리게 되어 기쁘게 생각합니다. 나는 우리 지침서 사본을 받았을 때 서명하고 반송할 서약 카드를 동봉합니다. 새 판이 인쇄소에서 출고되면 며칠 내에 지침서 사본이 귀하에게 보내질 것입니다.
   귀하는 우리의 재무인 덜레스 씨로부터 항해에 관한 지시를 받게 될 것이며, 여자 (선교부)가 준 정보 이외에 귀하의 분야와 관련하여 얻고 싶은 모든 정보는 엘린우드 박사에게 써야 합니다.
   이 새 사업에서 귀하가 성공하기를 간절히 원하며, 귀하가 주님의 봉사의 이 분야에 들어갔다는 사실에 대하여 점점 더 기뻐할 이유를 발견할 것이고, 주님의 축복이 한국의 어두운 땅에서 여러분을 매우 유용한 도구가 되도록 하게 할 것입니다.

   안녕히 계세요.
   기록 총무

Recording Secretary (BFM, PCUSA),
Letter to Anna P. Jacobson (Portland, Maine) (June 7th, 1894)

June 7th, (189)4

Miss Anna P. Jacobson,
    Maine General Hospital
    Portland, Me.

My dear Miss Jacobson: -

It gives me pleasure to inform you that your name was presented to the Board of Foreign Missions at its meeting on Monday last as a candidate for missionary service under its direction and your appointment was definitely made and you were assigned to Korea as your field of labor. I enclose a pledge card which when you have received a copy of our Manual, you will sign and return. A copy of the Manual will be sent you in a few days when the new edition is out of the hands of the printer.

You will receive directions about your sailing from Mr. Dulles, our Treasurer and any information you may wish to obtain in regard to your field other than what the ladies' have given you you should write for to Dr. Ellinwood.

Earnestly desiring your grant prosperity in this new work, and that from step to step you will find increasing reason for rejoicing that you have entered into this branch of the Lord's service, and playing that His blessing will make you an instrument of great usefulness in that dark land of Korea, I remain,

Very cordially yours,
Recording secretary.

18940611

프랭크 F. 엘린우드(미국 북장로교회 해외선교본부 총무)가 올리버 R. 에비슨(서울)에게 보낸 편지 (1894년 6월 11일)

1894년 6월 11일

친애하는 에비슨 박사님,

　　나는 우리가 귀하의 병원 사업을 위한 정규 간호사로 제이콥슨 양을 임명할 수 있게 되었다는 사실에 귀하와 나를 축하하기 위하여 매우 짧게 편지를 씁니다. 귀하가 요청하였고 귀하의 입장에서 필수불가결해 보이는 것의 절반도 되지 않는 것을 우리가 승인한 것에 대하여 내가 그렇게 많이 기뻐하는 것을 이상하게 생각할 것입니다. 그러나 아마도 얼마 후가 되면 우리가 진정으로 하고 싶어 하는 모든 것을 성취할 수 없는 이곳의 사정을 이해할 수 있게 될 것입니다. 제이콥슨 양은 노르웨이 사람이며, 나는 매우 헌신적이고 동시에 매우 유능한 사람이라고 생각합니다. 나는 그녀가 호감을 주고 상냥하며, 가능한 모든 방법으로 도울 준비가 되어 있다는 것을 귀하가 알게 될 것이라고 생각합니다. 그녀는 파송되기 전에 의학을 공부하기를 원하였습니다. 그녀의 간호에 의학의 실제적인 지식을 더할 수 있다면 단순한 간호보다 그녀를 훨씬 더 유용하게 할 것입니다. 어쨌든 그것은 어떤 정도까지 책임을 요구하여 그녀의 준비를 크게 증가시킬 것입니다. 따라서 그녀는 단순히 특정 지시만을 단순하게 수행할 수 있는 사람보다 훨씬 더 가치가 있을 것입니다.

(중략)

Frank F. Ellinwood (Sec., BFM, PCUSA),
Letter to Oliver R. Avison (Seoul) (June 11th, 1894)

June 11th, (189)4.

My dear Dr. Avison: -

I write very briefly to congratulate you and myself also on the fact that we have been able to secure the appointment of Miss Jacobson as a trained nurse for your hospital work. You must think it strange that I should rejoice so much over our granting less that half of what you ask, and what from your standpoint seems indispensable, but perhaps after a while you will be able to understand better the difficulties under which we labor here in not being able to accomplish all that we so earnestly desire to do. Miss Jacobson is a Norwegian, and I think a very consecrated and at the same time a very competent person. I think you will find her compatible and amiable, and ready to help in every possible way. She wanted to study medicine before going out. Possible she may in connection with her nursing get a practical knowledge of medicine which will enable her to be useful in more ways that in the simple nursing. At any rate it will greatly increase her preparation to asking responsibility to up a certain point. She will thus be far more valuable than one who could simply carry out specific orders.

(Omitted)

18940613

안나 P. 제이콥슨(포틀랜드, 메인 주)이 프랭크 F. 엘린우드
(미국 북장로교회 해외선교본부 총무)에게 보낸 편지
(1894년 6월 13일)

메인 종합병원,
포틀랜드,
1894년 6월 13일

친애하는 엘린우드 박사님,

　'여행 중 선교사 채비를 위한 제안'과 관련하여 '(3) 항해 시간' 단락에 대하여 문의하고 싶습니다. 저는 9월이나 10월에 샌프란시스코를 출발하려 합니다. 제가 뉴욕에 있었을 때 우리가 나눈 대화에서 바로 기억하는 것처럼, 저는 9월 26일까지 병원을 떠나지 않는다고 박사님께 말씀드렸고 현재 제가 처한 상황에서 그때에 무척 가고 싶지만 준비하는 것은 불가능합니다. 단락 4. 화물 - 출항 2개월 전에 뉴욕에서 선적한다. 다른 글에서는 출국 2개월 이내에 언제든지 채비 비용의 일부 또는 전체를 재무에게 요청할 수 있다고 되어 있습니다. 저의 채비를 위하여 선교본부로부터 돈을 받을 필요가 있기 때문에, 저는 출항 전 2~3개월 전에 선적할 채비를 준비하기 위하여 무엇을 해야 하는지 알고 싶으며, '가사'에 대해서도 묻고 싶습니다. 다른 글에 언급된 모든 것이 독신 선교사를 위해 필요한 것인지 알고자 합니다. 제가 병원에 제 방을 갖게 되는지 혹은 병원 외부에서 가사를 해야 하는지, 그리고 제가 재무에게 저를 위한 어떠한 채비를 재무에게 요청할 수 있는지. 단락 8.에서 언급된 여자를 위한 의류는 재무가 저를 위하여 친절하게 도와준다면 나머지 짐과 함께 포장해서 보낼 것입니다.

　저의 모든 질문에 답변해 주셔서 대단히 감사합니다.

안녕히 계십시오.
안나 P. 제이콥슨

Anna P. Jacobson (Portland, Maine), Letter to Frank F. Ellinwood (Sec., BFM, PCUSA) (June 13th, 1894)

Me. Gen. Hospital,
Portland, Me.,
June 13th, 1894

Dear Dr. Ellinwood, -

In regard to "Suggestion for Missionary Outfit on Journey," I would like to enquire about paragraph (3) "Time of sailing." It says to leave San Francisco in September or October. As if I remember right in our conversation we had when I was in New York, I told you about me not leaving the Hospital until September 26th, and as I am now situated it is impossible for me to get ready, although I should like to go at that time very much. Paragraph 4. Freight - Ship from New York two months before sailing. In another paper it says that at any time within two months of the time of leaving the country, a request may be made to the Treasurer for any portion or the whole of the outfit money." As I will need money from the Board for my outfit, I would like to know what to do to have the outfit, ready to ship two or three months before leaving & I would also like to enquire about the "Housekeeping": if all the things mentioned in the paper is needed for a single missionary. If I will have my room in the Hospital or keep house outside, and if I can ask the Treasurer to get any outfit for me. The clothing for ladies which is mention in the paragraph 8, I will get and send to be packed with the rest if the Treasurer will be kind enough to do it for me.

Thanking you very much for answering all my questions. I remain,

Sincerely yours,
Anna P. Jacobson

18940615

프랭크 F. 엘린우드(미국 북장로교회 해외선교본부 총무)가
안나 P. 제이콥슨(메인 주 포틀랜드)에게 보낸 편지
(1894년 6월 15일)

(189)4년 6월 15일

친애하는 제이콥슨 양,

　　이곳에서는 회람에 어떻게 언급되어 있건 귀하가 11월 1일경까지는 갈 수 없다고 이해하고 있습니다. 나는 그것이 그녀가 좋지 않다고 생각하는 많은 것들을 선교사로 하여금 얻게 해준다고 생각하기 때문에 회람을 별로 믿지 않습니다. 우리는 이제 귀하가 물론 ＿＿이 있다고 말할 수 없으며, 오직 그것만이 보살핌을 받을 것입니다. 귀하가 묵을 집이 없으니 당분간 귀하는 선교사 가정 중 한 가정과 함께 지내게 될 것입니다. 어디인지는 모릅니다. 귀하의 업무는 ＿＿을 위한 정규 간호사의 일이며, 에비슨 박사의 가정에서 묵게 될 수 있다고 가정해야 합니다. 이에 대해서 나는 확실하게 말할 수 없습니다.

　　＿＿ 것을 아닌 의복을 제외하고 귀하는 많은 가구를 가지고 가려 할 수 있는데, 그곳에 도착하였을 때 그것을 둘 곳이 없다는 것을 알게 될 것입니다. 게다가 가구는 귀하가 항상 나가사키나 상하이에서 구할 수 있습니다. 무엇보다도 대부분의 ＿＿＿는 한국의 용기 제작자가 만든 것을 구할 수 있습니다. 적응이 되면 주변의 모든 것이 그렇게 될 것입니다. 나는 귀하가 ¾ 크기의 매트리스, 철사 스프링, 그리고 황동 침대 프레임을 가져오는 것이 좋을 것이라고 생각합니다. 많은 책을 가져가서는 안 되지만 귀하의 일과 관련된 것 이외의 다른 주제에 대한 교육과 오락을 위해 다양한 책을 가지고 있어야 합니다. 귀하는 필요한 것을 목록에서 선택할 수 있습니다. 그러나 귀하는 준비를 위한 돈의 대부분을 선교지로 가져갈 것이며, 귀하가 원하는 것을 가장 잘 알게 될 때 ＿＿＿ 것입니다. 준비 및 항해 시간에 관한 모든 문제와 관련하여 ＿＿에서 도와줄 우리의 재무인 덜레스 씨와 ＿＿하세요. 그것은 귀하의 모든 준비를 위하여 충분한 ＿＿을 줄 것입니다. 브릭스 씨는 귀하의 여권에 관하여 귀하에게 편지를 쓰고 있습니다. 귀하가 아버지와 함께 이 나라에 왔고, 아버지가 귀화한 경우, 그리고 귀하가 당시 ＿＿ ＿＿이라면 귀하는 귀화하지

않고 여권을 받을 수 있습니다. 그러나 성인이 된 후 별개로 온 경우 가장 먼저 해야 할 일은 귀화 증명서와 여권을 받는 것입니다. 한국에는 후자가 있어야 합니다.

안녕히 계세요.
F. F. 엘린우드

Frank F. Ellinwood (Sec., BFM, PCUSA),
Letter to Anna P. Jacobson (Portland, Maine) (June 15th, 1894)

June 15th, (189)4

My dear Miss Jacobson: -

It is understood here that you cannot go until about the 1st of November, whatever the circular may state. I do not believe much in the circular because I think it leads the missionary to get a great many things which she <u>finds at that she finds</u> not good. We cannot now tell you that you of course ＿＿ have, only that will be cared for. There is no house for you to go <u>trip,</u> so for the present you will go to one of the Mission families and board with them. I know not where. Your work is supposed to be that of a trained nurse for the ＿＿＿ ＿＿ should presume that you might board in the family of Dr. Avison. Of this I cannot say definitely.

Aside from clothing ＿＿ but ＿＿ things, you might make out a lot of furniture and find when you got there that you could not have any place to put it. Besides you can always send even to Nagasaki or Shanghai for furniture. Best of all would be to get most of ＿ ＿ Korea, made by a cabinet maker there. When it will be adapted so every thing else around you. I should think that it would be a good thing for you to take a mattress and even wire springs, you might take say three-quarter size, and a brass bed-stead. I should not take many books but would have some and a good variety for instruction and entertainment on other subjects than those pertaining to your work. You can pick out a ___ thing from the list which you will see that you need. But __ _____ ____ ____ you plans that you will have most of your outfit money that you get to your field and when you will know best what you want. With regard to all the matters of outfit and the time of sailing ____ ____ ____ with our Treasurer, Mr. Dulles, who will be back in ____ _____. That will give you plenty of t___ for all your arrangements. Mr. Briggs is writing you about your passport. If you came to this country with your father, and he has been naturalized, and if you ____ _____ that time of ___, you can get a passport without naturalization, but if you came independently after becoming of age the first thing is for you to get naturalization certificate and with it a passport. You should have the latter in Korea.

Yours very sincerely,
F. F. Ellinwood

18940618

제이콥슨 양을 위한 예산. 미국 북장로교회 해외선교본부 실행이사회 회의록, 1837~1919 (1894년 6월 18일)

제이콥슨 양을 위한 예산. 한국 선교부에 임명된 제이콥슨 양의 채비, 여행 및 봉급으로 953.15달러의 예산이 배정되었다.

Appropriation for Miss Jacobson.
Minutes [of Executive Committee, PCUSA], 1837~1919
(June 18th, 1894)

Appropriation for Miss Jacobson.　An appropriation of $953.15 for outfit, travel and salary of Miss Jacobson under appointment to the Korea Mission was made.

18940717

존 길레스피(미국 북장로교회 해외선교본부 총무)가 안나 P. 제이콥슨(메인 주 포틀랜드)에게 보낸 편지 (1894년 7월 17일)

(189)4년 7월 17일

안나 제이콥슨 양,
　　메인 주 포틀랜드

친애하는 제이콥슨 양,

　　귀하는 의심할 여지없이 한국의 최신 정보를 얻기 위하여 신문을 자세히 보았을 것입니다. 전보는 다소 충격적이었고, 밴쿠버에서 전보로 보낸 소식도 마찬가지이었습니다. 우리는 한국에 임명된 우리 선교사들에게 편지를 쓰는 것을 주저하였는데, 선교지로 출발하기 전에 구름이 모두 사리지는 경험을 자주하였기 때문입니다. 하지만 현재 한국의 경우는 예외인 것 같습니다. 서구의 철도 파업으로 우편물이 많이 지연되었지만 우리는 분명히 가까운 장래에 우리 선교사들로부터 소식을 듣게 될 것입니다. 현재 국가에 심각한 문제가 있었다는 것을 제외하고는 모든 것이 불확실합니다.

　　하지만 특별히 쓰고 싶은 점은 에비슨 박사가 관할하고 있고 귀하가 선교본부에 의하여 임명된 정부 병원과의 현재 관계입니다. 우리는 극복할 수 없는 어려움 때문에 에비슨 박사가 담당 의사직을 사임하였다고 들었으며, 그래서 우리 선교부는 ＿＿ ＿＿ ＿＿ ＿＿ ＿＿ ＿＿를 보냈습니다. 더욱 ＿＿ ＿＿ ＿＿ ＿＿ ＿＿. 선교본부는 그러한 비용을 부담할 여건이 되지 않습니다. 나는 실행 평의회로부터 귀하에게 우리 앞에 있는 이 사건의 사실을 조언하도록 권한을 받았습니다. 우리는 나중에 편지를 통하여 에비슨 박사가 병원에서 사임한 것이 왕과 그의 고문들의 마음에 변화를 가져왔고 에비슨 박사의 복귀를 위한 길을 열게 될 것을 대단히 기쁘게 생각한다고 조언할 수 있게 되기를 ＿＿하게 바라고 있습니다. 그렇다면 귀하의 병원 임명은 유효합니다. 그렇지 않을 경우, 정치적인 어려움을 감안하더라고 선교본부가 올해 귀하를 한국으로 파송하는 것은 불가능할 것입니다.

　　우리는 이곳에서 실패할 경우를 대비하여 또 다른 직책, 즉 브라질 상파울

루에 있는 우리 남학교의 사감(matron)이라는 직책에 대하여 진지하게 이야기하고 있는데, 이 직책은 기숙부 소년들의 성품을 형성하고, 특히 그들을 복음의 권세 아래에 둘 수 있는 훌륭한 기회를 제공하는 것입니다. 우리는 얼마 동안 학교에 보다 확고한 영적 분위기가 필요하다고 느꼈으며, 귀하에 대한 추천서에 따르면 귀하는 이 방향으로 도울 수 있는 탁월한 자격이 있는 것 같습니다. 그 과정에서 가장 큰 어려움은 그 자리에 여자가 즉시 필요하다는 것입니다. 더욱이, 계절 때문에 한 여름에 그곳에 도착하지 않도록 가능한 한 빠른 시간에 가야합니다.

이 문제를 깊이 생각하고 기도로 주님께 올리면 귀하는 한국에서 온 소식이 귀하의 선교지를 변경할 필요가 있을 때 즉시 대비할 수 있습니다. 우리는 브라질에서 의료 업무를 하지 않고 있지만, 평범한 질병을 앓고 있는 많은 소년들을 돌보는 것은 매우 유용한 분야라고 덧붙이는 것이 타당합니다.

한국에서 소식을 들은 후 최대한 빠른 시일 내에 편지를 보내겠습니다.

주님께서 인내할 수 있는 은혜를 주시고 지혜롭게 인도하시기를 바랍니다.

안녕히 계세요.
존 길레스피,
　　총무

추신. 나는 엘린우드 박사가 휴가로 부재중이기 때문에 내가 편지를 쓰는 것이라고 설명했어야 했습니다.
　　G

John Gillespie (Sec., BFM, PCUSA),
Letter to Anna P. Jacobson (Portland, ME) (July 17th, 1894)

July 17th, (189)4

Miss Anna Jacobson,
    Portland, Maine

My dear Miss Jacobson: -

You have doubtless been watching the newspapers closely to get the latest intelligence from Korea. The cable despatches have been somewhat alarming, as has also the news by mail telegraphed from Vancouver. We have hesitated to write to our missionaries under appointment to Korea, as we have frequently ___sed through secular experiences when the clouds have all disappeared before the time of departure for the field arrival. The case of Korea, however, at this time seems to be an exception. The mails have been greatly delayed by the railroad strike in the West, but we certainly ought to hear from our missionaries in the near future. At present everything is uncertain save that there has been very serious trouble in the country.

The point about ___ wish especially to write, however, is our present relation to the Government Hospital which has been under the care of Dr. Avison and to which you had been appointed by the Board. We have heard that because of difficulties which could not be overcome, Dr. Avison has resigned his position as physician in charge, so that our Mission ____ ____ ____ ____ ____ ___, of ___ ____ ____ ___ ____ ____ _____ ___ sent. Even were ___ ____ _____ ___ ____ ____ _____ Board is in no condition to undertake such an expense. I am authorised therefore by the Executive council to advise you of the facts in the case as ____ ____ are before us. We are ____ ____ hope that later letters may advise us that the withdrawal of Dr. Avison from the Hospital has wrought a change in the minds of the King and his counsellor and that they have been very glad to open the way for Dr. Avison's return. If so, your appointment to the

Hospital will stand. Should this not be the case, it will be impossible for the Board to send you to Korea this year, even if the political difficulties should admit of it.

We have been talking seriously of another position for you in case of failure here, that of matron in our Boys' School in Sao Paulo, Brazil, a position which would afford you an excellent opportunity of molding the character of the boy as in the Boarding Department, and especially bringing them under the power of the Gospel. We have felt for some time that there needed to be a more pronounced spiritual atmosphere in the School, and from your testimonials would seem that you are eminently qualified to help in this direction. The great difficulty in the way is that a lady for that position is needed at once. Moreover, because of the season she ought to go at the earliest possible moment, so as not to arrive there in the mid-summer.

Kindly think this matter over, and lay it before the Lord in prayer, so that you may be ready to act in case the news from Korea requires a change in the designation of your field. It is fair to you to add that we have no medical work in Brasil, but the care of a large number of boys, with their ordinary ailments would even an excellent field of usefulness.

We shall write you a the earliest possible moment after hearing from Korea.

Hoping that the Lord may give you grace to wait patiently, and guide you wisely, I am,

Yours very sincerely,
Jno. Gillespie,
Secretary

P. S. I should have explained above that I write because of the absence of Dr. Ellinwood on his vacation.

G

프랭크 F. 엘린우드(미국 북장로교회 해외선교본부 총무)가
올리버 R. 에비슨(서울)에게 보낸 편지 (1894년 8월 14일)

1894년 8월 14일

O. R. 에비슨 박사,
　　한국 서울

친애하는 에비슨 박사,

　　나는 박사로부터 병원 문제, 사임 등, 향후 계획, 그리고 주택에 관하여 어떤 계획을 하고 있는지, 또한 현재 임명되어 있는 여성들을 어떻게 생각하는지 의견을 듣고 싶었습니다.10) 우리는 얼마 전 더 이상의 희망이 없는 가운데 귀하가 병원을 사직하여 정규 간호사를 배치할 자리가 없어졌기 때문에 정규 간호사로서 귀하가 원하였던 제이콥슨 양은 파송하지 않기로 결정하였습니다. 그녀가 가지 않기로 우리가 결정한 것은 아니지만 같은 이유로 (모드) 알렌 박사의 계획을 미결인 채로 두고 있습니다. 우리는 다음 우편으로 그녀의 경우에 해야 할 일과 관련하여 귀하와 선교부로부터 연락을 받기를 희망합니다.

(중략)

Frank F. Ellinwood (Sec., BFM, PCUSA),
Letter to Oliver R. Avison (Seoul) (Aug. 14th, 1894)

August 14th, 1894

Dr. O. R. Avison,
　　Seoul, Korea.

---

10) 에비슨은 7월 12일부터 편지를 쓰기 시작해 8월 13일이 되어서야 서둘러서 끝냈고, 9월 12일 엘린우드에게 배달되었다.

My Dear Dr. Avison:

I have been hoping to hear from you with relation to the hospital matter, your resignation, etc., your plans, and what arrangements you are making about a house, and what, also, about the ladies who were under appointment. We decided some little time ago, in the absence of further light, not to sent Miss Jacobson whom you wished as a trained nurse for the reason that your resignation from the care of the hospital would leave no place for a trained nurse. We are holding the plans of Dr. Allen in suspense for the same reason, though we have not decided that she shall not go. We hope that by next mail we shall receive some communication from you, and also from the Mission, in regard to what shall be done in her case.

(Omitted)

모드 M. 알렌(Maude M. Allen)

모드 M. 알렌(1869. 3. 16~1946. 12. 17)은 오리건 주에서 태어나 1888년 포틀랜드 고등학교에 이어, 1894년 미시건 대학교 의학부를 졸업하였다. 그녀는 1894년 2월 1일 미국 북장로교회 해외선교본부에 선교사로 지원하였고 5월 15일 선교사로 임명됨과 동시에 한국이 임지로 결정되어 제이콥슨과 함께 파송될 예정이었다. 하지만 한국의 정세가 불안하고 청일전쟁이 일어나면서 그녀의 임지는 인도 편잡으로 변경되었고, 그녀 대신 조지아나 E. 화이팅 박사가 파송되었다. 알렌 박사는 1934년 3월 16일 선교사로서 명예롭게 은퇴하였다.

그림 17. 모드 M. 알렌.

18940818

엘렌 스트롱과 올리버 R. 에비슨(서울지부 위원회)이
프랭크 F. 엘린우드 (미국 북장로교회 해외선교본부 총무)에게 보낸
편지 (1894년 8월 18일)

한국 서울,
1894년 8월 18일

신학박사 F. F. 엘린우드 목사

친애하는 박사님,

　박사님의 1894년 7월 9일자 편지는 어제 열린 서울지부 회의에서 낭독되었습니다.[11] 우리는 박사님께서 제중원이 운영되지 않으면 모드 알렌 박사와 제이콥슨 양을 아마도 파송하지 않을지도 모르겠다는 박사님의 암시에 대한 답변을 위하여 임명되었습니다. 서울지부의 회원들은 이 조치가 극도로 유감스럽다고 느끼고 있으며, 만일 결정이 내려졌다면 다음과 같은 이유로 박사님께서 그 결정을 재고해 주실 것을 만장일치로 촉구합니다.:

(중략)

　4. 제중원에 간호사는 절대적으로 필요하며 다시 문을 열게 되면 많은 일이 수행되는 다른 어떤 병원보다도 그녀가 필요해 질 것입니다.

(중략)

　5. 그들은 가능하면 지금 보내셔야 합니다. 그들은 첫 해에 많은 시간을 언어 공부에 할애해야 하기 때문입니다. 제중원이 즉시 다시 문을 열지 않더라도, 간호사를 바쁘게 만들 큰 병원을 우리가 즉시 갖지 못하더라도, 박사님께서 우리에게 보내신 여러 편지에서 정확하게 지적하신 것처럼 지금이 언어 공부를 위해 보내기에 더욱 좋을 때입니다.

　병원에서 일을 하기 위하여 실제 필요할 때까지 그들의 파송을 늦추는 것은 현명한 조치가 아닐 것입니다.

(중략)

---

11) Frank F. Ellinwood (Sec., BFM, PCUSA), Letter to the Korea Mission (Jul. 9th, 1894)

Ellen Strong, Oliver R. Avison (Seoul Station Com.), Letter to Frank F. Ellinwood (Sec., BFM, PCUSA) (Aug. 18th, 1894)

Seoul, Korea,

Aug. 18/ 94

Rev. J. J. Ellinwood, D. D.

Dear Sir,

Your letter of July 9/ 94 was read at a meeting of Seoul Station held yesterday and we were appointed to reply to that part of it in which you intimate that of the government hospital be not carried on you will not probably send out Dr. Maud Allen and Miss Jacobson. The members of the Station feel that this would be exceedingly unfortunate and unanimously urge that you reconsider such decision, if it has been made, for the following reasons :

(Omitted)

4. While the nurse was an absolute necessity for the government hospital and will still be needed there if it is reopened, she will be just as much needed in any other hospital where a great deal of work is to be done.

(Omitted)

5. They should be sent now if possible, because during the first year they should be in a position to spend much time at the language. Even should the government hospital be not at once reopened, and even if we should not have a large hospital immediately for the nurse to get busy in at once, the time would be still better spent in acquiring the language, as you have so correctly pointed out in several of your letters to us.

It will not be wise policy to defer sending them until they are actually needed for steady work in the hospitals.

(Omitted)

18940926

프랭크 F. 엘린우드(미국 북장로교회 해외선교본부 총무)가
올리버 R. 에비슨(서울)에게 보낸 편지 (1894년 9월 26일)

(중략)

우리는 귀하와 스트롱 양이 여의사와 간호사를 파송하는 문제에 관한 선교부의 위원으로서 보낸 편지를 받았습니다.[12] 모든 것을 2~3주전에 받았더라면 우리는 제이콥슨 양과 [모드 M]. 알렌 박사를 모두 유지할 수 있었을 것이라고 생각합니다. 우리는 제중원의 상황에 대해 조기에 보고를 받지 못해 불편하였습니다. 우리는 [호러스 N.] 알렌 박사의 편지를 받았지만 귀하가 준 그런 정확한 경과 같은 것이 아무것도 없었습니다. 그것은 매우 짧았으며, 우리는 선교부의 귀하 혹은 다른 회원이 즉시 모든 사실을 우리에게 알려주지 않은 것에 놀랐습니다. 그 사이 한국이 완전한 무질서에 있는 것을 보여 주는 급보들이 날라들었고, 향후 선교사들의 모든 이동에 관해 의문이 던져진 것 같았습니다. 또한 그 사이에 다른 선교지, 특히 인도에서 의사를 보내달라는 견디기 어려운 압력이 들어 왔습니다. 평의회에서는 알렌 박사가 인도로 파송되어야 한다고 제안하였습니다. 나는 그녀를 한국에 유지시키는 것을 정당화할 그런 소식이 한국에서 오기를 기대하며 할 수 있는 한 변호를 하였습니다. 그러나 병원의 향후 전망이나 다른 의료 사업에 관해 선교부 측에서는 무소식이었고, 점점 정치적인 파멸을 보이는 경향이 지속되었으며, 아버클 양이 보낸 편지는 여자 선교사가 현재 한국으로 들어갈 수 있는지 의심스럽게 만들었습니다. 모든 이러한 압박 속에서 나는 결국 포기하였고, 마지못해 알렌 양을 인도로 보내는 것에 동의하였습니다. 정규 간호사 제이콥슨 양은 내가 아는 한 아직 유지할 수 있습니다. 하지만 선교본부는 귀하의 편지를 받은 이래 한국에 관해 상당 부분 밝혀졌기에 지금 그녀를 출발하게 해야 한다고 느끼지 않을 것입니다. 우리는 그것이 현재의 상태인지 혹은 곧 일어날 전망인지 모릅니다. 최소한 향후 몇 개월을 포함하여 그런 불확실성이 있습니다. 또한 선교부로부터의 편지들은 선교 사업이 상당히 현상 유지를 하고 있다고 보고하고 있습니다. 나는 귀하의 일에서와 같이 현상 유지보다는 덜 할 것이라고 짐작할 수 있습니다. 귀하는

---

12) Ellen Strong, Oliver R. Avison (Seoul Station Com.), Letter to Frank F. Ellinwood (Sec., BFM, PCUSA) (Aug. 18th, 1894)

의사로서 어떤 별도의 일을 가질 수 있을 것입니다. 그러나 귀하는 병원을 갖고 있지 않습니다. 대체로 한국의 요구에 따라 최소한 임시로 제이콥슨 양을 보류할 것으로 생각합니다. 그 사이 우리는 분명히, 상황에 관련된 우리가 얻을 수 있는 모든 것을 원합니다. 한 가지 더 말씀드리자면, 어떤 종류건 귀하가 병원을 갖자마자 여의사를 위한 의료 사업이 명확해진다면, 나는 그런 조력자를 파송하는데 할 수 있는 영향력을 모두 사용할 것입니다. 나는 젊은 여성들이 결코 하지 않았던 이사를 통해 귀하 가정의 배치가 다소 편안하게 된 것에 대해 기쁩니다. 또 편안하게 생각할 것이 있는데, 현재 귀하의 일에 닥쳐 있는 제약이 귀하에게는 언어를 학습할 수 있는 더 좋은 기회를 줄 수 있다는 것입니다.

(중략)

Frank F. Ellinwood (Sec., BFM, PCUSA), Letter to Oliver R. Avison (Seoul) (Sept. 26th, 1894)

(Omitted)

We have the letter from you and Miss Strong as a Committee of the Mission in the matter of sending out the lady doctor and the nurse. Had that all some two or three weeks earlier, I think we should have retained both Miss Jacobson and Dr. Allen. We were inconvenienced by not having an earlier report in regard to the condition of the Hospital. We had Dr. Allen's letter, but it gave us nothing like the clear history which you have given. It was very brief and we wondered that you or some other member of the Mission did not at once acquaint us with all the facts. Meanwhile, despatches were coming all the while that showed a perfect chaos in Korea and seemed to throw doubt upon all future missionary movements. Meanwhile, also, heavy pressure came from other fields for doctors, expecially one from India. It was proposed in the Council that Dr. Allen be sent to India. I plead off as long as I could, hoping that we should hear something from Korea that should justify our retaining her for that field, but while there was a silence on the part of the Mission in reference to the outlook in the Hospital and other medical work, there were constant tiding which showed more and more of a political over-turning, and letters were coming from Miss Arbuckle which seemed to render it doubtful, where missionary ladies could get into Korea for the present, and under all this pressure I finally gave way and consented, though with reluctance, that Miss Allen be sent to India. Miss Jacobson, the trained nurse, is so far as I know until available. The Board would hardly feel, however, like starting her off now, for since your letter came very much has transpired in Korea. We do not know that is the present status or the immediate outlook. There is a degreed of uncertainty which seems to cover the future for some months at least Letters, also, from the Mission report the condition of things so one of arrest, they say that the Mission work is very much at a stand-still. I can imagine that this is less as in your work. It may be that you will have some extra work as a doctor. But you have no hospital. On the whole I think we shall hold Miss Jacobson for a time at least subject to the demands of Korea. Meanwhile, we desire more light, in fact all that we can get with regard to the situation. Let me say thing more, and that is that as soon as you get a hospital of whatever kind, and a clear and well-defined medical work for a lady doctor, I shall use all the influence I can to secure the sending of such a helper. I am glad that you are, by the changes that never been made by the young ladies, somewhat more comfortable in your domestic arrangements.

(Omitted)

올리버 R. 에비슨(서울 지부 위원회)이 프랭크 F. 엘린우드 (미국 북장로교회 해외선교본부 총무)에게 보낸 편지 (1894년 9월 27일)

한국 서울,
1894년 9월 27일

신학박사 F. F. 엘린우드 목사

친애하는 박사님,

(중략)

저는 조선 정부가 이전보다 제가 더 큰 특권을 가질 것이라고 암시하면서 일을 재개할 것을 촉구하였다고 말씀드렸습니다.

1주일 이상 전에 저는 외아문의 요청으로 관리를 만나 이 사안에 관하여 대화를 나누었는데, 제가 주택을 지을 대지로 얻고 싶은 땅을 그에게 보여주었습니다. 오늘 저는 미국 공사로부터 우리의 제안에 대한 공문의 사본을 받았는데, 그들은 우리의 조건을 수락하였으며, 동봉한 알렌의 편지도 동일하게 설명하고 있습니다. 이곳에 언급한 편지의 사본을 동봉합니다.

이 서류는 즉시 서울지부의 회원들에게 제출되었고, 만장일치로 그들의 승인을 받았습니다. 동시에 저는 회원들로부터 돈을 들여 박사님께 이런 사실을 알리고 우리를 돕기 위해 모드 알렌 박사와 제이콥슨 양을 즉시 파송해 주도록 요청하는 전보를 보내라는 조언을 받았습니다. 박사님이 이 문제가 경비를 들일 정도로 충분히 중요하다고 생각하실 것으로 알고, 이 여성들(의 파송)이 보류되어 있다는 사실을 고려한 것이었습니다.

(중략)

Oliver R. Avison (Seoul Station Com.),
Letter to Frank F. Ellinwood (Sec., BFM, PCUSA) (Sep. 27th, 1894)

Seoul, Korea,

Sept. 27/ 94

Rev. Dr. F. F. Ellinwood

Dear Sir. -

(Omitted)

The government, I was say, had previously expressed their desire to have me resume work, hinting that I should have greater privileges than before.

More than a week ago, at the request of the foreign office I met one of their officials and talked the matter over with him, showing him this land I wished to obtain as a house site. Today I received from the American Minister a copy of the despatch sent in reply to our offer, accepting our terms, accompanied by a letter from Dr. Allen explaining the same. Copies of both which communications as here enclosed.

These documents were immediately submitted to the members of Seoul Station and have received their unanimous approval. I was at the same time advised by the members to undertake the expense of sending you a cablegrams informing you of the facts and asking you to send Misses Allen and Jacobsen to our help at once, believing that you would consider the matter of sufficient importance to justify the expenditure, in view of the fact that these ladies were being kept in suspense.

(Omitted)

프랭크 F. 엘린우드(미국 북장로교회 해외선교본부 총무)가
릴리어스 H. 언더우드(서울)에게 보낸 편지 (1894년 9월 28일)

(중략)

나는 에비슨 박사의 사임에 관하여 귀하가 이야기한 모든 것에 동감합니다. 나는 그가 어떻게 달리 할 수 있었는지 알 수 없습니다. 게다가 불행히도 우리가 들었던 유일한 사실은 병원을 포기하였다는 것이었으며, 에비슨 박사로부터 사건 전체에 대하여 어떠한 편지도 받지 못하였고 여의사로 파송하려던 모드 알렌 양은 다른 선교부가 데려 갔습니다. 하지만 제이콥슨 양은 한국과 극동 지방을 덮고 있는 두터운 전운(戰雲)을 좀 더 관망하라고 조언을 받았지만 아직 배정을 하지 않은 상태입니다.

(중략)

Frank F. Ellinwood (Sec., BFM, PCUSA),
Letter to Lillias H. Underwood (Seoul) (Sept. 28th, 1894)

(Omitted)

I agree with all you say about Dr. Avison's resignation. I do not see how he could have done otherwise. And yet it has turned out unfortunately, however, in the fact that we only heard that the Hospital was given up, and not having any letter from Dr. Avison in regard to the whole matter, the other missions have gotten away Miss Maude Allen whom we were to sent out as a medical lady. Miss Jacobson, however, is still unassigned, though she is kept advised to wait until we can see further into the thick war clouds that cover Korea and the East

(Omitted)

18940929

캐드윌러더 C. 빈튼(서울)이 프랭크 F. 엘린우드(미국 북장로 교회 해외선교본부 총무)에게 보낸 편지 (1894년 9월 29일)

한국 서울,
1894년 9월 29일 (10월 31일 접수)

친애하는 엘린우드 박사님,

(중략)

연례 회의는 1월에 모일 가능성이 있어 해결될 것 같습니다. 그때 [모드] 알렌 박사와 제이콥슨 양이 우리와 함께할 수 있기를 기대하고 있습니다.

(중략)

Cadwallader C. Vinton (Seoul),
Letter to Frank F. Ellinwood (Sec., BFM, PCUSA) (Sep. 29th, 1894)

Seoul, Korea,
September 29th, 1894 (Oct. 31)

Dear Dr. Ellinwood:

(Omitted)

The question of an Annual Meeting is resolving itself by the probability of our all being able to gather in January. We hope that Dr. Allen and Miss Jacobson may be with us by that time.

(Omitted)

18941002

올리버 R. 에비슨(서울 지부 위원회)이 프랭크 F. 엘린우드 (미국 북장로교회 해외선교본부 총무)에게 보낸 편지 (1894년 10월 2일)

(중략)

박사님의 8월 14일자 편지는 제이콥슨 양의 임명이 취소되었다는 것을 암시하고 있습니다.13) 우리는 제가 보낸 전보의 위력으로 박사님이 그녀를 다시 임명하여, 박사님이 이 편지를 받으실 때에는 그녀가 이미 장도에 오르고 있을 것으로 믿습니다. 모드 알렌 박사도 역시 마찬가지입니다.

(중략)

Oliver R. Avison (Seoul Station Com.), Letter to Frank F. Ellinwood (Sec., BFM, PCUSA) (Oct. 2nd, 1894)

(Omitted)

Your letters of Aug. 14th intimate that Miss Jacobsen's appointment has been cancelled. We trust you will have, on the strength of my cable message, reappoints her and that she will be already on her way when you receive this better and Dr. Maude Allen also. I was called today to see the little daughter of the present Minister of Education, who, about three years ago, was Korean Minister to Washington. I found she had sustained a fracture of the thigh, so I shall be in touch with that family for some time.

(Omitted)

---

13) Frank F. Ellinwood (Sec., BFM, PCUSA), Letter to Oliver R. Avison (Seoul) (Aug. 14th, 1894)

프랭크 F. 엘린우드(미국 북장로교회 해외선교본부 총무)가
한국 선교부로 보낸 편지 (1894년 10월 3일)

(중략)

우리는 에비슨 박사로부터 병원에서 그가 사임한 것을 설명하는 길고 신중한 편지를 받았습니다. 그런 상황에서 그렇지 않고는 그가 무엇을 할 수 있었을까 모르겠습니다. 우리는 얼마동안 모드 알렌 박사와 제이콥슨 양을 한국으로 보낼 명단에 올려놓았습니다. 가능한 한 오래 한국 선교부에서 다른 곳으로 돌려지는 것을 지연시키기 위해 노력하였습니다. 그러나 최근 전쟁에 관한 소문이 너무 무성했고, 다른 선교지에서의 필요성이 너무 심하게 우리를 압박하여 우리는 양보하였습니다. 알렌 양은 9월 20일 인도로 임명되었으며, 제이콥슨 양은 하늘에 격한 전운(戰雲)이 없어질 때까지 한국으로 들어가는 것을 기다리라고 알렸습니다. 전망이 어떻습니까? 서울의 선교부 숙박 시설이 모두 현재의 선교사들을 수용하는데 필요하고, 우리가 아는 것처럼 도티 양이 떨어진 집을 떠나 이전의 선교 기지로 돌아가야 하는 현재 상황에서 젊은 숙녀를 아시아로 파송하는 것이 현명합니까? 마펫 씨 역시 평양에서 돌아와야 하고, 리 씨 부부 역시 서울에 있습니다. 선교본부는 아직 이 안건에 대한 결정을 하지 않았습니다. 그러나 십중팔구 현재의 상황에서 제이콥슨 양을 파송할 것 같습니다. 나는 어떤 지역에서 하늘이 맑아지는 것을 살피는데 최소한 2~3개월은 기다려야 할 것으로 분명 느끼고 있습니다. 전쟁터가 사실상 한국에서 중국으로 이동이 된다면 한국 선교부로서는 좋을 것입니다. 더욱이 중국 측이 큰 승리를 거두다면 그 물결이 되돌려져 중국이 한국을 침공할 것입니다. 나는 그 전쟁이 짧은 것이 되기를 바라고 있습니다. 그렇게 활기차게 밀고 나가지만, 중국 측의 적절한 준비가 많이 부족합니다. 나는 그것이 빠른 결과를 가져 올 것이고 점령이 아닌 섭정이 될 것이며, 한국의 자율은 보존될 것이고 겨울이 지나기 전에 우리는 어떤 조치를 취해야 할지를 보다 분명하게 알 수 있게 되기를 진실로 바라고 있습니다.

나는 전운(戰雲)이 없어졌을 때 어떤 방향으로건 에비슨 박사의 사업을 완전히 유지하는 것을 우리 모두가 지지한다고 확신합니다. 그 사이 과로하였던 제이콥슨 양이 충분히 휴식을 취할 수 있을 것으로 생각합니다. 그 다음에 이 문제가 그로부터 그리 오래지 않아 최상의 해결책을 찾을 것으로 기대하며 기도합시다. 나는 제중원에 대한 정부 지원과 관련하여 단단한 기초 같은 새로운 제도가 모색될 것이고, 에비슨 박사가 방해를 받지 않고 부패로부터 자유롭게 그의 사업을 계속할 수 있게 될 것으로 진정으로 바라고 있습니다. 또한 나는 상당한 제약과 방해가 있는 이때, 언어 학습을 열심히 하고, 전형위원회가 기준과 필요조건을 높였으면 하는 희망을 표시하고 싶습니다. 우리는 20년 이상 활동한 고참 선교사가 언어에 대한 능력이 없어 그로 인해 사업에 많은 지장을 받았던 비참한 증거를 갖고 있습니다.

(중략)

Frank F. Ellinwood (Sec., BFM, PCUSA), Letter to the Korea Mission (Oct. 3rd, 1894)

(Omitted)

We have receive a long and noble letter from Dr. Avison explaining his resignation at the Hospital. We cannot see how he could have done otherwise in the circumstances. We kept for sometime both Miss Maude Allen, M. D. and Miss Jacobson on our list in readiness for Korea. I strove to delay any diversion from the Korean Mission as long as possible, but as the recent rumors of war came so thick and fact of late, and as the needs of other fields pressed so severely upon us, we yielded, and Miss Allen called on Sept. 20th. for India Miss Jacobson has been advised to wait before attempting to enter Korea till the skies shall be freer of mad clouds. But what about the outlook? Is it wise to sent out a young lady to Asia in the present circumstances, when the Mission accomodations in Seoul are or likely to be all demanded for the accommodation of present missionaries, and when, as we learn, Miss Doty has been obliged to leave her isolated house and come back to the old Mission compound. Mr. Moffett also has been obliged to come back from Pyeng Yang, and Mr. and Mrs. Lee are also in Seoul. The Board has not taken action upon this case as yet, but it seems to me that all the probabilities are that it would decline to send Miss Jacobson under the existing circumstances. It would feel, I am sure, that we must wait two or three months at least to see if the sky will not clear in some quarter. It is favorable for the Korea Mission that the seat of war seems virtually removed from Korea to China, yet should there be of great victory on the part of the Chinese the wave might set back, there might be a Chinese invasion of Korea. My hope is that the war will be a short one; It is being pushed with such vigor, and there is so much that is wanting on the part of China in the failure of adequate preparation. I sincerely hope that it will be brought to a speedy issue, that a protectorate, not an occupation will be the shape of Japan's relation; that the autonomy of Korea will be preserved, and that ere the winter months shall have passed away we will be able to see more clearly what steps to take.

I am sure we are all in favor of fully sustaining Dr. Avison's work whatever direction it may take when the war clouds shall roll away. Meanwhile, I think that Miss Jacobson will be quite contest to rest for a time as she has been overworked. Let us hope then and pray that this matter will find the very best solution not very long hence. May I express the earnest hope that with a new regime such a solid basis shall be sought and found with regard to the Government support of the Hospital, that Dr. Avison will be enabled to resume his work there without being hampered, and free from corruption. Let me also express the hope that the months of comparative restriction and hindrance will be occupied with an assiduous study of the language and that the committee on Examination will keep the standard up and its requirements up. We have had some lamentable demonstrations of late of the linguistic incompetency of old missionaries of more that twenty years standing, and of the great hindrance to the work resulting there-from.

(Omitted)

18941029

새뮤얼 F. 무어(서울)가 프랭크 F. 엘린우드(미국 북장로교회 해외선교본부 총무)에게 보낸 편지 (1894년 10월 29일)

한국 서울,
1894년 10월 29일 (12월 10일 접수)

친애하는 엘린우드 박사님,

박사님이나 선교본부의 다른 직원들로부터 소식을 들은 지 오래되었습니다. 에비슨 박사는 어제 그의 대처를 승인하고 제이콥슨 양을 파송하겠다는 박사님의 약속의 편지를 받았습니다.

(중략)

Samuel F. Moore (Seoul),
Letter to Frank F. Ellinwood (Sec., BFM, PCUSA) (Oct. 29th, 1894)

Seoul, Korea,
Oct. 29, 1894 (Dec. 10)

Dear Dr. Ellinwood, -

I rec'd long since I heard from you or any of the Board peoples.

Dr. Avison rec'd yesterday your letter approving his course & on promising Miss Jacobson.

(Omitted)

빅토리아 C. 아버클(서울)이 프랭크 F. 엘린우드(미국 북장로교회 해외선교본부 총무)에게 보낸 편지 (1894년 11월 1일)

(중략)

저는 대학에서 오랫동안 과학 과정을 수강하였고, 에비슨 박사는 업무를 유익하게 하고 있습니다. 저는 해야 할 일이 너무 많고 모든 것을 혼자하게 되면 저에게 매우 힘들기 때문에 제이콥슨 양이 곧 오기를 바랍니다.

(중략)

Victoria C. Arbuckle (Seoul),
Letter to Frank F. Ellinwood (Sec., BFM, PCUSA) (Nov. 1st, 1894)

Seoul, Korea
November 1st, 1894 (Dec. 10)

Dear Dr. Ellinwood,

(Omitted)

I took a long scientific course at college and Dr. Avison makes the work instructive. I hope Miss Jacobson will soon be coming for there is so much to do and I will be hiring all alone which is very hard for me.

(Omitted)

그림 18. 빅토리아 C. 아버클.

프랭크 F. 엘린우드(미국 북장로교회 해외선교본부 총무)가
한국 선교회로 보낸 편지 (1894년 11월 7일)

1894년 11월 7일

한국 선교부 귀중,

친애하는 형제들,

귀 선교부는 한국의 문제와 관련된 불확실성 때문에 모드 알렌 박사가 즉각적이고 긴박한 요청이 있는 인도로 임명되었다는 사실을 이미 전달받았습니다. 선교본부는 적당한 교통편이 확보되는 대로 제이콥슨 양을 한국으로 파송할 것입니다. 우리는 전쟁에 관하여 확인할 수 있는 모든 것을 알려 하고 있습니다. 한국에서 온 어떤 편지도 어느 노선, 즉 나가사키에서 부산까지, 그리고 내륙을 가로질러가는 것이 좋은지 나가사키에서 제물포로 가는 것이 좋은지 구체적인 지침을 주지 않고 있습니다. 워싱턴 정부는 3~4주일 전에 전쟁으로 인하여 현재 중국으로 들어가려 시도하는 것을 권할 수 없다며 선교사 파송을 중단시켰습니다. 우리는 한국도 사정이 같을 것으로 추정합니다. 우리는 여의사를 물색하는 대로 가능한 한 빨리 파송해 서울에서의 의료 사업을 돕기로 합의하였습니다. 그러나 선교부나 선교본부 모두 어떻게 적합한 사람을 선택할 것인가에 관심이 있습니다. 더 이상 조급하게 부적절한 자문을 받아 선택하지 않을 것이지만, 전문적인 능력, 그리고 많은 일을 하는데 필요한 다른 자질들을 겸비한 의사는 쉽게 찾아지지 않습니다. 우리는 에비슨 박사가 한국인 주사들의 타락을 이겨낸 승리에 기뻐하며, 병원의 개선된 전망을 위해 가능한 한 이른 시기에 의사를 파송하여 그가 일을 더욱 진전시키는데 최선을 다할 것임을 약속드립니다.

(중략)

Frank F. Ellinwood (Sec., BFM, PCUSA),
Letter to the Korea Mission, (Nov. 7th, 1894)

Nov. 7th, (189)4

To the Korea Mission,

Dear Brethren: -

    You have already informed of the fact that Dr. Maude Allen, during the uncertainties which hung over the problem of Korea, was assigned to India where immediate and pressing demand was felt. It has been decided by the Board that Miss Jacobson be sent to Korea as soon as it shall seem feasible to make the passage. We are on the alert to learn all that is ascertainable in regard to the war. None of the letters from Korea have given us any particular instructions as to the best rout, whether by way of Nagasaki to Fusan and across the country, or from Nagasaki to Chemulpo. The Government at Washington advised us three or four weeks ago to withhold for the present __ missionaries ____ ____ ____ ____ for China, as the war disturbances were such as to render any attempt to enter the country inadvisable. ____thing ___en said ____ Korea, and we assume that the way is ___. It is, agreed that we find a lady doctor as soon as possible and send her on to as ____ of the medical work of Seoul. But it is for the interest of the Mission as well as of the Board, that we take proper ____te __sure ourselves of the wisdom of a choice. Nothing is more sure to be repeated of than a hasty and ill-advised selection, and a physician of profession ability and the many other qualities needed in much work is not easily found. We rejoice with Dr. Avison in his triumph over the corruption and crackedness of the Korean officials and in the improved prospect for the Hospital, and we shall be sure to be our best to further his work by sending out doctor at as early a day as possible.

(Omitted)

프랭크 F. 엘린우드(미국 북장로교회 해외선교본부 총무)가 안나 P. 제이콥슨(메인 주 포틀랜드)에게 보낸 편지 (1894년 11월 14일)

(189)4년 11월 14일

안나 P. 제이콥슨,
    메인 주 포틀랜드 다우 가(街) 17

친애하는 제이콥슨 양,

모든 대중적 인쇄물에서 중국 해군이 뤼순 항에서 일본 해군에 의하여 나포되어 있어 양측 모두 묶여 있기에 동양으로 여행하는 승객들을 방해할 것 같지 않습니다. 우리는 이곳에서 전쟁이 사실상 거의 끝나가고, 남은 것은 평화를 위한 협상일 뿐이라고 생각합니다. 우리의 선교들은 방해를 받지 않고 오고 가고 합니다. 빈튼 박사 부부와 아버클 양은 최근 일본에서 한국으로 갔습니다. 스왈렌 씨는 일본 나가사키에서 한국의 부산으로 가는 다음 증기선을 탈 것이라고 우리에게 알렸습니다. 베이징의 뉴튼 양은 북경에서 일본에 도착하였고 지금 이 나라로 오고 있습니다. 나는 승객 준비를 담당하는 덜레스 씨에게 언제든지 귀하가 갈 수 있는 길이 열려 있는 것 같으며, 이것은 선교본부 사물실의 판단이라고 말하였습니다. 귀하는 이미 임명되고 배정되었으며, 우리 재무와 준비하는 것 외에는 남은 것이 없습니다. 귀하는 한국을 대단히 원하고 있으며, 따뜻한 환영을 받을 것입니다. 귀하가 일본에 도착하면 그곳에서 제물포와 서울로 가는 가장 좋은 방법에 대하여 우리가 말할 수 있는 것보다 더 많은 것을 알게 될 것입니다. 항해 날짜가 정해지면 서울에 있는 에비슨 박사나 스트롱 양에게 편지를 써서 항해 중임을 알리는 것이 좋을 것입니다. 그러면 그들이 귀하의 도착 시간을 다소 일찍 계산할 수 있으며, 일본에서 어떤 증기선으로 올 것인지 확실하게 알려주는 전보를 보내야 할 수도 있습니다. 그러면 그들은 제물포에서 귀하를 만날 것입니다.

귀하의 건강이 ___ _____ __하고 미래의 ___ _____ __하기를 바랍니다.

안녕히 계세요.

F. F. 엘린우드

Frank F. Ellinwood (Sec., BFM, PCUSA), Letter to Anna P. Jacobson (Portland, ME) (Nov. 14th, 1894)

Nov. 14th, (189)4

Anna P. Jacobson,

    17 Dow St., Portland, Me.

My dear Miss Jacobson: -

It seems ____ all the public prints that the Chinese navy is imprisoned by the Japanese navy at Port Arthur, so both are supposed to be occupied and not lilely to disturb passager traveling in the East. We think here that the war is virtually at an end, and that what remains will be simply negotiation for peace. Our missionaries come and go without disturbance. Dr. and Mrs. Vinton and Miss Arbuckle went over from Japan recently to Korea. Mr. Swallen from Nagasaki, Japan, informed us that he was to take the next steamer for Fusan, Korea. Miss Newton of Peking is now on her way from Japan to this country, having come from Peking. I have said to Mr. Dulles who has charge of passenger arrangements, that the way seems open for you to go at any time, and this is the judgment of the office. You are already appointed and assigned, and there is nothing left but to make arrangements with our Treasure. You are very much desired in Korea, and will receive a warm welcome. When you reach Japan you will learn more than we can tell you as to the best way for going from there on to Chemulpoo and Seoul. It will be well when the date is fixed for your sailing for you to, write a letter to Dr. Avison or Miss Strong at Seoul, informing them of you sailing. They can then calculate your time of arrival somewhat early, and it may be necessary to send a despatch from Japan telling them definitely by what steamer you will come, then they will meet you at Chemulpoo.

Hoping __ _____ _____ you health __ _____ _____ that you __ _____ _____ __, and _____ _____ of the future __ _____ _____ .

Yours very sincerely,
F. F. Ellinwood

프랭크 F. 엘린우드(미국 북장로교회 해외선교본부 총무)가
한국 선교회로 보낸 편지 (1894년 11월 19일)

(중략)

우리는 아직도 중국에 선교사를 파송하는 것에 대하여 상당히 불확실하게 생각하고 있습니다. 우리는 가능한 한 빨리 제이콥슨 양을 파송하려 준비 중이며, 그녀는 요코하마에 도착하면 서울로 갈 방도를 찾을 수 있을 것입니다. 우리는 빈튼 박사 부부 및 아버클 양이 한국으로 돌아갔으며, 스왈렌 부분가 원산으로 갈 수 있게 된 것을 알게 되어 기쁩니다. 우리는 현재 중국 내지가 아니라면 어느 곳도 위험하다고 그리 염려하지 않습니다. 그것에 관하여 유감스럽게도 우리는 거의 알고 있지 않습니다. 나는 제이콥슨 양의 도착 날짜를 알려줄 수는 없지만, 그녀에게 일본에 도착하면 직접 한국 선교부에 연락을 하도록 조언하였습니다.

(중략)

Frank F. Ellinwood (Sec., BFM, PCUSA),
Letter to the Korea Mission (Nov. 19th, 1894)

(Omitted)

We are still in much doubt about sending out missionaries to China. We have taken steps to send Miss Jacobson as soon as she can go, trusting that on arriving in Yokohama she will find the way open to proceed to Seoul. We are glad to know that Dr. and Mrs. Vinton and Miss Arbuckle have returned to Korea, also that Mr. and Mrs. Swallen have been able to go back to Gensan. We do not apprehend much danger now in any quarter unless it be the interior of China. Concerning that we know very little unfortunately. I am unable to give the date of Miss Jacobson's arrival, but have advised her to give you direct information from Japan upon her arrival there.

(Omitted)

프랭크 F. 엘린우드(미국 북장로교회 해외선교본부 총무)가 올리버 R. 에비슨(서울)에게 보낸 편지 (1894년 11월 19일)

1894년 11월 19일

(해독 불가)

(......) ___이 무엇에 투자하였건 금액을 갚겠다고 약속합니다. 그러나 추가 질문은 어디에 실질적인 재정적 책임이 있는지의 여부입니다. 그리고 정부가 ____에서 모든 공정한 약속을 한 후 가능하지 않을 수도 있는지 여부입니다. 그럼에도 불구하고 귀하의 집을 소유하고 귀하가 혹은 정부가 편리한 때에 환불을 위하여 귀하가 ___ ____하세요. 나는 귀하가 집에 있고 편안하게 ____을 도울 훈련된 간호사와 여의사를 갖게 될 때를 간절하게 바라고 있습니다. 귀하는 이 여의사가 여학교에서 묵을 것이라고 말합니다. 귀하는 주된 일이 여학교를 돌보는 것입니까, 아니면 그녀는 단순히 그곳에서 살며 병원에서 귀하와 함께 주된 일을 하는 것입니까? 우리가 학교를 위하여 의사를 고용한다면 그것은 값비싼 학교가 될 것입니다. 우리는 가능한 한 조속히 ____을 찾을 것이지만, 나는 이것이 단지 학교의 부속물일 뿐이라는 인상이 서울이나 이곳에서 널리 퍼지지 않기를 바랍니다. 선교본부는 지금 교육에 관한 정책의 수정을 시작하고 있고, 선교지에서 비경제적인 단순한 학교 업무를 줄이는 경향이 있으며, 나는 전에 한 번도 해본 적이 없는 일인 학교에 의사를 고용하는 것이 많은 의문을 제기할 것이라고 확신합니다. 내가 이것을 말하는 것은 그 요청이 여학교를 위한 의사이기 때문입니다. 하지만 나는 선교부가 표현한 바로 그것을 의미하는 것이 아니라 오히려 누군가 여학교에 살면서 상황이 필요로 할 때 교사와 학생의 건강을 돌보는 것을 의미하며, 사람들을 위하여 병원이나 진료소에서 큰 일을 할 것이라고 생각합니다.

우리는 귀하가 떠맡은 문제, 즉 부패한 한국인 관리들의 지시로부터 절대적인 자유를 누리며 병원을 운영하는 문제를 큰 관심을 가지고 지켜볼 것입니다. 귀하가 그 목적을 달성하면 얻게 될 ___일이 될 것입니다. 병원의 ____에 대하여 ___을 갖는 것에 대한 귀하의 주장은 좋습니다. 나는 제이콥슨 양의 항해를 위한 준비가 완료되었다고 생각합니다.

확실하지 않지만 언더우드 박사가 휴식을 취하는 것이 그의 탈진을 방지하는 현명한 길이 될 것입니다. 귀하는 이것에 대하여 판단할 수 있습니다. 너무 많은 위험을 감수하는 것보다 계절에 따라 휴가를 얻는 것이 더 나을 것입니다. 그의 삶과 건강은 지나친 지연으로 대의를 위하여 잃어버리기에는 너무 귀중합니다. 그래도 나는 귀하와 선교부의 냉정한 판단을 _____하지 않을 것입니다.

부인께 안부를 전합니다.

안녕히 계세요.
F. F. 엘린우드

Frank F. Ellinwood (Sec., BFM, PCUSA), Letter to Oliver R. Avison (Seoul) (Nov. 19th, 1894)

Nov. 19th, (189)4

(Indecipherable)

(......) engages to pay back whatever ___ may have invested. But the further question is whether there is any real financial responsibility anywhere? And whether it might not be possible that the Government, after having made all fair promises in _____ ___. Nevertheless take possession of your house and _____ you to ____ for the rebate at your leisure, or rather as the leisure of the Government. I look forward with strong desire to the time then you will be in your way house and comfortable _____ and will have a trained nurse to help ____ and also a lady physician. You speak of this lady physician as being board ____ with the Girls' School. Do you mean by this than for principal work will be looking after the Girls' School, or simply that she will live there while our principal work shall be with you in the Hospital? It would be an expensive school __ arrangement if we had to employ a physician as an attendant for that mainly. We shall find a _____ as soon as possible, but I hope that impression will not prevail, either in Seoul or here, that this is merely a suffix of the school. The

Board is just now entering upon a revision of its policy with regard to education, and is inclined to curtail the expensiveness of mere school work in its mission fields, and I am sure that the employment of a physician for a school, a thing which has never been done before, would meet with a good deal of questioning. I speak of this because the call is for a physician for the Girls' School. I assume, however, that the Mission does not mean just what that expressed but it means rather someone who shall live at the Girls' School and look after the health of teachers and pupils when occasion requires, but will have a greater work, either in the hospital or in a dispensary for the people.

We shall watch with a goo deal of interest the problem which you undertake, namely, that of running the hospital in absolute freedom from dictation by corrupt Korean officials. It will be a _____ thing gained if you accomplish that purpose. Your argument for having __ to the ____rity of the Hospital are good. I believe that arrangements have been made for the sailing of Miss Jacobson.

I am not sure but it will be wise economy for Dr. Underwood to take each rest as will prevent his breaking down. You can judge of this. It would be better to get a seasonable leave of absence then to run too much risk. His life and health are too valuable to be lost to the cause by undue delay. Still, I would not _restall the calm judgment of yourself and the Mission.

With kind regards to Mrs. Avison, I remain,

Yours very sincerely,
F. F. Ellinwood

18941200

올리버 R. 에비슨(서울),
보고서 R. 에비슨 박사의 의료 사업에 관한 보고서 (1894년 12월)

(중략)

테이트 및 아버클 양 지난 겨울 꽤 많은 시간동안 나는 테이트 및 아버클 양으로부터 병원 일에서 효율적인 도움을 받았다. 알려진 바와 같이 아버클 양은 다시 그 일을 할 예정이다. 그녀는 많은 경험을 하였고, 나는 그녀가 매우 유능해 질 것으로 기대하고 있다.

정규 간호사 한국으로의 임명이 취소되었던 정규 간호사 제이콥슨 양이 즉시 떠날 준비를 하고 있으며, 봄에 내한 할 것으로 예상된다는 소식에 기쁘다. 그녀가 아버클 양에게 보낸 편지를 읽어보니 그녀는 오직 주 예수 그리스도 왕국의 관심을 위해서만 내한하여 활동하기를 간절히 원하고 있다.

(중략)

조수가 필요함 첫 번째 목표를 수행하기 위해 나는 거의 모든 시간을 병원 일에 할애하며, 아버클 양과 제이콥슨 양을 간호사로 임명하고, 선교본부가 임명할 것으로 기대하고 있는 여의사가 일부 시간을 제중원에 할당해주기를 요망한다.

(중략)

Oliver R. Avison (Seoul),
Report R. Report of Dr. Avison's Medical Work (Dec. 1894)

(Omitted)

Miss Tate and Arbuckle: For a considerable time last winter I was efficiently assisted in the hospital work by Misses Tate and Arbuckle and, as you know, Miss Arbuckle is again engaged in it. She is developing considerable taste for blood and I anticipate she will become very efficient.

Trained Nurse: I am glad to say that the trained nurse, Miss Jacobson, whose appointment to Korea was cancelled, has been notified to prepare at once to come out, and she expect to come in the spring. The tones of her letter to Miss Arbuckle indicates her desire to come and work only in the interests of the Masters Kingdom.

(Omitted)

Helpers desired: To accomplish the first. I intend to devote my own time almost wholly to the work and I desire to have Misses Arbuckle and Jacobsen appointed as nurse and would also like to have a portion of the time of the lady Physician, whom we expect to be appointed by the Board, apportioned to the hospital.

(Omitted)

한국 선교부의 서울지부 임명 및 사업에 관한 위원회의 보고서
(1894년 12월)

서울지부에 임명된 선교사들

H. G. 언더우드 박사 부부

D. L. 기포드 목사 부부

S. A. 도티 양

C. C. 빈튼 박사 부부

V. C. 아버클 양

S. F. 무어 목사 부부

엘렌 스트롱 양

F. S. 밀러 목사 부부

O. R. 에비슨 박사 부부

신임 여의사

제이콥슨 양

여학교의 책임을 맡을 독신 여자

남학교의 실업과(實業科)에서 근무할 남성 선교사

(중략)

H. G. 언더우드 부인, 의학박사

자택 및 모화관에서 여성들을 대상으로 한 의료 및 전도 사업

(중략)

C. C. 빈튼 박사

언어 학습

자택에서의 진료 사업

동막에서의 진료 사업

서울지부의 감독 하에 지방의 의료 순회 전도 사업

(중략)

V. C. 아버클 양
언어 학습
제중원에서의 간호
곤당골에서의 여성을 대상으로 한 봉사의 책임
병원에 내원한 환자의 심방

(중략)

O. R. 에비슨 박사
언어 학습
제중원의 책임
서울지부의 감독 하에 의료 순회 전도 사업
의학 강습반의 조직

(중략)

신임 여의사
언어 학습
연못골에서의 의료 사업
에비슨 박사와의 협의로 의료 위원회의 감독 하에 제중원에서 의료 사업

(중략)

제이콥슨 양
언어 학습
제중원에서의 간호
병원에 내원한 환자의 심방

(중략)

Report of the Committee on Appointment of Substations and Work (Dec. 1894)

Missionaries appointed to Seoul Station

Dr. & Mrs. H. G. Underwood

Rev. & Mrs. D. L. Gifford

Miss S. A. Doty

Dr. & Mrs. C. C. Vinton

Miss V. C. Arbuckle

Rev. & Mrs. S. F. Moore

Miss Ellen Strong

Rev. & Mrs. F. S. Miller

Dr. & Mrs. O. R. Avison

New Lady Doctor

Miss Jacobson

Single Lady to take charge of Girl's School

Male missionary for Industrial Department of Boy's School

(Omitted)

Mrs. H G. Underwood, M. D.

Medical and evangelistic work among womens at her own house and at Mo Hwa Kwan

(Omitted)

Dr. C. C. Vinton

Language study

Dispensary work at his house

    "   "   " Tong Mak

Medical itinerating work in country under direction of Seoul Station

(Omitted)

Miss V. C. Arbuckle

Language study

Nursing at Govt. Hospital

Charge of Woman's service at Kon Dang Kol

Visiting among Hospital patients

(Omitted)

Dr. O. R. Avison

Language study

 Charge of Gov't Hospital

 Medical itenerating work under direction of Seoul Station

 Formation of Medical class

(Omitted)

New lady Doctor

 Language study

 Medical work at Yun Mot Kol

Medical work at Gov't Hosptial under direction of Medical Committee in
 conference with Dr. Avison

(Omitted)

Miss Jacobson

 Language study

 Nursing at Govt. Hospital

 Visiting among Hospital patients

(Omitted)

18941212

프랭크 F. 엘린우드(미국 북장로교회 해외선교본부 총무)가
빅토리아 C. 아버클(서울)에게 보낸 편지 (1894년 12월 12일)

(중략)

나는 지금 에비슨 박사의 앞길이 활짝 열려 있고, 그를 둘러쌌던 먹구름, 걱정 및 시련이 걷힌 것에 대하여 하나님께 감사를 드립니다. 귀하는 몇 년 동안 이 병원 사역을 위해 시간을 할애할 수 있겠는지요. 우리는 지금 가능한 한 빨리 여의사를 파송하려 노력하고 있습니다. 귀하가 아는 것처럼 예산은 이미 짜였고, 단지 전쟁에 의해 (집행이) 지체되고 있습니다. 제이콥슨 양은 2월 4일 밴쿠버를 출발할 것이며, 우리가 찾을 수 있는 한 조속히 (여)의사도 떠날 것입니다.

(중략)

Frank F. Ellinwood (Sec., BFM, PCUSA),
Letter to Victoria C. Arbuckle (Seoul) (Dec. 12th, 1894)

(Omitted)

I thank God that Dr. Avison now has an open field, that the clouds and troubles and trials that so environed him have passed away. May you all be spared in this hospital work for years of usefulness. We are going to try now to send forward a lady doctor at the earliest opportunity. Appropriations, as you know, are already made, and we have only been hindered by the war. Miss Jacobson will sail on the 4th of February from Vancouver, and the doctor as soon as we can find her.

(Omitted)

조지아나 E. 화이팅 양의 한국 의료 선교사 임명. 미국 북장로교회
해외선교본부 실행이사회 회의록
(1894년 12월 17일)

G. E. 화이팅 양의 한국 의료 선교사 임명. 의학박사 조지아나 E. 화이팅 양의 의료 선교사 임명(1894년 6월 4일의 선교본부 회의 회의록을 볼 것)과 관련하여,

한국 선교부의 서울 여의사에 대한 긴급한 요청에 비추어, 화이팅 박사가 그 지부로 배정되고 가능하다면 그녀가 내년 2월 4일에 제이콥슨 양과 함께 항해할 수 있도록 다시 조정하는 것으로 결의한다.

Appointment Miss G. E. Whiting as Medical Missionary to Korea.
Minutes [of Executive Committee, PCUSA], 1837~1919
(Dec. 17th, 1894)

Appointment Miss G. E. Whiting as Medical Missionary to Korea. Referring to the appointment of Miss Georgiana E. Whiting, M. D., as a medical missionary of the Board. (Sec Minutes of Board meeting June 4, 1894), it was

Resolved: In view of the urgent requests of the Korea Mission for a lady physician in Seoul, that Dr. Whiting be assigned to that station, and that, if possible, rearrangements be made for her to sail in company with Miss Jacobson on the 4, of February next.

프랭크 F. 엘린우드(미국 북장로교회 해외선교본부 총무)가
조지아나 E. 화이팅(펜실베이니아 주 필라델피아)에게 보낸 편지
(1895년 1월 18일)

1895년 1월 18일

조지아나 E. 화이팅 양,
　펜실베이니아 주 필라델피아, 24가(街) 1208

친애하는 화이팅 박사님,

　하루나 이틀 전에 귀하의 와병(臥病)에 대한 안타까움과 한국 파송이 늦어
진 것에 대한 우리의 진심어린 동의를 쓰려하였습니다. 이런 경우에는 건강이
가장 중요하기 때문에 특별한 길이 없습니다. 제이콥슨 양이 처음 합의된 시간
에 가겠다고 결론을 내릴 수도 있지만, 나중에 갈 다른 선교사들이 있을 것입
니다.

(중략)

Frank F. Ellinwood (Sec., BFM, PCUSA),
Letter to Georgiana E. Whiting (Philadelphia, Pa.) (Jan. 18th, 1895)

Jan. 18th, 1895

Miss Georgiana E. Whiting,
　Philadelphia, Penna., 1208 No. 24th St.

My dear Dr. Whiting: -

　I intended a day or two ago to write you, expressing my sympathy for you in your sickness, and our hearty concurrence in your delay about going to Korea. There is no course to be pursued in such a case, as your health is paramount. Though Miss Jacobson may conclude to go at the time first agreed upon, yet there will be other missionaries going later.

(Omitted)

그림 19. 조지아나 E. 파이팅.

프랭크 F. 엘린우드(미국 북장로교회 해외선교본부 총무)가
안나 P. 제이콥슨(메인 주 포틀랜드)에게 보낸 편지
(1895년 1월 23일)

1895년 1월 23일

안나 P. 제이콥슨 양,
    메인 주 포틀랜드 다우 가(街) 17

친애하는 제이콥슨 양,

　나는 한국 파송의 오랜 기대가 이제 현실이 된 것을 귀하에게 축하드립니다. 서울에서 따뜻한 환영이 귀하를 기다리고 있습니다. 장도에는 장애물이 없는 것 같고 문이 활짝 열려 있습니다. 귀하는 그곳에서 일하는 사람들에게 가서 함께 일을 하려고 오랫동안 생각해 왔습니다. 귀하의 주요 사역은, 내가 확신하건대 마음이 맞는 동료인 것을 알게 될, 에비슨 박사의 사역과 관련하여 병원에서 진행될 것입니다. 여학교의 젊은 여성들은 귀하를 그들의 의사로서 기대하고 있습니다. 나는 그들과 그들이 돌보는 소녀들이 건강을 유지하여, 귀하가 건강의 법칙과 그것을 돌보는 방법에 대한 지식을 통하여 건강을 돌보는 일에서 할 일이 별로 없기를 단지 바랄 뿐입니다.

　내가 한 가지 조언하고 싶은 것은 귀하가 하고 싶은 일보다 우선시하더라도 언어에 가장 많은 관심을 기울이라는 것입니다. 그것을 무시함으로써 귀하의 미래 사역 전체를 불구로 만들지 마세요. 오늘의 특정한 일을 하는 것은 그 자체로 나타날 수 있는 어떤 의무에 따라 강한 유혹이 되겠지만 내일도 계획하고 일해야 하며, 나는 주로 언어에 관한 것만 말할 것입니다.

　나는 귀하가 순조로운 항해를 하며, 내가 귀하가 그렇게 할 것이라고 생각하지만 귀하가 위대한 동양의 어떤 지역에서 비슷한 사명을 띠고 있는 다른 사람들을 발견하거나, 오히려 위대한 서양을 더 정확하게 말할 수 있기를 희망하고 기도합니다.

　귀하가 한국으로 갈 때 나의 특파원 중 한 명이 되어, 가끔 귀하의 인상을 전해 주고, 필요하다면 어려움과 시련에 대해서도 알려주세요. 하나님의 축복을 기원합니다.

안녕히 계세요.
F. F. 엘린우드

Frank F. Ellinwood (Sec., BFM, PCUSA),
Letter to Anna P. Jacobson (Portland, Me.) (Jan. 23rd, 1895)

Jan. 23rd, 1895

Miss Anna P. Jacobson,
   17 Dow St., Portland, Me.

My dear Miss Jacobson: -

I congratulate you upon the fact that your long expectation of going to Korea is so far as we cn see about to be realized. There is a warm welcome awaiting you at Seoul. The way seems to be clear of obstacles and the door is wide open before you. You have long had it in view to go and join those who are laboring there. Your chief work will be in the Hospital in connection with the work of Dr. Avison who, I am sure, you will find a congenial friend and co-laborer. The young ladies in the Girls' School will look to you also as their doctor. I only hope that both they and the girls under their care will be so preserved in health that you will not find much to do there in looking after their health which your knowledge of the laws of health and the ways of taking care of it will enable you to do.

I want to advise one thing, and that is that even by preference over work which you may be tempted to take up, you will give a chief attention to the language. Do not cripple your whole future work by neglecting that. To do the particular thing of to day along some line of duty that may present itself, whill be a strong temptation, but you must plan and work for to-morrow as well, and I will say mainly so far as the language is concerned.

I hope and pray that you may have a prosperous voyage, and that you may, as I think you will, find others going on a similar errand to some part of the great East, or rather to speak more accurately the great West toward which you sail.

When you get out to Korea I hope you will be one of my correspondents, and give me occasionally your impressions, and if need be even an account of your difficulties and trials. May God bless you.

Yours very sincerely,
F. F. Ellinwood

제3장
미국 북장로교회 최초의 간호 선교사
The First Nursing Missionary to Korea, of the
Presbyterian Church in the U. S. A.

제이콥슨은 화이팅 여의사와 함께 3월 4일 밴쿠버를 떠나 17일 요코하마에 도착하였고, 4월 9일 서울에 도착하였다. 그녀는 서울에 도착한 첫 날 오후부터 제중원에서 일을 시작하였다. 당연히 어학 학습이 가장 중요하였지만 병원에서 간호 업무를 맡을 수밖에 없었는데, 처음에는 외래에서, 이후에는 입원과를 맡아 에비슨 박사를 도왔다. 제이콥슨은 2년 동안 제중원에서 엄격한 청결 체계를 확립하는데 중요한 역할을 수행하였으며, 그 결과 환자의 성공적인 치료, 그리고 특별히 안전한 수술의 시행에 큰 효과를 나타내었고 병동 업무를 체계화하였다. 7월에는 콜레라가 유행하자 4일 동안 방역에 나섰지만 몸이 불편해 더 이상 참여하지 못하였다.

이외에도 환자의 가정을 방문하는 등 여러 일을 하느라 제이콥슨은 언어 학습을 거의 하지 못하였다. 더구나 아직 영어도 서툴렀기에 선교부는 6주 동안 서울 인근 마을로 내려가 한국인들로부터 언어를 배울 기회를 주었다.

12월 중순 서울로 돌아온 제이콥슨은 에비슨 박사의 의학교에서 간호, 붕대 감기 및 안마를 강의하였다.

1896년에는 매주 일요일마다 주일 학교에서 강의를 하는 등 교회 일에도 적극 나섰다.

하지만 1896년 8월 심한 이질에 걸렸다가 회복되어 10월 초에 병원 업무에 복귀하였지만 10월 말에 재발되어 점차 위중해졌다.

Miss Anna P. Jacobson left Vancouver on March 4 with Dr. Georgiana E. Whiting, arrived in Yokohama on the 17th, and then in Seoul on April 9. She started working at Jejoongwon in the afternoon of the first day she arrived in Seoul. Of course, study of language was the most important thing, but she had no choice but to take on nursing work at the hospital, first in the outpatient department and then in the inpatient department, helping Dr. Avison. Miss Jacobson played an important role in establishing a strict cleanliness system in the hospital for two years, and as a result, it had a great effect on the successful treatment of patients and especially the safe operation, and systematized the work of the hospital. In July, when the cholera epidemic broke out, she went out for quarantine for 4 days, but couldn't participate anymore because of her physical discomfort.

In addition, Miss Jacobson had little or no study of language, as she was busy visiting the patient's home. Moreover, because she was still not good at English, the Mission gave her a short trip to a village near Seoul for six weeks and gave her an opportunity to learn the language from Koreans.

Returning to Seoul in mid-December, Miss Jacobson taught nursing, bandaging and massage at Dr. Avison's Medical School.

In 1896, she was actively involved in church work, giving lectures at the Sunday School every Sunday.

However, in August 1896, she contracted severe dysentery, but recovered and returned to hospital work in early October. But it recurred at the end of October and gradually became more serious.

3-1. 1895년

18950218

회의록, 한국 선교부 서울 지부 (미국 북장로교회) 1891~1921
(1895년 2월 18일)

한국 서울,
1895년 2월 18일

(중략)

언더우드 박사와 에비슨 박사는 제이콥슨 양의 도착에 맞게 숙소를 마련할 위원회에 임명되었다.

(중략)

Minutes, Seoul Station, Korea, 1891~1921 (PCUSA)
(Feb. 18th, 1895)

Seoul, Korea,
February 18, 1895

(Omitted)

Dr. Underwood and Dr. Avison were appointed a committee to provide accommodation for Miss Jacobson upon her arrival.

(Omitted)

프랭크 F. 엘린우드(미국 북장로교회 해외선교본부 총무)가
수전 A. 도티(서울)에게 보낸 편지 (1895년 2월 28일)

(중략)

이제 우리는 두 명의 여자 선교사를 서울로 파송하고 있으며, 그렇게 되면 5명이 될 것입니다. 이제 우리는 아버클 양의 업무의 중요성을 충분히 인식하고 있으며, 그녀는 그 일을 할 자격이 충분해 보이지만 교사로 파송되었고 제이콥슨 양은 현재 훈련된 간호사로 파송되고 있습니다. 의사가 학교에 살아야 한다는 것이 조금 이상하지 않습니까?

(중략)

Frank F. Ellinwood (Sec., BFM, PCUSA),
Letter to Susan A. Doty (Seoul) (Feb. 28th, 1895)

(Omitted)

We are just sending two lady missionaries to Seoul which will make five. Now, we fully appreciate the importance of Miss Arbuckle's work, and she seems to be well qualified for it, but she was sent as a teacher, and Miss Jacobson is now being sent as a trained nurse. Does it not seem a little strange then that the doctor should live at the school?

(Omitted)

회의록, 한국 선교부 서울 지부 (미국 북장로교회) 1891~1921
(1895년 3월 2일)

한국 서울,
1895년 3월 2일

(중략)

이 지부에 임명된 조지아나 E. 화이팅 박사의 영접 준비는 제이콥슨 양의 영접 준비를 위한 위원회에 맡겨졌다.

(중략)

Minutes, Seoul Station, Korea, 1891~1921 (PCUSA)
(Mar. 2nd, 1895)

Seoul, Korea,
March 2nd, 1895

(Omitted)

Arrangements for the reception of Dr. Georgiana E. Whiting under appointment to this Station, were placed in the hands of the committee to arrange for receiving Miss Jacobson.

(Omitted)

18950304

프랭크 F. 엘린우드(미국 북장로교회 해외선교본부 총무)가
한국 선교부로 보낸 편지 (1895년 3월 4일)

(중략)

안나 P. 제이콥슨 양과 의학박사 조지아나 화이팅 양은 오늘 밴쿠버를 출항하며, 그들은 서울에서 사역하게 될 것입니다. 우리는 한국 선교부 측의 열렬한 환영을 받을 것이라는 데는 의심의 여지가 없습니다.

(중략)

Frank F. Ellinwood (Sec., BFM, PCUSA),
Letter to the Korea Mission (Mar. 4th, 1895)

(Omitted)

Miss Anna P. Jacobson and Miss Georgianna Whiting, M.D. are to sail from Vancouver to day, and it is understood that they are to labor in Seoul. We have no doubt whatever that they will receive an hearty welcome on the part of the Mission.

(Omitted)

18950304

올리버 R. 에비슨(서울)이 프랭크 F. 엘린우드(미국 북장로교회 해외선교본부 총무)에게 보낸 편지 (1895년 3월 4일)[14]

1895년 3월 4일

우리는 제이콥슨 양이 조기에 도착한다는 기대에 기뻐하였으며, 그녀가 당분간 지연되었다는 것을 듣고 유감스러웠지만 화이팅 박사와 동반할 것이라는 매우 기쁜 소식에 진정되었습니다. 이것은 진정 멋진 소식이며, 우리는 그들을 진정으로 환영할 예정입니다. 화이팅 양도 온다는 전언을 받았을 때 우리는 막 제이콥슨 양의 숙소를 병원에 마련하고 있었으며, 그녀가 가는 것을 그들이 현명하다고 생각하였더라도 그녀는 새 건물이 건축될 때까지 여학교로 갈 수 없기 때문에, 저는 최소한 현재로서는 우리가 그녀도 이곳에 거주할 수 있도록 조치를 취할 것으로 생각합니다. 그래서 그녀는 이곳에서 의료 사역을 즉시 시작할 수 있으며, 부녀과의 발전에 큰 도움이 될 것입니다. 저는 요코하마의 브리튼 양에게 편지를 써 증기선이 도착하면 그들을 만나 한국으로 가는 배로 갈아타는데 필요한 모든 도움을 줌으로써 그들이 곤경에 빠지지 않도록 부탁하였습니다.

---

14) 이 편지는 에비슨의 2월 20일자 편지에 추신 형태로 첨부되어 있으며 편의상 따로 분류하였다.
   Oliver R. Avison (Seoul), Letter to Frank F. Ellinwood (Sec., BFM, PCUSA) (Feb. 20th, 1895).

Oliver R. Avison (Seoul),
Letter to Frank F. Ellinwood (Sec., BFM, PCUSA) (Mar. 4th, 1895)

Mar. 4th, 95

We have been rejoicing in the expectation of the early arrival of Miss Jacobsen and although we were sorry to hear that she had been delayed for a times, the sorrow was tempered with the very pleasant information that she would be accompanied by Miss Dr. Whiting. This is indeed good news and we shall give them a hearty welcome. We were just providing for Miss Jacobsen's residence at the hospital when we received word that Miss Whiting was also coming and I think we shall arrange for her to live here too, for the present at lest, as she cannot go to the Girls' School until the new building are erected, even if it is them thought wise that she should do so. She can thus begin medical work at once here and greatly assist in the development of the Woman's department. I have written to Miss Britten in Yokohama to meet them on the arrival of the Steamer, and give them all necessary help in transferring to the boat for Korea, so that they will have no trouble there.

대니얼 L. 기포드 부인(서울)이 프랭크 F. 엘린우드
(미국 북장로교회 총무)에게 보낸 편지 (1895년 3월 8일)

서울
1895년 3월 8일 (4월 18일 접수)

친애하는 엘린우드 박사님,

(중략)

우리는 조만간 화이팅 박사와 제이콥슨 양을 환영하기를 기대하고 있습니다.

(중략)

Mrs. Daniel L. Gifford (Seoul),
Letter to Frank F. Ellinwood (Sec., BFM, PCUSA) (Mar. 8th, 1895)

Seoul,
March 8th, (18)95 (Apr. 18)

Dear Dr. Ellinwood:

(Omitted)

We are hoping to soon welcome Dr. Whiting & Miss Jacobson.

(Omitted)

최근 항해. *Japan Weekly Mail* (요코하마) (1895년 3월 23일), 354쪽

최근 항해
도착

(......)

엠프리스 오브 차이나, 영국 증기선, 3,003톤, R. 아치볼드, 3월 17일 도착, - 브리티시콜롬비아 3월 4일 출발, 우편 및 일반. - 프레이저 앤드 컴퍼니

(......)

승객
도착

브리티시콜롬비아에서 온 엠프리스 오브 차이나를 통하여.: - 선실에 (......) 안나 P. 제이콥슨 양, (......) 의학박사 G. E. 화이팅 양, (......); 2등 선실에 17명의 승객, 그리고 3등 선실에 79명의 승객.

(......)

Latest Shipping.
Japan Weekly Mail (Yokohama) (Mar. 23rd, 1895), p. 354

Latest Shipping

Arrivals

(......)

Empress of China, British steamer, 3,003, R. Archibald, 17th March, - Vancouver, B. C., 4th March, Mails and General. - Frazar & Co.

(......)

Passengers

Arrived

Per British steamer Empress of China, from Vancouver, B. C.: - (......) Miss Anna P. Jacobson, (......) Miss G. E. Whiting, M. D., (......) in cabin; 17 passengers in second class, and 79 passengers in steerage.

(......)

18950400

지난 달 이후.
Woman's Work for Woman 10(4) (1895년 4월호), 113쪽

지난 달 이후

출발

3월 4일 - 밴쿠버에서 조지아나 E. 화이팅 박사와 안나 P. 제이콥슨 양이 한국 서울로.

Since Last Month. Woman's Work for Woman 10(4) (Apr., 1895), p. 113

Since Last Month

Departure

March 4. - From Vancouver, Dr. Georginna E. Whiting and Miss Anna P. Jacobson, for Seoul, Korea.

1895~1896년도 한국 선교부 예산 (1895년 4월)

(중략)

서울

제I급. 선교지의 선교사들

급 여:	금화
(......)	
안나 P. 제이콥슨 양,	675.00
(......)	
개인 교사: 10엔에 15명	1,800.00엔

(중략)

Appropriation for Korea. 1895~1896 (Apr., 1895)

(Omitted)

Seoul.

Class I. Missionaries on Field.

Salaries:	Gold
(......)	
Miss Anna P. Jacobson,	675.00
(......)	
Personal Teachers: Fifteen at 10 Yen,	Yen 1,800.00

(Omitted)

회의록, 한국 선교부 서울 지부 (미국 북장로교회) 1891~1921
(1895년 4월 15일)

한국 서울,
1895년 4월 15일

(중략)

다음의 청구가 낭독되었고 승인되었으며, 금화 달러로 나타내었다.

(......)

A. P. 제이콥슨 양   87.12달러

(......)

Minutes, Seoul Station, Korea, 1891~1921 (PCUSA) (Apr. 15th, 1895)

Seoul, Korea,
April 15th, 1895

(Omitted)

The following orders were read and approved, with the addition of gold balances: -

(......)

Miss A. P. Jacobson $ 87.12

(......)

18950516

프랭크 F. 엘린우드(미국 북장로교회 해외선교본부 총무)가 수전 A. 도티, 빅토리아 C. 아버클 및 엘렌 스트롱(서울 지부)에게 보낸 편지 (1895년 5월 16일)

1895년 5월 16일.

도티, 아버클 및 스트롱 양

친애하는 동료들,

여러분들은 내가 방금 쓴 선교부로 보내는 편지에서 우리가 여학교와 관련된 문제에 약간의 어려움을 갖고 있다는 것을 알게 될 것입니다. 여러분들이 학교에 모든 것을 쏟았지만, 여러분 중 누구도 그 기관을 이끌 준비가 되어 있지 않은 것 같고, 여러분 각자가 다른 종류의 일을 선호한다는 것도 똑같이 분명합니다. 그래서 여러분들과 선교부는 학교를 책임 맡을 네 번째 여자를 파송해 줄 것을 요청하고 있습니다. 우리의 어려움은 첫째, 선교본부는 여러 선교지에 임명된 선교사들을 비록 고국에 머물게 하고 있더라도 올해에 추가로 임명할 능력을 넘어섰다는 것이고, 둘째, 네 번째 여자 역시 곧 다른 일을 하고 싶어 하지 않을 것이라고 확실할 수 없다는 것입니다. 지금까지 우리에게는 이런 경우가 없었습니다. 우리는 아버클 양이 간호 업무에 어떻게 더 잘 적응해야 하는지 이해할 수 있지만, 우리는 바로 그 목적을 위하여 제이콥슨 양을 파송하였습니다.

(중략)

Frank F. Ellinwood (Sec., BFM, PCUSA), Letter to Susan A. Doty, Victoria C. Arbuckle, and Ellen Strong (Seoul Station) (May 16th, 1895)

May 16th, 1895.

Misses Doty, Arbuckle, and Strong

My dear Friends: -

    You will see in the Mission letter which I have just written that we have some difficulties about the present shape of matters pertaining to the Girls' School. The fact transpires that after all that has been expended on the school, no one of you seems quite ready to take the leadship of the institution, and it is equally clear that each of you prefers some other kind of work. So you ask and the Mission asks that a fourth lady be sent out to take charge of the school, with the understanding that she shall make that her work. Our difficulty lies in this, first, that the Board has placed it beyond our power to make further appointments this year by even keeping at home, those that are appointed for various fields, and, second, that we could not be assured that a fourth lady would not also soon, feel disposed to take up some different work. We have never had a case like this before. We can understand how Miss Arbuckle should be better adapted to the work of nursing, but we have __te her now sent out for that very purpose, namely Miss Jacobson.

(Omitted)

회의록, 한국 선교부 서울 지부 (미국 북장로교회) 1891~1921
(1895년 5월 20일)

한국 서울,
1895년 5월 20일

(중략)

다음의 청구가 낭독되었고 승인되었다.

(......)

    A. P. 제이콥슨 양   104.00달러

(......)

Minutes, Seoul Station, Korea, 1891~1921 (PCUSA) (May 20th, 1895)

Seoul, Korea,
May 20th, 1895

(Omitted)

The following orders were read and approved: -

(......)

    Miss A. P. Jacobson $104.00

(......)

18950613

대니얼 L. 기포드, 호러스 G. 언더우드, 프레더릭 S. 밀러, 새뮤얼 F.
무어, 그레이엄 리, 수전 A. 도티, 엘렌 스트롱, 빅토리아 C. 어버클,
캐드월러더 C. 빈튼, 올리버 R. 에비슨(서울)이 프랭크 F.
엘린우드(미국 북장로교회 해외선교본부 총무)에게 보낸 편지
(1895년 6월 13일)

(중략)

제이콥슨 양은 화이팅 박사와 같이 하루에 몇 시간동안 언어 학습을 해야
하며, 병원에서 간호를 책임 맡고 있고, 이것은 현재와 같이 환자가 증가하여
그녀의 시간을 모두 할애하고 있는데, 이외에도 그녀는 환자의 가정을 방문하
는데 매일 한두 시간을 할애하고 있습니다.

(중략)

Daniel L. Gifford, Horace G. Underwood, Frederick S. Miller,
Samuel F. Moore, Graham Lee, Susan A. Doty, Ellen Strong,
Victoria C. Arbuckle, Cadwallader C. Vinton, Oliver R. Avison
(Seoul), Letter to Frank F. Ellinwood (Sec., BFM, PCUSA)
(June 13th, 1895)

(Omitted)

Miss Jacobson, like Dr. Whiting, must spend some hours per day in language
study, and has charge of the nursing at the hospital and this promises at the present
rate of increase of patients to fill all her time outside of an hour or two a day for
visiting the patient's homes.

(Omitted)

회의록, 한국 선교부 서울 지부 (미국 북장로교회) 1891~1921
(1895년 6월 17일)

한국 서울,
1895년 6월 17일

(중략)

다음의 청구가 낭독되었고 승인되었다.

(......)

A. P. 제이콥슨 양 　　　　112.00달러

(......)

Minutes, Seoul Station, Korea, 1891~1921 (PCUSA) (June 17th, 1895)

Seoul, Korea,
June 17th, 1895

(Omitted)

The following orders were read and approved: -

(......)

Miss A. P. Jacobson 　　　$112.00

(......)

편집자 단신. *Woman's Work for Woman* 10(7) (1895년 7월호), 182쪽

조지아나 화이팅 박사와 제이콥슨 양은 모든 일본 선박이 전쟁을 위하여 징발(徵發)되었기 때문에 나가사키에서 2주일 동안 기다리다가 4월 9일 서울에 도착하였다. 그들은 마침내 화물선을 타고 한국으로 향하였고, 성급히 의료 활동에 착수하지 않기로 결심하였지만, 우리는 이미 박사가 하루에 22명의 환자를 보았고 제이콥슨 양이 밤에 간호를 하였다고 듣고 있다.

Editorial Notes. *Woman's Work for Woman* 10(7) (July, 1895), p. 182

April ninth, Dr. Georgiana Whiting and Miss Jacobson reached Seoul, having been detained a fortnight in Nagasaki because Japanese boats were all subsidized for the war. They finally took passage for Korea in a cargo boat, and, though sternly resolved not to launch upon medical work prematurely, we already hear of the Doctor's twenty-two patients in a day, and of Miss Jacobson nursing by night.

18950703

빅토리아 C. 아버클(서울)이 프랭크 F. 엘린우드(미국 북장로교회
해외선교본부 총무)에게 보낸 편지 (1895년 7월 3일)

(중략)

제이콥슨 양이 도착하여 제가 이제 자유롭게 학교로 돌아가는 것에 관해
서는 아직 고려할 시간을 갖지 못하였습니다. 우리는 이곳 병원에서 대단히
바빠 이번 여름에 단 1주일의 휴가도 갖지 못할까 염려하고 있습니다. 저는
원하던 대로 즉시 학교로 돌아갈 준비가 되어 있지만, 병원에서 제 자리를 맡
을 다른 사람을 요청하게 할 뿐입니다. 에비슨 박사는 만일 현재의 계획이 수
행된다면 한 명이 수행하기에는 너무 일이 많다는 것을 알고 항상 두 명의 간
호사를 요청하였습니다. 그러니 돌려막기일 뿐입니다.

(중략)

Victoria C. Arbuckle (Seoul),
Letter to Frank F. Ellinwood (Sec., BFM, PCUSA) (July 3rd, 1895)

(Omitted)

As to my being free now to go back to the school Miss Jacobson having
arrived I haven't had time yet to consider it. We are so busy here at the hospital
that we are afraid we can't have even a week's holiday this summer. I am quite
ready to go back to the school for desired, but it will only create a lend demand
for some one to take my place at the hospital. Dr. Avison has always asked for
two nurses knowing there was too much for one to do if the present plan is
carried out, so that it could only be robbing Peter to pay Paul.

(Omitted)

회의록, 한국 선교부 서울 지부 (미국 북장로교회) 1891~1921
(1895년 7월 16일)

한국 서울,
1895년 7월 16일

(중략)

다음의 청구가 낭독되었고 승인되었다.

A. P. 제이콥슨 양   108.00달러

(......)

Minutes, Seoul Station, Korea, 1891~1921 (PCUSA) (July 16th, 1895)

Seoul, Korea,
July 16th, 1895

(Omitted)

The following orders were read and approved: -

Miss A. P. Jacobson $108.00

(......)

한국의 우리 선교사들.

Woman's Work for Woman 10(8) (1895년 8월호), 211쪽

한국의 우리 선교사들 및 우체국 주소.

빅토리아 C. 아버클 양,	서울	올리버 R. 에비슨 부인,	"
수전 A. 도티 양,	"	D. L. 기포드 부인,	"
안나 P. 제이콥슨 양,	"	프레더릭 S. 밀러 부인,	"
S. F. 무어 부인,	"	엘렌 스트롱 양,	"
호러스 G. 언더우드 부인,	"	C. C. 빈튼 부인,	"
조지아나 E. 화이팅 박사,	"		
그레이엄 리 부인,	평양		
J. E. 애덤스 부인,	부산	W. M. 베어드 부인,	"
찰스 H. 어빈 부인,	"		
제임스 S. 게일 부인,	원산	W. L. 스왈른 부인,	"

Our Missionaries in Korea.
Woman's Work for Woman 10(8) (Aug., 1895), p. 211

Our Missionaries in Korea,
and Post Office Addresses.

Miss Victoria C. Arbuckle, Seoul.		Mrs, Oliver R. Avison,	"
Miss Susan A Doty,	"	Mrs. D. L. Gifford,	"
Miss Anna P. Jacobson,	"	Mrs. Frederick S. Miller,	"
Mrs. S. F. Moore,	"	Miss Ellen Strong,	"
Mrs. Horace G. Underwood,	"	Mrs. C. C. Vinton,	"
Dr. Georgiana E. Whiting,	"		
Mrs. Graham Lee,	Pyeng Yang		
Mrs. J. E. Adams,	Fusan	Mrs. W. M. Baird,	"
Mrs. Chas. H. Irvin,	"		
Mrs. Jas. S. Gale,	Gensan	Mrs. W. L. Swallen,	"

18950800

릴리어스 H. 언더우드, 서울의 사역.
Woman's Work for Woman 10(8) (1895년 8월호), 211~213쪽

(중략)

우리는 중요한 인력 보강을 받았는데, 화이팅 박사와 제이콥슨 양은 제중
원에서 에비슨 박사 부부와 기거하고 있으며, (......)

(중략)

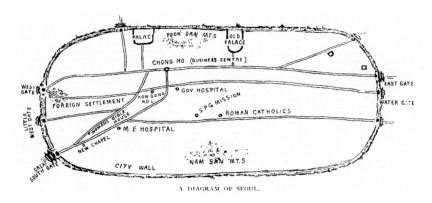

그림 20. 서울의 약도(略圖).

Lillias Horton Underwood, Work in Seoul.
Woman's Work for Woman 10(8) (Aug., 1895), pp. 211~213

(Omitted)

We have received an important addition to our forces in Dr. Whiting and Miss
Jacobson, who are stationed with Dr. and Mrs. Avison at the hospital, and (......)

(Omitted)

18950809

프랭크 F. 엘린우드(미국 북장로교회 해외선교본부 총무)가 조지아나 E. 화이팅(서울)에게 보낸 편지 (1895년 8월 9일)

(189)5년 8월 9일

의학박사 조지아나 화이팅 양,
  한국 서울

친애하는 화이팅 양,

  귀하가 한국에 도착한 이후로 한 통의 편지도 받지 못하였지만, 지부에 무사히 도착하였고 이미 병원 업무를 맡고 있다는 소식을 간접적으로 들었습니다. 나는 귀하와 제이콥슨 양이 호울리 양에게 쓴 편지를 읽었고, 귀하가 항해하는 동안 상당한 불편을 겪었다는 사실을 알게 되어 유감스러웠습니다. 세상에는 선량한 선원과 그렇지 못한 두 부류의 사람들이 있습니다. 나뿐만 아니라 아내도 배 멀미 때문에 한 끼도 거른 적이 없이 세계 일주를 하였기 때문에 그렇지 못한 사람들의 불편함을 온전히 이해하지 못할 수도 있습니다. 나는 일반적으로 배 멀미 후에 일어나는, 해변에 도착하였을 때의 빠른 호전과 활력을 여러분이 경험하였기를 바랍니다.

  이것으로 귀하는 그 일이 무엇인지 볼 기회를 갖게 되었습니다. 나는 귀하가 단지 장밋빛 전망을 가지고 파송되었다고 생각하지 않습니다. 귀하는 이 나라에 있는 많은 병원을 보아서 일의 기쁨과 만족이 귀하가 귀하와 같은 여자들에게 축복이라는 느낌에서 와야 한다는 것을 알고 있습니다. 병원에 가서 육체적인 면에서 더 이상의 활기차고 즐거운 일을 찾을 것으로 예상해야 하는 사람은 누구라도 무방합니다. 아닙니다. 그것은 병자들과 고통 받는 사람들과 섞이는 것이고 그림자 아래에서 살고 있지만, 기쁨은 내면의 빛, 구주의 임재의 빛, 그리고 귀하가 그분이 하신 바로 그 일을 하고 있고 그것을 행하고 있다는 느낌을 통하여 들어옵니다. 그리고 귀하가 일을 하면서 회복된 환자들의 감사해 하는 감정을 목격하는 기쁨과 만족은 당연히 만족입니다. 귀하는 처음에는 향수병에 걸릴 것이지만, 나중에는 거의 모든 사람이 경험하게 되는 것, 즉 향수병에서 벗어나고 그 일에 대한 만족감을 기대할 권리가 있습니다. 나는 귀하로부터 귀하의 인상이 담긴 편지를 받게 되면 매우 기쁠 것이며, 귀하와 관련된

사람들과의 관계가 즐겁고 상호 이득과 즐거움으로 가득 차 있다는 것을 알게
되면 매우 기쁠 것입니다.

　　제이콥슨 양에게 내가 이 편지에서 말한 모든 것을 그녀에게 말하고 싶다
고 전해 주세요. 그리고 다음번에 아마도 그녀를 통하여 두 사람 모두에게 편
지를 쓰게 될 것이라는 기대와 함께 그녀가 이 편지를 공유하도록 요청합니다.

　　선교계에서 만난 여러분에게 안부를 드리며, 여러분의 성공과 행복을 위하
여 간절한 소망과 기도를 드립니다.

　　안녕히 계세요.
　　F. F. 엘린우드

Frank F. Ellinwood (Sec., BFM, PCUSA), Letter to Georgiana E. Whiting (Seoul) (Aug. 9th, 1895)

August 9th, (189)5

Miss Georgianna Whiting, M. D.,
　　Seoul, Korea

My dear Dr. Whiting: -

　　Though I have not received any letters from you since your arrival in Korea, I
hear indirectly that you reached your station safely and are already taking part in
the hospital work. I read the letter written by you and Miss Jacobson to Miss
Hawley, and was sorry to learn that you had a good deal of discomfort on your
voyage out. There are two classes of people in the world, those who are good
sailors and those who are not. Perhaps I cannot fully appreciate the discomfort of
those who are not, as not only I but my wife went entirely around the globe
without losing a meal from sea-sickness. I hope that what usually follows
sea-sickness, namely rapid improvement and invigoration on reaching ashore, will
have been your experience.

By this you have had opportunity to see what the work is. I do not imagine that you went out with mere rose-colored views. You have seen enough of hospitals in this country to know that the joy and satisfaction of the work must come in the feeling that you are a blessing to your kind. Anyone who should expect to go into a hospital and find a cheering, joyous work in any more physical aspect of it, that be beside herself. No, it is mingling with the sick and suffering, it is living under a shadow, but the joy comes in through on inner light, the light of the Saviour's presence, and the feeling that you are doing just what He did, and doing it for his sake. And then as you work on the joy and satisfaction of witnessing the grateful emotions of the restored patients, is, of course, a satisfaction. You will be homesick at first, but you have a right to expect that what almost everyone experiences later, namely, a relief from that homesickness, and a satisfaction in that work. I shall be very glad to receive a letter from you giving your impressions, and shall be glad to know that your relations with those with whom you are associated are likely to be pleasant and full of mutual profit and enjoyment.

Please say to Miss Jacobson that all that I have said in this letter I would say to her, and I ask that she may be a sharer in this, with the expectation that the next time perhaps I will write to you both through her.

With kind regards to those whom you meet in mission circles, and with the earnest hope and prayer for your success and happiness. I remain,

Very sincerely yours,
F. F. Ellinwood

회의록, 한국 선교부 서울 지부 (미국 북장로교회) 1891~1921
(1895년 8월 19일)

한국 서울,
1895년 8월 19일

(중략)
다음의 청구가 낭독되었고 승인되었다.
(......)
A. P. 제이콥슨 양   108.00달러
(......)

Minutes, Seoul Station, Korea, 1891~1921 (PCUSA) (Aug. 19th, 1895)

Seoul, Korea,
August 19th, 1895

(Omitted)
The following orders were read and approved: -
(......)
Miss A. P. Jacobson $108.00
(......)

올리버 R. 에비슨(서울), 에비슨 박사의 보고서 (1895년 9월 3일)

(중략)

수리: 연중 중요한 임무 중의 하나는 수리를 하는 것이었다. (......)

건물과 담장의 수리를 위해 사용한 돈은 모두 약 1,100달러 정도이었다.

이것에는 내 집, 아버클 양의 방, 화이팅 박사와 제이콥슨 양을 위한 방, 그들의 부엌 및 식당을 갖추는 비용도 포함되어 있는데, 모든 비용이 550달러이었음으로 병원 자체의 수리비는 약 500달러이었다.

(중략)

여러분이 아는 것처럼 병원에서 더 많은 인력이 필요하다는 우리의 거듭된 요청이 올해 화이팅 박사와 제이콥슨 양이 도착함으로써 응답을 받았다. 그들은 병원 부녀과의 방에 묵고 있지만, 조기에 더 많은 적절한 숙소가 마련되었으면 하는 바람을 표명하고 싶다. 나는 그것을 마련하기 위한 예산을 요청한다.

(중략)

제이콥슨 양: 제이콥슨 양은 처음에는 외래에서 나를 도왔으나 이후 입원과를 맡아 그곳에서 나의 업무를 많이 경감시켜 주었다. 나는 선교병원에서 가장 중요한 그 부분을 발전시키는데 가장 실질적으로 나를 도울 것으로 확신하며 기쁘다.

(중략)

Oliver R. Avison (Seoul), Dr. Avison's Report (Sept. 3rd, 1895)

(Omitted)

Repairs: One of the important duties of the year has been the carrying on of repairs. (......) The total amount spent in repairs to buildings and walls has been about $1,100.

This includes the fitting up of my own house. Miss Arbuckle's rooms, the rooms for Dr. Whiting and Miss Jacobsen and their kitchen and dining room, which in all cost about $550.00 leaving the cost of repairs for the hospital itself at $500.00.

(Omitted)

As you know, our repeated request for more helpers at the hospital were answered during the year by the arrival of Dr. Whiting and Miss Jacobsen. They have been accommodated with rooms in the woman's department of the hospital, but I should express the hope that more suitable quarters may be seemed for them at an early date. I should favor the request of an appropriation for providing such.

(Omitted)

Miss Jacobsen: Miss Jacobsen at first assisted me in the outclinic but afterward took up the indoor department, relieving me of much responsibility there. I am happy in the confidence that she will aid me most materially in developing that most important part of a mission hospital.

(Omitted)

회의록, 한국 선교부 서울 지부 (미국 북장로교회) 1891~1921
(1895년 9월 16일)

한국 서울,
1895년 9월 16일

(중략)

다음의 청구가 낭독되었고 승인되었다.

(......)

A. P. 제이콥슨 양   108.00달러

(......)

Minutes, Seoul Station, Korea, 1891~1921 (PCUSA) (Sept. 16th, 1895)

Seoul, Korea,
Sept. 16th, 1895

(Omitted)

The following orders were read and approved: -

(......)

Miss A. P. Jacobson $108.00

(......)

18951000

한국. *Woman's Work for Woman* 10(10) (1895년 10월호), 282쪽

한국

안나 P. 제이콥슨 양은 1895년 7월 한국 서울의 왕립병원에서 다음과 같은 편지를 썼다.

저는 이곳에 도착한 첫날 오후에 이 병원에서 일을 시작하였고, 아파서 침대에 누워 있던 하루를 제외하고 매일 일을 하고 있습니다. 저는 저의 일을 매우 즐기고 있습니다. 병원에는 20명의 환자가 있고, 저는 [어학] 공부 외에 혼자 그들을 돌보았기 때문에 하루가 너무 짧았습니다. 해야 할 일이 많이 있으며, 말은 할 수 없어도 간호사로서 한 사람이 많은 것을 할 수 있지만, 저는 언어를 모르는 한 매우 무력감을 느끼고 있습니다.

이곳의 간호에서 가장 힘든 부분은 수술 후 바닥에 누워 있는 환자를 돌보는 일인데, 옷을 세탁해야 할 때 그들 주위에는 아무 것도 두지 않습니다. 지난 일요일에 우리는 환자의 옷을 그에게 맡기는 것이 불가능하였던 매우 안타까운 사건을 겪었습니다. 저는 두 가지 길이의 천을 구해서 일요일 오후에 내 기계를 이용하여 꿰매어 그를 그 속에 감싸야 했습니다. 그런 다음 저는 그를 깨끗한 방에서 그의 머리 밑에 작은 사각형의 천 조각을 놓고 바닥에 눕혔습니다. 나는 그를 위하여 최선을 다하였는데, 상처를 치료하고 약을 주었습니다. 저녁에 제가 들어갔을 때 그가 조용하다는 것을 마지막으로 발견하였습니다. 제가 아침에 일어났을 때 그들은 그가 죽었다고 저에게 말하였습니다.

지난 토요일에 또 다른 안타까운 사건이 있었습니다. 그 남자는 정신 이상이었고 한의사에게 진찰을 받았습니다. 사용된 치료 방법은 악령이 광기를 일으킨다고 생각하여 마귀를 내보내기 위하여 온 몸을 뜨거운 쇠로 지지는 것이었습니다. 그는 그들이 이곳으로 데려오기 전에 이 치료로 2주일 동안 고통을 겪었습니다. 그는 이제 나아지고 있습니다.

저는 주님께서 저에게 이 직분을 주셨다고 생각하며, 주님의 봉사에 사용되기 위하여 이곳에 있는 것이 매우 기쁩니다. 힘든 일이 많이 있지만, 주님께서 우리가 그 짐을 지는 것을 도우신다는 것을 알면 그 짐이 가벼워지고 천국이 그 어느 때보다 소중하게 느껴집니다. 화이팅 박사와 저는 많은 시간을 함께 기도하며 그리스도께서 우리에게 축복을 느끼게 하십니다.

저는 그녀를 동료로 주신 주님께 매일 감사를 드리고 있습니다. 우리는 일을 함께 의논하고 기도하기 때문에 힘들어도 우리에게 축복을 주고 있습니다.

지금 콜레라가 서울로 올라왔기 때문에 저는 이번 주에는 이들 환자를 돌봐야 할 것으로 예상하고 있습니다. 의사들은 이 재앙을 예방하기 위하여 최선을 다할 수 있는 방법을 논의하기 위하여 며칠 동안 회의를 하였습니다. 병원은 두 달 정도 문을 닫고 제 생각에 우리는 콜레라 병원이 있는 도시 반대편으로 갈 것입니다. 조선 정부는 선교사들에게 어떤 조치를 취해야 하는지 조언을 구하고 예방 조치에 사용하도록 2만 엔을 주었습니다. 이미 우리는 희생자들이 수 시간 만에 사망한 여러 사례에 대하여 들었습니다.

틀림없이 주님께서 심한 전염병에서 그대를 건지실 것입니다. 시편 9:3

Korea. *Woman's Work for Woman* 10(10) (Oct., 1895), p. 282

Korea.

Miss Anna P. Jacobson wrote from the Royal Hospital, Seoul, Korea, July, 1895:

I began my work in this hospital the first afternoon after my arrival here and have been working every day since with the exception of one day when I was sick in bed, I enjoy my work very much. We have twenty patients in the hospital and I have taken care of them alone besides going on with my study, so the days have been too short for me. There is a great deal of work to be done, but as long as I do not know the language I feel very helpless, although as nurse one can do much, even though not able to talk.

The hardest part of the nursing here is the caring for the patients on the floor after surgical operations, with nothing to put around them when their clothes need to be washed. Last Sunday we had a very pitiful case, in which it was impossible io leave the patient's clothing on him. I had to get two lengths of cloth and sew them together on my machine Sunday forenoon and wrap him up in it. I then got him into a clean room on the floor, with a little square piece of work under his bead. I did what I could for him, dressed his wound, and gave him his medicine. The last thing in the evening I went in and found him quiet; when I got up in the morning they told me he was dead.

We had another pitiful case last Saturday. The man was insane and a Korean doctor had been consulted. The method of treatment employed was burning with hot irons everywhere over his body to let the devil out, as they think an evil spirit causes insanity. He had been suffering for two weeks from this treatment before they brought him here. He is now getting well.

I feel that the Lord has given me this place and I am so glad to be here to be used in His service. There are lots of trying things, but to know the Lord is helping us to carry the burdens makes them lighter and heaven seems more precious than ever before. Dr. Whiting and I spend a good deal of time together in prayer and Christ lets us feel the blessing. I thank the Lord every day for giving her to me as a coworker. We talk our work over together and pray over it, so even what seems hard gives us blessings.

This week I expect to be called upon to take care of cholera patients, as it has now come to Seoul. The doctors have had meetings for several days to consult how they can do the most to prevent this scourge. The hospital will be closed for about two months, I think, and we will go over to the other end of the city where they have the cholera hospital, the government asked advice from the missionaries as to what steps to take and gave twenty thousand yen to be used for preventives. Already we have heard of several cases in which the victims have died in a few hours.

Surely He shall deliver thee from the noisome pestilence, Ps. 9: 3

안나 P. 제이콥슨(서울), 제이콥슨 양의 보고 (1895년 10월 1일)

(1896년 1월 8일 접수 엘린우드 박사)

제이콥슨 양의 보고, 1895년 10월 1일

장로교회 선교부 귀중,

　나는 4월 9일에 서울에 도착하여 그날 오후 진료소에서 일을 시작하였다. 양성소에 있는 동안 철저한 소독 예방 조치가 몸에 배어 있었고, 그 후 이곳에서 드레싱을 해야만 하는 시간은 상당히 이상한 광경이었다. 내가 소독을 생각하였을 때 고국에서는 드레싱을 시작하기 전에 해야 할 일과 각각 5개의 대야가 있었는데, 진료소에는 오후에 모든 드레싱을 하기 위하여 단 2개의 대야뿐이었다. 나는 어떻게 행동해야 할지 몰랐다. 미국에서 누가 나에게 2개의 대야를 가지고 지내야 한다고 하였다면 불가능하다고 말했어야 했지만, 그럼에도 불구하고 우리는 해내었고 2개의 대야만 있어도 좋은 결과를 얻었다고 말할 수 있어 기쁘다.

　나는 진료소 일만으로 시작하였지만, 몇 주 후에 남자 입원환자를 담당하게 되었고, 얼마 지나지 않아 여자 환자도 담당하게 되었다.

　이 업무는 6월 중순경 진료소 업무가 중단될 때까지 계속되었는데, 이때 입원 환자는 18명에서 20명이었다. 거의 모든 오전과 일부 오후 시간은 병동에서 보냈다. 나는 그 일을 즐겼지만, 나의 언어 학습을 몰아내었다고 느꼈다. 병동에서 내가 하는 일반적인 일은 드레싱을 하고, 약을 주거나 의사가 처방하는 모든 치료를 하고, 가끔씩 침구 등을 청소하는 것이었으며, 24시간 동안 외국인들을 간호하였다.

　콜레라 병원에서는 4일 동안 일을 하였지만 몸이 좋지 않아 중단해야만 하였다.

　9월 13일부터 다시 일을 시작하였으며, 나는 하루 평균 2시간을 병상에서 보냈다.

　매일 오전 언어 학습을 시작하였지만, 입원환자가 늘어나기 시작한 이후 오후로 시간을 바꾸어야 해서 공부를 거의 하지 못하였다. 내년에는 수술하는 날

을 제외하고는 매일 3시간 이상 병동에서 지내지 않고, 지부에서 허락한다면
2~3개월은 시골로 나가고 싶다.

삼가 제출합니다.
안나 P. 제이콥슨

Anna P. Jacobson (Seoul), Report of Miss Jacobson (Oct. 1st, 1895)

(Received Jan 8 1896 Dr. Ellinwood)

Report of Miss Jacobson, Oct. 1st, 1895

To the Presbyterian Mission

Arrived in Seoul April 9th and begun my work in the dispensary the same afternoon. It was rather a strange sight to an hour the dressings had to be done, after being under strict antiseptic precautions during the time in the training school. When I thought of the sterilizing I had to do before beginning a dressing at home and five basins for each and found in the dispensary only two basins for all the dressing to be done in the afternoon. I did not know how to act. If any one in America should have told me that I would have to get along with two basins I should have said it was impossible but nevertheless we did it and I am glad to say I have been good results even though we had only two basins.

I begun with dispensary work only, but after a few weeks I was put in charge of the male inpatients, little later also the women.

This work was continued until about the middle of June, when the dispensary work was discontinued, at this time I had from eighteen to twenty inpatients. Nearly all the forenoon and a part of the afternoon was pent in the ward. I enjoyed the work, but felt that my study of the language was crowded out. My general work in the ward has been to do the dressings, give medicine or whatever treatment given by the doctors, and once in a while to clean floors bedding etc., nursed among foreigners twenty four days.

In the Cholera Hospital four days, but had to discontinue on account of sickness.

Begun my work again Sept. 13th since then I have spent an average of two hours daily in the ward.

I begun with language study every forenoon, but after the number of inpaitents begun to increase I had to change the time of study to the afternoons, during this time I studied very little. For the next year I hope not to spend over three hours daily in the ward, except days of operation, but hope to go out in the country for two or three months if the station will allow me.

Respectfully submitted,
Anna P. Jacobson

회의록, 한국 선교부 서울 지부 (미국 북장로교회) 1891~1921
(1895년 10월 21일)

한국 서울,
1895년 10월 21일

(중략)

다음의 청구가 낭독되었고 승인되었다.

　(......)

　A. P. 제이콥슨 양　　　　　　108.00달러

　(......)

Minutes, Seoul Station, Korea, 1891~1921 (PCUSA) (Oct. 21st, 1895)

Seoul, Korea,
Oct. 21st, 1895

(Omitted)

The following orders were read and approved: -

　(......)

　Miss A. P. Jacobson　　　　$108.00

　(......)

소지부 및 사역 배정 위원회 보고 (1895년 10월 25일)

소지부 및 사역 배정 위원회 보고

서울지부에 임명된 선교사들

(중략)

안나 P. 제이콥슨 양
　　언어 학습
　　제중원에서의 간호
　　선교부의 감독 하에 언어 학습을 받기 위해 2개월 동안 제중원에서
　　　업무를 하지 않음
(중략)

Report of Committee on Apportionment of Substations and Work
(Oct. 25th, 1895)

Report of Committee on Apportionment of Substations and Work

Missionaries Appointed to Seoul Station

(Omitted)

Miss Anna P. Jacobson
　　Language study
　　Nursing at Government Hospital
　　Two months relief from Hospital duties - with view to language study
　　　in this to be taken under direction of station
(Omitted)

새뮤얼 A. 마펫(위원회), 전형 위원회로 보낸 보고서
(1895년 11월 5일)

(중략)

제이콥슨 양, 화이팅 박사, 그리고 애덤스 씨 부부도 시험을 보았고, 모두 매우 성실하게 공부하고 있음을 보여 주었다. 위원회는 그들이 선교지에서 보낸 몇 개월 동안의 진전에 크게 만족하였다. 그들은 모두 다음 연례회의 때 1년차 과정에 대하여 시험을 볼 것이며, 이때 선교본부에 자세한 보고서가 제출될 것이다.

(......)

참고. 제이콥슨 양은 영문법에 익숙하지 않아 문법 형식 공부에 특별한 어려움을 겪고 있어 두 달 동안 병원에서 일하지 않고 외국인과 완전히 분리된 한국인 집에서 지내게 되었다.

(중략)

Samuel A. Moffett (Committee), Report to the Board of the Committee on Examination (Nov. 5th, 1895)

(Omitted)

Miss Jacobson, Dr. Whiting, and Mr. & Mrs. Adams were also examined and all show that they have been studying very faithfully. The Committee was greatly pleased with the progress they have made during the few months they have been on the field. They will all be examined on the 1st years course at the time of the next Annual Meeting at which time a detailed report will be made to the Board.

(......)

Note. Miss Jacobson being special difficulty with her study of Grammatical form, because of her lack of familiarity with English Grammar, has been given two months freedom from hospital duties that she may spend it in a Korean home, entirely separate from foreigners.

(Omitted)

엘렌 스트롱(서울)이 프랭크 F. 엘린우드(미국 북장로교회 해외선교본부 총무)에게 보낸 편지 (1895년 11월 9일)

(중략)

우리에게 더 많은 독신 여자가 필요하다는 사실은 선교부가 저를 여러 곳에서 필요로 하였고, 또 다른 독신 여자인 도티 양, 아버클 양, 화이팅 박사, 제이콥슨 양이 각각 특별 업무를 갖고 있다는 사실로 증명됩니다.

(중략)

Ellen Strong (Seoul),
Letter to Frank F. Ellinwood (Sec., BFM, PCUSA) (Nov. 9th, 1895)

(Omitted)

That we need more single women is demonstrated by the fact that the Mission had to divide me up this year as some one was needed in so many places, and the other single woman Miss Doty, Miss Arbuckle, Dr. Whiting and Miss Jacobson had each special work.

(Omitted)

회의록, 한국 선교부 서울 지부 (미국 북장로교회) 1891~1921
(1895년 11월 18일)

한국 서울,
1895년 11월 18일

(중략)

다음의 청구가 낭독되었고 승인되었다.

(......)

A. P. 제이콥슨 양   108.00

(......)

Minutes, Seoul Station, Korea, 1891~1921 (PCUSA) (Nov. 18th, 1895)

Seoul, Korea,
Nov. 18th, 1895

(Omitted)

The following orders were read and approved: -

(......)

Miss A. P. Jacobson $108.00

(......)

18951200

보조지부. *Woman's Work for Woman* 10(12) (1895년 12월호), 345쪽

뉴욕에서

(......)

여름 의료 선교 기금은 총액이 1,563.14달러에 달하였다. 여기에 한 장로회에서 봉투에 헌금을 하는 대신에 올해의 선급 업무로 떠맡은 한국의 제이콥슨 양의 급여를 실질적으로 더해야 한다.

To the Auxiliaries.
Woman's Work for Woman 10(12) (Dec., 1895), p. 345

From New York

(......)

The Summer Medical Mission Fund has reached the sum of $1,563.14. To this should be practically added the salary of Miss Jacobson of Korea, assumed in place of contributions in the envelopes by one of our Presbyterial societies, as advance work for this year.

회의록, 한국 선교부 서울 지부 (미국 북장로교회) 1891~1921
(1895년 12월 16일)

한국 서울,
1895년 12월 16일

(중략)

다음의 청구가 낭독되었고 승인되었다.

(......)

A. P. 제이콥슨 양   100.00달러

(......)

Minutes, Seoul Station, Korea, 1891~1921 (PCUSA) (Dec. 16th, 1895)

Seoul, Korea,
Dec. 16th, 1895

(Omitted)

The following orders were read and approved: -

(......)

Miss A. P. Jacobson $100.00

(......)

3-2. 1896년

18960120
회의록, 한국 선교부 서울 지부 (미국 북장로교회) 1891~1921
(1896년 1월 20일)

한국 서울,
1896년 1월 20일

(중략)

다음의 청구가 낭독되었고 승인되었다.

(......)

A. P. 제이콥슨 양　　　　　111.00

(......)

Minutes, Seoul Station, Korea, 1891~1921 (PCUSA) (Jan. 20th, 1896)

Seoul, Korea,
Jan. 20th, 1896.

(Omitted)

The following orders were read and approved: -

(......)

Miss A. P. Jacobson　　　111.00

(......)

릴리어스 H. 언더우드(서울)가 프랭크 F. 엘린우드(미국 북장로 교회 해외선교본부 총무)에게 보낸 편지 (1896년 1월 20일)

(중략)

저는 오랫동안 매우 강하게 느꼈던 또 다른 문제로 넘어가겠습니다. 병원에 근무하는 3명의 독신 여자 선교사들은 집을 가져야 합니다. 화이팅 양이 살고, 자고, 공부하고, 친구들을 만나는 그녀의 방은 뉴욕 주택의 보통 침실의 약 ⅔ 크기인데, 좁고 복잡한 곳입니다. 그녀는 식사거나 환자를 보러 가거나 부엌으로 가기 위해서는 문들을 지나가야 하며, 세 여자들이 함께 이용합니다. 아버클 양과 제이콥슨 양도 똑같이 해야 합니다. 그들 [방]의 창문은 열병과 결핵 환자가 입원하고 있는 병실과 매우 가까이에서 마주보고 있습니다. 여름에는 이것이 불쾌하고 위험합니다. 아버클 양의 방은 화이팅 의사의 방보다 단지 조금 클 뿐입니다. 저는 경험을 통하여 이 낯선 기후와 외국인 가운데에서 사는 독신 여자의 생활이 어렵고 충분히 힘들고 고단하다는 것을 알고 있으며, 저는 만일 교회가 그들을 파송한다면 그들에게 편안하고 쾌적한 집을 제공해 주는 것이 교회의 의무라고 믿습니다.

(중략)

Lillias H. Underwood (Seoul),
Letter to Frank F. Ellinwood (Sec., BFM, PCUSA) (Jan. 20th, 1896)

(Omitted)

I will proceed to another matter, about which I have felt very strongly for a long time. The 3 single ladies at the hospital ought to have a home. Miss Whiting's room in which she lives, sleeps, studies and sees her friends is a tiny crowded up little place, about ⅔ to the size of an ordinary bedroom in a New York house. She must go out of doors to eat, or go to the patients, or to the kitchens, the 3 ladies use together. Miss Arbuckle and Miss Jacobson must do the same. Their windows are just opposite and very near the hospital rooms occupied by fever and tuberculosis patients. In summer this is both unpleasant and dangerous. Miss Arbuckle's room is only a little larger than Dr. Whiting's. I know from experience the life of a single woman is difficult and hard enough at the best in these strange climates and among the foreign people, and I believe it is the church's duty if it sends them out to give them a comfortable pleasant home.

(Omitted)

제니 에비슨(서울)이 프랭크 F. 엘린우드(미국 북장로교회 해외선교본부 총무)에게 보낸 편지 (1896년 1월 27일)

(중략)

제이콥슨 양은 간호부서에서 큰 도움이 되고 있습니다. 우리에게는 아주 일을 잘 하는 현지인 조수 혹은 소년이 있습니다. 우리에게는 훈련 중인 여자도 있습니다. 아버클 양은 거의 모든 전도 사업을 할 것이며, 이곳에서 여자들 사이의 일은 무한합니다.

(중략)

Jennie Avison (Seoul),
Letter to Frank F. Ellinwood (Sec., BFM, PCUSA) (Jan. 27th, 1896)

(Omitted)

Miss Jacobson is a great help in the nursing department & we have a native assistant or a boy who is doing very good work. We have a woman also in training. Miss Arbuckle's will be almost all evangelistic and that work among the women here is unlimited.

(Omitted)

한국. *Woman's Work for Woman* 11(2) (1896년 2월호), 48쪽

한국

제이콥슨 양은 1895년 11월 20일 서울 근교에서 다음과 같이 썼다.

저는 어학 공부가 조금 더 쉬울 것 같다고 생각하였기에 혼자 지방으로 나와 있습니다. 제가 이곳에 온 지 3주일 정도 되었는데, 대단히 좋습니다. 신기한 것들이 많지만 그들과 함께 하고 그들의 집에서 그들의 일상을 보면서 더 사랑하는 법을 배운다고 생각합니다. 만일 제가 간호사가 아니고 언젠가 병원으로 가는 것을 고대하지 않는다면, 저는 전도 사역이 해야 할 가장 큰 일이라고 말씀드릴 수 있습니다. 제 말은 그 외에는 아무것도 없다는 뜻입니다. 저는 바로 그 일(의료)을 갈망하고 있고, 병원에서 충분히 넓은 분야를 가질 것이라는 것을 알고 있기 때문에 제가 그 일을 하지 않겠다는 뜻이라고 오해하지 마십시오. 그러나 의료 사업에는 정신을 차려야 할 일이 너무 많아서 때때로 제 생각이 영혼보다 육신을 위한 것이 될까 두렵습니다.

저는 언어를 조금만 알고 있으며, 그래서 나는 그들이 가장 먼저 묻는 질문 중의 하나인 자녀가 몇 명인지, 몇 살인지 등 집에서 흔히 하는 몇 가지를 이야기 할 수 있습니다. 나를 찾는 방문객이 많습니다. 일전에 밤에 9명이 있었는데, 내 방은 6x6피트 크기이고 그 안에 간이침대와 가방이 있습니다. 두 명은 앉아 있었고, 나머지는 서 있어야 했으며, 저는 가방에 앉았습니다. 우리가 이야기를 하고 있는 동안 저는 제 침대 위에 두 발을 베개를 밟고 서 있는 어린 소년을 보았습니다. 나는 그에게 그것이 미국의 관습이 아니라고 말하였습니다. 저는 오물이 묻어 있어도 또한 그렇지 않아도 그들을 사랑하기 시작하여 정말 기쁩니다. 그들이 저를 두려워하지 않고 친구로 여기게 할 수만 있다면 저는 만족해 할 것입니다.

Korea. *Woman's Work for Woman* 11(2) (Feb., 1896), p. 48

Korea.

Miss Jacobson wrote from near Seoul, November 20, 1895:

I am out in the country all by myself, as I thought it would be a little easier for me in studying the language. I have been here about three weeks and like it very much. There are lots of strange things to see, but I think one learns to love the people more by being among them and seeing their daily life in their homes. If I were not a nurse and looking forward to a Hospital some day, I would say evangelistic work is the grandest work to do. I mean that only and nothing besides. Please do not misunderstand me that I mean not to do that work, because I am just longing for it, and know I shall have a field large enough in the Hospital, but in medical work there is so much to take up your mind, that I sometimes fear my thoughts shall be for the body more than for souls.

I have a little of the language so I can talk with them about a few common things in the house, as how many children they have, how old they are, etc., as these are among the first things Koreans ask about. I have many callers. The other night I had nine and my room is six by six feet, with my cot bed and trunk in it. Two were sitting, the rest had to stand up, I myself sat on the trunk. As we were talking I saw a little boy on my bed, standing with both his feet on my pillow. I told him that was not an American custom. I am so glad I have begun to love them with dirt, as well as without it. If I may only be able to get them to look upon me all a friend instead of being afraid of me, I shall be satisfied.

회의록, 한국 선교부 서울 지부 (미국 북장로교회) 1891~1921
(1896년 2월 17일)

한국 서울,
1896년 2월 17일

(중략)

다음의 청구가 낭독되었고 승인되었다.

(......)

A. P. 제이콥슨 양   123.00달러

(......)

Minutes, Seoul Station, Korea, 1891~1921 (PCUSA) (Feb. 17th, 1896)

Seoul, Korea,
Feb. 17th, 1896

(Omitted)

The following orders were read and approved: -

(......)

Miss A. P. Jacobson   123.00

(......)

회의록, 한국 선교부 서울 지부 (미국 북장로교회) 1891~1921
(1896년 3월 16일)

한국 서울,
1896년 3월 16일

(중략)

다음의 청구가 낭독되었고 승인되었다.

(......)

A. P. 제이콥슨 양   100.00달러

(중략)

Minutes, Seoul Station, Korea, 1891~1921 (PCUSA) (Mar. 16th, 1896)

Seoul, Korea,
March 16th, 1896

(Omitted)

The following orders were read and approved: -

(......)

Miss A. P. Jacobson   100.00

(Omitted)

1896~1897년 한국의 예산 (1896년 4월 1일)

한국의 예산
1896~1897년

제1급. 선교지에 있는 선교사
서울.

급여: 금화

(......)

A. P. 제이콥슨 양   625.00

(중략)

Appropriation for Korea, 1896~1897 (Apr. 1st, 1896)

Appropriation for Korea
1896~1897

Class I. Missionary on Field
Seoul.

Salaries: Gold

(......)

Miss A. P. Jacobson,   625.00

(Omitted)

회의록, 한국 선교부 서울 지부 (미국 북장로교회) 1891~1921
(1896년 4월 13일)

한국 서울,
1896년 4월 13일

(중략)

다음의 청구가 낭독되었고 승인되었다.

(......)

A. P. 제이콥슨 양　　　　　　　156.98달러

(......)

병원에서 미혼 여자가 사용하는 주방을 수리해 달라는 제이콥슨 양의 요청에 따라 이 문제는 수리의 타당성에 대한 조언을 받기 위하여 의료 위원회에 회부되었다.

(중략)

Minutes, Seoul Station, Korea, 1891~1921 (PCUSA) (Apr. 13th, 1896)

Seoul, Korea,
April 13th, 1896

(Omitted)

The following orders were read and approved: -

(......)

Miss A. P. Jacobson　　　　　$156.98

(......)

Upon a request from Miss Jacobson that repairs be made upon the kitchen used by the single ladies at the hospital, the matter was referred to the medical committee for advice as to the advisability of the repairs.

(Omitted)

그림 21. **구리개 제중원.** 왼쪽의 잘린 건물이 제이콥슨이 살던 집이다.

회의록, 한국 선교부 서울 지부 (미국 북장로교회) 1891~1921
(1896년 5월 16일)

한국 서울
1896년 5월 16일

(중략)

다음의 청구가 낭독되었고 승인되었다.

(......)

A. P. 제이콥슨 양　　　　　　120.00달러

(......)

Minutes, Seoul Station, Korea, 1891~1921 (PCUSA) (May 16th, 1896)

Seoul, Korea,
May 16th, 1896

(Omitted)

The following orders were read and approved: -

(......)

Miss A. P. Jacobson　　　　　120.00

(......)

회의록, 한국 선교부 서울 지부 (미국 북장로교회) 1891~1921
(1896년 6월 15일)

한국 서울,
1896년 6월 15일

서울 지부의 정기 월례회의가 제이콥슨 양 사택에서 개최되었다. 에비슨 박사가 의장을 맡았으며, 예배를 인도하였다.

(중략)

다음의 청구가 낭독되었고 승인되었다.

(......)

A. P. 제이콥슨 양   190.00달러

(......)

Minutes, Seoul Station, Korea, 1891~1921 (PCUSA) (June 15th, 1896)

Seoul, Korea,
June 15th, 1896

The regular monthly meeting of Seoul Station was held at the house of Miss Jacobson. Dr. Avison occupied the chair and conducted devotional exercises.

(Omitted)

The following orders were read and approved: -

(......)

Miss A. P. Jacobson $190.00

(......)

18960720

회의록, 한국 선교부 서울 지부 (미국 북장로교회) 1891~1921
(1896년 7월 20일)

한국 서울,
1896년 7월 20일

서울 지부의 정기 월례회의가 언더우드 박사 사택에서 열렸지만, 정족수
에 미달하였고 처리할 필요가 있는 업무가 없어 서기는 다음의 청구에 서명
하였다.

(......)
A. P. 제이콥슨 양   90.00달러
(......)

Minutes, Seoul Station, Korea, 1891~1921 (PCUSA) (July 20th, 1896)

Seoul, Korea,
July 20th, 1896

The regular monthly meeting of Seoul Station was called to meet at the house
of Dr. Underwood, but a quorum not attending and no other business being
necessary to be transacted, the secretary signed the following orders: -

(......)
Miss A. P. Jacobson $90.00
(......)

18960800

한국의 우리 선교사들.
Woman's Work for Woman 11(8) (1896년 8월호), 207쪽

한국의 우리 선교사들 및 우체국 주소.

올리버 R. 에비슨 부인,　서울.　　수전 A. 도티 양,　　　　　　"

대니얼 L. 기포드 부인,　　"　　　안나 P. 제이콥슨 양　　　　"

프레더릭 S. 밀러 부인,　　"　　　S. F. 무어 부인,　　　　　　"

엘렌 스트롱 양,　　　　　"　　　호러스 G. 언더우드 부인,　　"

C. C. 빈튼 부인,　　　　　"　　　캐서린 C. 웸볼드 양,　　　　"

조지아나 E. 화이팅 박사,　"

J. E. 애덤스 부인,　　　부산　　W. M. 베어드 부인　　　　　"

찰스 H. 어빈 부인,　　　"

제임스 S. 게일 부인,　　원산　　W. L. 스왈른 부인,　　　　　"

그레이엄 리 부인,　　　평양

국내 체류: 아버클 양, 콜로라도 주 푸에블로

Our Missionaries in Korea.
Woman's Work for Woman 11(8) (Aug., 1896), p. 207

Our Missionaries in Korea,
and Post Office Addresses.

Mrs. Oliver R. Avison,	Seoul.	Miss Susan A, Doty,	"
Mrs. Daniel L. Gifford,	"	Miss Anna P. Jacobson	"
Mrs. Frederick S. Miller,	"	Mrs. S, F. Moore,	"
Miss Ellen Strong,	"	Mrs. H. G. Underwood, M. D.,	"
Mrs. C. C. Vinton,	"	Miss Katharine C, Wambold,	"
Dr. Georgiana E. Whiting,	"		
Mrs. J. E. Adams,	Fusan	Mrs. W. M. Baird,	"
Mrs. Chs. H. Irvin,	"		
Mrs. Jas. S. Gale,	Gensan	Mrs. W. L. Swallen,	"
Mrs. Graham Lee,	Pyeng Yang		

In the Country: Miss Arbuckle, Pueblo, Colorado.

회의록, 한국 선교부 서울 지부 (미국 북장로교회) 1891~1921
(1896년 8월 17일)

한국 서울,
1896년 8월 17일

(중략)

연례회의에 제출할 서울 지부의 보고서는 다음과 같이 배정되었다.

(......)

의료 사업, 에비슨 박사, 빈튼 박사, 언더우드 부인, 화이팅 박사, 제이콥슨 양

(중략)

병원의 여자용 주방 수리를 완료하기 위하여 제이콥슨 양에게 7달러를 추가로 승인하는 동의가 통과되었다. 병원에 있는 그녀의 방을 수리해 달라는 제이콥슨 양의 요청은 의료 위원회에 자문을 요청하였고, 위원회가 승인하면 이를 승인하기로 투표로 통과되었다.

(......)

다음의 청구가 낭독되었고 승인되었다.
(......)
A. P. 제이콥슨 양   157.00달러
(......)

Seoul, Korea,

August 17th, 1896

(Omitted)

Seoul Station's reports to the Annual Meeting were assigned as follows: -

(......)

Medical work, Dr. Avison, Dr. Vinton, Mrs. Dr. Underwood, Dr. Whiting, and Miss Jacobson

(Omitted)

A motion was passed approving the granting of $7 additional to Miss Jacobson to complete the repairs upon the ladies kitchen at the hospital. Miss Jacobson's request for repairs on her room at the hospital was referred for advice to the medical committee, and a vote passed granting it, if that committee approve.

(......)

The following orders were read and approved: -

(......)

Miss A. P. Jacobson $157.00

(......)

18960921

회의록, 한국 선교부 서울 지부 (미국 북장로교회) 1891~1921
(1896년 9월 21일)

한국 서울,
1896년 9월 21일

(중략)

병원에 있는 제이콥슨 양의 방 수리와 관련하여 의료위원회의 언더우드 박사는 자신들의 업무로 그것을 고려하지 않았지만 일반 수리 위원회의 업무라고 보고하였다.

(중략)

다음의 청구가 낭독되었고 승인되었다.

    (......)
    A. P. 제이콥슨 양   100.00달러
    (......)

Minutes, Seoul Station, Korea, 1891~1921 (PCUSA) (Sept. 21st, 1896)

Seoul, Korea,
Sept. 21st, 1896

(Omitted)

Concerning repairs on Miss Jacobson's room at the hospital, Dr. Underwood for the Medical Committee reported that they did not consider such approval with in their province, but in that of the general repair committee.

(Omitted)

The following orders were read and approved: -

(......)

Miss A. P. Jacobson $100.00

(......)

올리버 R. 에비슨(서울), 1896년 10월 회의를 위한 제중원 보고서
(1896년 9월 30일)

지난 해 우리 연례 회의는 왕비 시해에 의한 정적과 공포, 그리고 암살자들이 시도한 혁명의 와중에 개최되었으며, 이후 우리는 병원의 환자가 대폭 감소하였음을 보고해야 했다. 말하기 이상하지만 도시의 병원은 심각한 폭동이 일어나면 내원 환자가 갑자기 감소하지만 대중적 견해가 잠잠해지면 다시 증가하기 때문에 정치적 상황을 상당히 정확하게 알려준다. 이런 이유로 연중 우리 병원의 통계는 우리가 기대했던 것보다 적었으며, 다른 이유 때문에 나는 사업에 상당한 개인적 관심을 둘 수 없었다. 올해 여러분들이 알고 있는 원인은 내 집의 건축과 아내의 지속된 병환이었다.

비교적 환자 수가 적은 또 다른 이유는 환자로부터 경비 일부를 받자는 선교부의 바람을 시행하도록 노력하였기 때문이다. 필요한 환자를 거칠게 치료하는 것을 피하도록 노력하면서 우리는 어떻게든 지불할 수 있는 것 같은 모든 사람들로부터 약간의 경비를 모으도록 노력하였으며, 이런 이유로 진료 받으러 오는 환자가 분명 감소하였다. 하지만 나는 일에 대하여 개인적으로 면밀히 주의를 기울임으로써 어느 정도 극복할 수 있다고 느끼며, 선교부의 승인 하에 내가 믿기로 보다 좋은 상황에서 다음 해에도 계속 시도할 것이다. 남자 진료소의 환자 총수는 4,163명이었으며, 이들로부터 167.68달러를 받아 환자가 한 번 올 때 마다 평균 4센트 혹은 1냥을 받았다. 채택된 계획은 약값과 용기의 값을 언급하는 것이었는데, 만일 환자가 용기를 가져 오면 그 값은 빼주었다. 병 값은 4센트로 일정하게 하였으며, 의약품의 값은 처방비를 고정하고 고려하였는데, 4센트부터 12센트, 심지어 20센트이었지만 대부분은 4센트이었다. 당연히 많은 사람들이 의약품을 무료로 받았으며, 반면 많은 외과 환자들은 의약품을 갖고 가지 않았다.

지난 해에 지적한 것처럼 우리는 입원 업무에서 여러 부서를 정돈하고 청결법을 정립하고 유지하며, 그것을 한국인 조수에게 가르치는 등 많은 노력을 들였다. 이 업무에서 제이콥슨 양은 엄격한 청결 체계를 확립하는데 중요한 역할을 수행하였으며, 그 결과 환자의 성공적인 치료, 그리고 특별히 안전한 수술의 시행에 큰 효과를 나타내었다.

그림 22. 구리개 제중원의 직원들.

악취가 나던 구시대(舊時代)와 고열은 없어졌으며, 우리의 수술 환자는 거의 예외 없이 어떠한 열도 나지 않고 치유되었고 오래된 농양 및 불결한 환자가 대단히 만족스럽게 없어졌다.

우리의 수술실은 완전하지는 않지만 우리에게 큰 혜택이었는데, 그것이 없이는 많은 최상의 진료를 시도할 수 없기 때문이다. 약 3개월 전에 제이콥슨 양이 급식과 세탁의 총 책임을 맡았으며, 그래서 현재 그녀는 수간호사의 직책을 수행하였다고 말할 수 있다.

당초 의료 위원회가 조언하고 선교부가 승인한 병동의 체계는 아직도 불완전한 상태에 있다. 우리는 하나의 외과 병동, 두 개의 작은 개인 병실, 그리고 무료 환자와 자신의 식대를 지불하는 환자가 함께 입원하는 하나의 일반 병실을 갖고 있다. 우리는 유료 병동과는 다른 무료 병동이 아직 필요하다. 하지만 더욱 더 긴급하게 필요한 것은 환자가 처음 도착하였을 때 목욕을 시키고 다른 환자와 함께 깨끗한 병동에 있을 수 있게 준비가 될 때까지 있을 작은 접수방이다. 한 칸 크기의 방이 이 목적으로 사용될 수 있다. 열병 환자를 다른 환자들 중에 입원시키는 것은 때로 위험하며 이들을 있게 할 공간이 없기 때문에 우리는 또한 작은 열병 병동이 대단히 긴급하게 필요하다. 우리는 연례 회의가 끝나자마자 즉시 마지막에 언급한 두 방들을 꾸미고 싶으며, 무료 병동을 위한 경비는 내년도 예산에서 요청할 것이다. 한 해 동안 남자 입원환자의 수는 129명이었다. 그들 중 많은 사람들은 만성이었으며, 수 주일 동안 입원하였다. 줄곧 평균 약 15명의 환자가 있었다.

개인 병동 두 개에는 주로 정부가 이송한 부상당한 병사가 많이 입원하였다. 이들의 경비는 거의 모두 군부(軍部)가 지불하였다. 나는 정부가 음식, 연료 및 약품비를 지불하며 부상당한 병사의 치료를 위하여 기꺼이 우리에게 보내려고 하는 것은 희망적인 징후라고 간주하였다.

의학 조수의 교육과 관련된 문제가 연중 다양한 국면에 대두되었다. 때때로 모든 교육이 허사이었던 것 같았지만, 다른 때에 우리는 고무되었다. 지난 해 우리는 3명의 학교 소년을 교육 중에 있었지만, 가을에 반나절 배울 학생 두 명이 추가되었다. 첫 3명 중 한 명은 가장 희망이 적은 학생이었는데 자리를 떠나버려 잃고 말았다. 그 다음에 우리는 지방의 어린 신자인 장연에 살고 있는 서경조 씨의 아들을 추가하여 모두 5명이 되었는데, 고참 두 명에게는 매달 5.20달러를, 중간의 두 명에게는 매달 4.80달러를, 그리고 마지막 학생에게는 음식만 제공하였다. 지난 달 이 중 한 명이 행실이 너무 나빠 나는 그를 내보내었으며, 현재 우리는 4명의 학생이 있는데 모두 유용하고 신뢰할 수 있게 될 기대를 주고 있다. 그들 모두는 의학의 전 과정을 이수하겠다는 의도로 공부하고 있으며, 그들의 삶을 이 일을 위해 헌신하고 있다.

내쫓긴 한 명은 다시 배우겠다고 강하게 요청하였지만 최소한 현재 내가 그렇게 할 수 있는 기금이 없다. 두 명의 젊은이가 경비를 내며 입학하였지만 그리 오래 머물지 않았다. 또 다른 학교 소년이 현재 그가 의사가 되기 위해 입학을 요청하고 있다. 그는 음식을 제외하고 자급할 수 있으며, 나는 그런 경우 추구해야 할 과정에 관해 조언을 주고 싶다.

우리는 첫 해를 위해 다음의 과목을 포함하는 교과 과정을 실시하였다.

생리학과 영어는 화이팅 박사가 강의할 것이다.

간호, 붕대 감기 및 안마는 제이콥슨 양에 의해

화학과 약물학 및 약학은 빈튼 박사에 의해

해부학, 기본 현미경학 및 전기학, 단순 피부병, 심장, 폐 및 소변의 검사는 에비슨 박사에 의해

교육 시간은 수술과 마취에 전념하는 수요일을 제외하고 매일 오전 10시부터 12시까지, 매일 오후 5시부터 6시까지, 그리고 한 주에 네 번 저녁 7시부터 8시까지이다.

이러한 계획에 따라 빈튼 박사는 매주 3시간씩 병원에서 교육을 할 것인데,

그가 동의하였으며 나는 선교부에 승인을 요청하였다.

내년에는 상급 조수 중 한 명이 모화관의 진료소에서 일을 하기를 바라고 있으며, 이렇게 되면 그의 봉급은 최소한 부분적으로나마 사적 기금에서 올 것이기에 우리는 학생을 최소한 한 명 더 뽑을 수 있을 것이다.

상당한 시간이 지나면 신뢰할 수 있는 여러 명의 의료 조수를 갖게 되기를 바라고 있는데, 이미 4명이 임상 교육에서 훈련이 진전되어 있고 현재 체계적인 교육을 시작하고 있다.

전도 - 우리는 지난 해 추구하였던 사역 방식, 즉 아침에 병동에서 찬송 부르기 및 기도와 함께 성경 읽기, 환자와의 개인 대화, 종종 부가적으로 찬송 부르기 혹은 일반적인 간곡한 권유, 그리고 남성과 여성을 위한 진료소에서의 주일 아침 설교 예배 등을 동일하게 계속하였다. 한동안 우리는 병동에서 주일학교를 운영하였지만, 소년들이 정동 주일학교로 가기를 좋아하였고 그들이 가는 것이 좋다고 생각하여 우리는 중단하였다. 한강에서 돌아오자마자 우리는 주로 병원의 신자들을 위하여 우리 집에서 수요일 저녁 기도모임을 시작하였다. 우리는 찬송을 부르고, 기도를 드리고, 성경의 일부분을 해석하였으며, 나는 신자들의 현재 영적 상태와 한 주 동안의 유혹과 극복에 대하여 간증하도록 격려하였다. 우리는 좋은 시간을 가지고 있으며, 나는 개인적으로 그들의 간증에 의하여 은총을 받고 있다. 우리 소년 중 세 명이 세례를 받은 공개된 신자이지만, 지난 수요일 저녁까지 네 번째 소년이 항상 침묵하고 있었다. 그는 정동의 학교에 다니고 있었으며, 병원에서 거의 일 년 동안 있었는데, 결코 질문에 대답하지 않고 말을 하지 않았다. 몇 개월 동안 우리는 그가 잘 될지 의심스러웠고 종종 그를 내보낼 생각도 하였지만 최근 3개월 동안 그는 대단히 변하였다. 그는 자신의 업무에 대단히 성실하였고 외모가 더 총명해졌으며, 지난 수요일 저녁 그는 일어나 그리스도에 대한 자신의 믿음과 그에게 주어진 기쁨을 간증하였다. 그는 복음을 들은 후 자신의 첫 인상, 그것을 이해할 수 없음, 그리고 매일 복음을 읽고 가르치는 것을 들으면서 점차 알게 된 것에 대하여 이야기하였다. 그의 분명한 간증을 듣고 우리 소년 중 마지막 소년이 신자가 되었다는 것은 커다란 기쁨을 가져다주었고, 그것은 지난 몇 개월 동안 그의 태도에서 일어난 변화를 설명해 주었다.

병동에서 진행되는 아침반에서 우리는 네 복음을 최소한 두 번, 사도행전을 두 번, 천로역정을 두 번 훑었으며, 복음고사를 거의 완전하게 훑었다. 현재 우리는 더 많은 말씀, 특히 사도행전과 시편을 간절하게 기대하고 있다.

진료소의 일요일 아침 예배는 중간 정도로 성공적인데, 15~40명의 여성과 우리의 모든 하인 및 조사, 그리고 걸을 수 있거나 병동에서 이동시킬 수 있는 환자들, 다양한 수의 외부인들이 참석한다.

진료소와 관련된 전도 사역은 덜 만족스러웠는데, 내가 했어야 할 개인적 관심을 둘 수 없었기 때문이며 태만에 의해 진행되지 못하였다.

무어 씨의 조사씩 전 씨는 최근 두 달 동안 매일 두 시간씩 병원에 와서 대기 중인 환자와 대화를 나누었고, 우리는 진찰실을 운영하는 동안 때로 씨를 뿌릴 수 있었다.

기포드 씨의 교사도 한 동안 매일 병원에 왔으며, 입원 환자와 외래 환자를 가르쳤고, 기포드 씨와 그의 조사 홍 씨는 연중 일부 기간 동안 일주일에 한 번 왔다. 그리고 게다가 할 일이 많이 남아 있는데, 병원 조수 중의 한 명이 어느 날 저녁 내게 와서 내년의 계획을 이야기하는 중에 그들, 즉 소년들이 내년에 진료가 시작되기 전에 매일 진료소 환자들과 예배를 드리겠다고 제안을 한 것으로 보아 우리 소년들조차 그 사실을 인식하고 있다. 이것은 내년 중에 사역의 특징 중 하나가 될 것이다.

우리의 전도 및 교육 기능에 새로운 추가가 고려되고 있는데, 길가에 면해 있는 여러 칸의 헛간을 책방 및 독서실로 개조하는 것이다. 이것은 사적 기금으로 이루어질 것이며, 보수를 받지 않고 책과 퀴닌의 판매로 생계를 유지할, 믿을 수 있는 현지인 신자에게 책임을 맡길 것이다. 이곳은 책, 전도지 및 문구를 팔 것이며, 안락한 방은 통행인들을 불러 들여 그들이 앉아 유용한 책과 신문을 읽고 조용한 방식으로 복음 이야기를 듣게 할 것이다. 이것은 또한 우리 소년들이 휴식을 취할 안전한 곳을 제공해 줄 것이다. 이를 위해 우리는 언더우드 목사의 후의에 덕을 볼 것이다.

지금까지 여자 진료소는 남자 진료소와 같은 마당에 있었으며, 그 업무는 상당히 불리한 상황에 있었다. 그러나 이 회의가 끝나자마자 우리는 남자 진료 업무를 이미 비워놓은 건물로 옮길 것이며, 그렇게 되면 부지의 그쪽 전체를 여자 업무에 이용할 수 있게 될 것이고, 그러면 처음으로 [여자 진료가] 거리낌 없이 발달할 기회를 갖게 될 것이다.

지난 해의 불안한 상황과 다양한 어려움을 고려할 때 그 과의 보고는 훌륭한 결과를 보여 주고 있지만 내년에는 의심할 여지없이 하나님의 은총으로 개선된 상황에서 이를 능가하게 될 것이다.

순회 전도 - 나는 한국에 온 이래 이런 일을 많이 하지는 못하였지만 지난 겨울 언더우드 목사와 함께 그가 여러분께 이야기한 황해도 여기저기를 여행하였다. 우리는 모두 1,500리의 내륙 여행을 하며 한 달 조금 넘게 보냈다. 그 여행 중에 나는 약 275명의 환자를 진료하였는데, 대부분 약품비를 지불하였다. 방문했던 주요 지점은 송도, 해주, 소래, 장연 및 곡산이었다. 송도에는 사역을 위한 훌륭한 길이 있지만 아직 아무도 가 있지 않다. 그곳은 서울에서 단지 160리만 떨어져있고 길이 좋기 때문에 언더우드 박사와 나는 그곳에 약간의 책과 의약품을 저장해 놓고 종종 그곳으로 여행하기로 계획을 짰다. 여행은 자전거로 하루에 가능하다. 그래서 우리는 1주일 이내에 그곳으로 여행을 하고 돌아올 수 있으며, 게다가 그곳에서 며칠 동안 일을 할 수가 있다.

언더우드 박사가 장연과 곡산에서의 사역의 상황에 대하여 이야기하였으므로 내가 그것을 다룰 필요는 없다. 하지만 나는 해주에 두 명을 주재시키는 것에서 얻어지는 이점에 대해 상당히 인상적이었다고 말할 수 있다. 바다에 가까이 위치한 이곳은 비옥한 지방의 중간에 있으며, 이미 교회의 시작을 위한 작은 중심을 갖고 있다. 그곳에 주재하는 사람은 대단히 넓은 지역을 방문해야 하고, 장연까지의 황해도 지역에 있는 모든 교회를 살필 수 있어야 한다. 만일 이곳의 사역이 종종 송도도 방문하게 하다면 나는 내년에 황해도를 다시 여행하고 싶으며, 한 번 평양을 방문하기를 원한다.

궁궐 사업 - 지난 10월부터 내가 지방에 내려간 1월 중순까지 나는 궁궐을 자주 방문하였는데, 왕비의 서거 이후 처음으로 11월 27일 폐하의 왕진 요청을 받았다. 여러분들이 아는 것처럼 나는 언더우드 박사와 헐버트 씨를 동반하였는데, 궁궐에 대한 공격이 성공하지 못하였던 11월 28일 밤에 그곳에 있었다. 처음에 나는 오후 4시경 공격이 있을 것으로 들었다. 나는 아침에 폐하를 방문했고, 그날 저녁 6시경 궁궐에서 막 도착한 언더우드 박사를 만났다. 그는 방금 전 공격이 있을 것이라고 들었다. 그는 내게 왕이 그날 저녁 나를 보고 싶어 한다고 알려주었으며, 그래서 우리는 차를 마신 후에 함께 가고 싶었다. 우리는 궁궐 문에 약 7시 45분에 도착하였으며, 닫혀 있는 것을 발견하였으나 수비대와 약간의 대화를 나눈 후 들어갔다. 우리는 다이 장군의 숙소로 바로 갔으며, 우리가 도착하였다는 것을 폐하께 알렸다. 우리는 약 9시 혹은 조금 늦게 왕의 처소로 불려갔는데, 궁내부 대신과 함께 갔다. 우리가 돌아오려고 할 때 폐하는 우리에게 밤에 남아 있을 수 있는지 요청하였고, 우리는 그렇게 하겠다고 이야기하고 다이 장군의 방으로 가 사태의 추이를 기다렸다. 이후 어떤 일이 일어났는지 자세하게 설명할 필요는 없지만, 우리는 잊기 어려운 밤을 보냈고 나에게는 그 사건의 줄거리와 우리들의 이름이 뒤죽박죽되는 아픔을 가져다주었다. 그날 밤 이후 나는 그곳에 남아 있었던 다이 및 르장드르 장군, 닌스테드 대령을 제외하고 (왕을 만나기 위하여) 출입하였던 유일한 서양인이었지만, 폐하는 자신의 상실감을 벌충하기 위하여 나를 어떤 때는 하루에 두 번, 어떤 때는 한 번, 그리고 2달 반 동안 결국 격일로 나를 불렀다.

외국인 진료 - 우리의 임무인 한 선교사를 진료한 것 이외에 여러 명의 외국인에 대한 진료 요청을 받았다.

매우 가난하고 집이 없는 환자는 죽을 가능성이 있다.

그들을 위해 무엇을 해야 하나? 우리가 그들을 입원시켜야 하나? 우리가 그들을 돌려보내야 하나? 냉정한 이성은 "그들을 돌려보내라," 그들은 당신의 손에서 죽을 것이고 당신의 병원에 아무런 신망을 가져다주지 않을 것이며 게다가 병원의 재원을 다량으로 고갈시킨다고 말을 하지만, 그러나 반면에 "너희가 여기 내 형제 중에 지극히 적은 자 하나에게 한 것이" 등등의 말씀이 있다.[15] 우리가 더 복 받은 사람들로부터 그들이 사용하는 물품과 의약품 값을 받으려 애쓰지만, 하나님의 은총을 기대하며 우리에게 오는 사람들을 구원하는데 기금을 유익하게 사용하지 않을 것인가? 만일 우리가 그러한 사람들의 육체적 및 영적 복지를 위해 할 수 있는 최선을 다한다면, 병원 안에서 많은 이들이 죽더라도 병원 명성을 하나님께서 돌보아 주신다는 것을 우리는 믿지 못하는가?

나병 환자 - 나병 환자와 관련해서도 유사한 질문이 발생하고 있다. 아직 이곳으로 오는 환자의 수가 많지 않지만 그들은 중간 정도의 빈도로, 그리고 대개 멀리서 온다. 그들 중 일부는 비참하지만 초기 상태인 일부는 아직 대단히 혐오스럽지 않다. 그들은 진심으로 도움을 요청하지만 우리는 그들에게 제공할 것이 아무 것도 없다. 논이 딸린 작은 숙소는 오는 사람들을 수용할 곳을 제공해 줄 것이며, 최소한 삶을 더 참을 수 있게 해주고 그들에게 그리스도에 대해서 들을 기회를 줄 수 있을 것이다. 이외에 그들을 위한 우리의 분명한 희망이 있다. 나는 이 두 문제에 대한 선교부의 조언과 도움을 요청한다.

숙소 - 연중 나는 우리 집의 건축에 상당한 시간과 정력을 소비하였으며, 이제 아시는 것처럼 실제적으로 완성되었고, 상당히 만족스럽게 이 짐을 내려

---

15) 마태복음 25:40

놓고 향후 병원의 업무에서 다양한 의학적 및 영적 문제에 전적으로 관심을 가질 것이다.

번역 - 나는 시작하였던 일에서 약간의 진전만을 이루었지만, 차기 연도에는 의학 서적의 준비에 진전이 있을 것으로 기대하고 있다.

병원의 개선
내년에는 다음의 개선을 하고 싶다.
1. 전체 부지의 배수 - 토양은 계속 축축하며, 이로 인해 만들어진 독기는 환자와 조사, 하인뿐 아니라 우리들이 때로 한 번 다양한 형태의 말라리아 열에 걸리게 한다. 지금 우리는 식당을 배수하며 전체 부지의 토양을 충분히 건조시키기에 충분한 많은 맹하수가 이곳으로 흘러들어가기를 바라면서 하나의 주요 배수관을 설치하고 있다. 우리는 이 사업의 경비를 은화 50달러로 추정한다.
2. 사용하지 않는 건물의 여러 칸을 사용한 물품 및 의약품 값을 지불할 수 있는 사람들이 사용할 병동으로 갖추는 것. 이것은 우리가 일반 병동을 무료 환자를 위하여 사용할 수 있게 할 것이다. 추정 경비는 110달러가 될 것이다.
3. 언덕에 있는 우리의 우물을 펌프와 배관을 통하여 병원의 우물과 연결시키는 것. 두 진료소, 음식물 조리, 환자의 침구와 의복 세탁, 그리고 병동에서 목욕 및 매일 상처 세척에 사용되는 물의 양은 대단히 많으며, 깊은 우물에서 양동이로 그 물을 긷고 들통에 담아 병원의 여러 곳으로 운반하는 것은 막대하다. 그리고 일이 증가하면서 그 일만을 위하여 최소한 한 명을 계속 고용할 필요가 있으며, 그래서 자유롭게 사용할 충분한 물을 얻기 어렵다. 우리는 관을 설치하고 펌프에 연결시키는 경비를 은화 110달러로 추정하며, 다른 하인을 고용하는 것보다 더 싸고 더 만족스러울 것이다. 우리는 또한 때때로 주 배수로를 흘려보낼 수 있는데, 이것은 병동에서 매일 그곳으로 흘려보내는 문제를 고려할 때 대단히 필요한 일이다.
4. 남자 진료 업무를 다른 건물로 이전하는 것과 부수된 변화에 약간의 예산이 필요할 것인데 85달러로 추정된다.
5. 병상의 통상적인 마모를 위해 우리는 수리에 50달러를 추정한다.
총액은 405달러이다.

남자와 여자를 위한 병원의 경상비는 다음과 같이 추정된다.

음식물	500.00 달러	
연 료	190.00	
하 인	180.00	
의료 조수	300.00	
의약품, 기구 및 붕대	600.00	
화이팅 박사의 요청에 따른 여자과의 특별 예산		
잡비	40.00	40.00
여성 조수	125.00	165.00

은화 1,985.00 달러

특별 예산

1894년 12월 회의에서 우리는 금화 1,000달러를 요청하였다. 이것은 선교부에 의해 승인되었지만 부주의로 인해 그 액수가 선교부로 보낸 예산표의 은화 항목에 적혔고, 우리는 은화 1,538.46달러 대신 은화 1,000달러만을 받았다. 그 실수가 정정될 것으로 예상하고 경비는 사용되었지만 아직 정정되지 않았기 때문에 이제 우리는 그 액수, 즉 은화 538.46달러를 선교본부에 요청하는 바이다.

나는 병원에 여자들의 숙소(들)를 준비할 필요가 있다는 것을 선교부가 주목하기를 바라고 있다. 화이팅 박사의 방은 특별히 사용하기에 부적절한데, 연결되어 있는 병동과 근접해 있고, 또한 저지대에 위치해 있고 전반적으로 비위생적인 환경에 노출되어 있기 때문이다.

1895년 10월 1일부터 1896년 9월 30일까지
남자과

(1) 진료소

달	신환	총계	진료일	평균 환자 수
1895년 10월	170	343	27	127
11월	162	379	25	15.16
12월	129	368	25	14.72
1896년 1월	102	259	26	10

2월	87	187	24	7.54
3월	179	396	27	14.66
4월	192	396	26	15.23
5월	178	306	25	12.02
6월	175	362	26	14
7월	171	357	26	13.5
8월	193	353	24	14.7
9월	274	469	26	18
	2,012	4,163	307	13.56

(2) 왕진 - 25

(3) 전도 여행에서 치료한 환자 - 275

(4) 입원과 -

    입원 환자 수　　　　　　　129

    병원에서 사망한 환자 수

    낫지 않아 퇴원한 환자 수

    완치 혹은 호전되어 퇴원한 환자 수

    개인 병동의 환자 수

    음식비를 지불한 환자 수

    무료 환자 수

    마취 하에 집도한 수술 건

수입 -

진료소　　　　　167.68 달러

병실　　　　　　117.05

기부　　　　　　486.00

　　　　　　　770.73 달러

이것에 덧붙여 우리는 퀴닌 같은 의약품, 그리고 구충산제 같은 다른 흔한 의약품의 판매로 438.35 달러의 수입이 있었는데, 당연히 판매된 의약품의 재구매에 사용하였다. 이것에서 우리는 다소의 이득을 보았으나 산정하지 않았다.

여자과

1. 진료소

달	신환	총계	진료일	평균 환자수
1895년 10월	68	124		
11월	55	107		
12월	50	104		
1896년 1월	85	149		
2월	61	141		
3월	119	252		
4월	110	209		
5월	180	323		
6월	128	330		
7월	112	308		
8월	16	55	휴가	
9월	131	249		
	1,115	2,357		

2. 왕진 - 102
3. 전도 여행에서 치료한 환자 수 - 자료 없음
4. 입원과

　입원 환자 수 - 31
　병원에서 사망한 수 - 3
　낫지 않아 퇴원한 환자 수
　완치 혹은 호전되어 퇴원한 환자 수
　개인 병실의 환자 수 -
　음식비를 지불한 환자 수
　무료 환자 수
　마취 하에 집도한 수술 건

수입 - 24.90 달러

병원 전체의 통계 요약

남성 진료소	총 환자	4,163
여성 진료소	총 환자	2,351

		6,514
남자 입원환자		129
여자 입원환자		31
		160
남자 왕진		25
여자 왕진		102

		127
전도 여행		275

환자 총수		7,076

Oliver R. Avison (Seoul), Annual Report for Oct. Meeting 1896, Royal Korean Hospital, Seoul (Sept. 30th, 1896)

Our Annual Meeting last year was held in the midst of the hush and horror caused by the murder of the Queen and the revolution attempted by her assassins and we had to report then a marked falling off in the attendance at the hospital. Strange to say, the city hospital form a fairly accurate gauge of the political conditions, for if any serious disturbance occurs the attendance suddenly drops, but only to rise again with the quieting down of public opinion. For this reason our hospital statistics for the year are smaller than we had hoped for, another reason being that I have been unable to devote as much personal attention to the work as it really needs. The causes for this year you are aware of, viz: the building of my house and the prolonged sickness of Mrs. Avison.

Another reason for such comparatively small figures is the fact that I have tried to carry out the desire of the Mission to collect a portion of the cost of the medicine from the patients. While trying to avoid treating any need person harshly, we have endeavored to collect a small fee from all who seemed in any way able to pay it and there was an evident falling off in attendance from this cause. I feel however that this can be to some extent overcome by close personal attention to the work and I shall with the permission of the mission continue the attempt through another year under I trust more favorable circumstances. The total number of male dispensary patient was 4,163 and the amount collected from these was $167.68 being an average of 4 cent or 1 yang for each person each time he came. The plan adopted was to state a price for the medicine and a price for the vessel and if the vessel was furnished by the patient its value was deducted. A uniform price for bottles was fixed at 4 cents and the value of the medicine was taken into consideration in fixing the price of the prescription, the price varying from 4 cents to 12 cents and even 20 cents, the majority being 4 cents. Of course many received medicine free of charge, while many were surgical cases no carrying medicine away with them.

An indicated last year we have put more energy into the inpatient work, in trying to get its various department into good running order, to establish and maintain method of cleanliness and train the Korean helpers in the same. In this work Miss Jacobsen has taken a prominent part establishing a rigid system of cleanliness which has had it effect upon the successful treatment of cases and especially upon the satisfactory conduct of operation.

The old era of bad odors and high fevers has passed our operated case almost invariably heal without any fever and old standing cases of suppuration and dirt yield with the greatest satisfaction.

Our operating room, although far from perfect has been a great boon to us, as without it much of the best work could not have been attempted. About three months ago Miss Jacobsen took full charge of the cooking department and laundry, so she may now be truly said to fill the position of matron.

The system of ward originally advised by the medical committee and approved by the Mission still remains incomplete. We have one surgical ward, two small private wards, and one general ward in which are placed both free patients and those who pay the price of their food. We still need the free ward as distinct from the pay ward. A still more urgent need however is a small reception where we can place patients when they first arrive until they can be given a bath and made fit to be placed in a clean ward with other patient. A one Kan room would serve this purpose. We also very urgently need a small fever ward, as we have no place in which to put a fever patient except amongst others, which is sometimes dangerous. A one Kan room would also serve for this purpose for the present. We hope to put these two last mentioned rooms into shape immediately after the close of the annual meeting and we shall ask for money for the free ward in next year's appropriations. The total number of male inpatients during the year was 129. Many of them were chronic cases and were in for several weeks. There has been an average of about 15 cases in all the time.

The two private ward have been occupied a good deal principally by wounded soldiers sent us by the government. These have nearly all been paid for by the military department. I have regarded it as a hopeful sign that the government has been willing to send its wounded soldiers to us for treatment paying the cost of their food, fuel, & medicine.

The questions connected with the training of medical helpers have come up in various phases during the year. Sometimes it has seemed as if all the teaching had been in vain, while at other times we have been encouraged. Last year we had three of the school boys under training but in the Fall we added two more on half time. One of the first three, fortunately the least hoped one, went off and got and we lost him. We then added a young christian from the country, son of Mr. So Kyung Jo, of Chang Yun, still giving us five in number, paid as follows, the two senior ones ⓐ $5.20 per month, the two middler ones at 4.80 per month, and the last one his food only. Last month one of these misbehaved so badly that I dismissed him and we at present have four, all of them just now giving promise of becoming useful and trustworthy. They are all studying with the intention of taking a full medical course and devoting their lives to this work.

The one who was dismissed is pleading hard to be reinstated but fund will not permit me to do so now at least. Two young men entered at their own charges but did not remain long. Another of the school boys is now asking for admission in order that he may become a doctor. He can supply all his support except food and I want advice as to the course I should pursue in such cases.

We have instituted a course of studies embracing the following subject for the first year -

Physiology and English to be taught by Dr. Whiting

Nursing, Bandaging, and Massage, by Miss Jacobson

Chemistry and Materia Medica & Pharmacy by Dr. Vinton

Anatomy, Elementary Microscopy & Electricity, Simple Skin diseases, Examination of Heart, Lungs & Urine by Dr. Avison

Study hours embrace from 10 to 12 every forenoon except Wednesday which is devoted to operations and Anaesthetics, from 5 to 6 every afternoon, and from 7 to 8 four evening in the week.

This arrangement will give Dr. Vinton three hours per week at the hospital in teaching, which be kindly consent to and I refer it to the mission for approval.

I hope during the coming year to have one of our senior helpers attend the dispensary at Mohoakoan and this would enable us to put at least one more student on our list as his salary would at least partially come from a private fund.

In the course of time we hope to have ready for service several reliable medical helpers, four being already well advanced in practical training and now making a start in systematic study.

Evangelistic - We have continued the same system of work as we pursued last year, viz, morning bible reading in ward with singing and prayer, personal conversation with patient, with occasionally additional times of singing or a general exhortation, and a Sunday morning preaching service in the dispensary for both, men and women. For a time we carried on a Sunday School in the ward, but the boys like to go to the Chung Dong Sunday School and I think it does them good to go, so we gave that up. As soon as we returned from Han Kang we began a Wednesday evening prayer meeting in our house for the benefit chiefly of the Christians on the place. We have singing, prayers, a short exposition of a portion of the scripture, and I encourage the christians to testify as to their present spiritual condition and the temptation and victories of the week. We have a good time and I am personally blessed by their testimonies. While three of our boys were baptized and open christians, up to last Wednesday evening the fourth one was always silent. He has been in the school in Chong Dong and in the hospital nearly a year, and during that time he has been quite silent, never answering question and making no remark. For many months we were doubtful of his turning out well and often contemplated sending him away but during the past three months he has changed very much. He has become very faithful in his work and much brighter in his appearance, and last Wednesday evening he arose and testified to his faith in Christ, and to the joy it had given him. He told of his first impressions after hearing the gospel, of his inability to comprehend it, and them of the gradual enlightenment as he read the gospel and heard the teaching from day to day. It gave us great joy to hear his clear testimony and to know the last one of our boys had become a believer, and it explained the change in his demeanor during the past few months.

At our morning class in the ward we have gone through the four gospels at least twice, through acts twice, through Pilgrim's Progress twice and have almost completed Pogum Go Sa. We are now anxiously looking for more of the word, especially for the Epistles and the Psalms.

The Sunday morning service in the dispensary is moderately successful, being attended by from 15 to 40 women and by all our servants and helpers and as many of the patients as can walk or be carried from the ward and a varying number of outsides.

The evangelistic work in connection with the Dispensary Clinic has been less satisfactory because I have been unable to give it the personal attention that it should have, but it has not gone by default.

Mr. Moore's helper, Chun, has during the last two months attended every day for two hours talking with the waiting patients, and we have been able to drop an occasional seed while carrying on the clinic.

Mr. Gifford's teacher came every day for a time also and taught both, indoor and out door patients and Mr. Gifford and his helper Hong came once a week for part of the year. And yet a good deal remains to be done, a fact realized even by our boys, for one of them came to me one evening and while talking of the plans for the coming year suggested that they, the boys, hold a religious service with the dispensary patients every day before beginning the clinic. This will form one of the features of the work during the coming year.

A new addition to our evangelizing and educative agencies is contemplated in the fitting up of several Kan of the shed that border on the street as a Book store and Reading room. This will be done by private fund and placed in charge of a tried Christian native who receives and will receive no pay, earning his own living by selling books and quinine. Here will be kept on sale books, tracts & stationery and a comfortable room will invite passers by to sit and read useful books and newspapers, and hear in a quiet way the gospel story. This will also provide a safe place for our boys to spend their leisure moments. For this we shall be indebted to the kindness of Rev. Dr. Underwood.

Up to this time the Women's dispensary being in the same yard as the men's, that work has gone on under serious disadvantages, but as soon as this meeting is over we shall move the men's dispensary work over to the building we have just vacated thus leaving the whole of that side of the property for women's work, and then for the first time, it will have a chance to develop freely.

Considering the disturbed conditions of the past year and the various difficulties labored against, the report of that department shows an excellent result, which however, with God blessing, will doubtless be surpassed during the coming year under the improved conditions.

Itinerating - I have not done much in this line since I came to Korea but last winter in company with Rev. Dr. Underwood I made a tour through Whang Hai Do of which he has told you. We spent a little over a month in the interior travelling in all 1,500 li. During that trip I treated about 275 patients, most of whom paid for their medicines. The principal points touched were Song Do, Hai Ju, Sorai, Chang Yun, and Koksan. At Song Do there is a good opening for work but us yet there is no one to go there. As it is only 160 li from Seoul and along a good road, Dr. Underwood and I planned to put a small stock of books & medicine there and take an occasional trip down there. The journey can be made on a bicycle in one day. So we could inside of a week make the journey there and back and yet have several days there for work.

I need not deal with the condition of the work at Chang Yun and Koksan as Dr. Underwood has spoken of it, but I may say I was much impressive with the advantage that would come from stationing two men at Hai Ju. This place is close by the sea beautifully located in the midst of a fertile country and already has a small nucleus for the beginning of a church. A man stationed there would have access to a very large tract of country and could care for the church in all that part of Whang Hai Do, reaching up to Chang Yun. I would like during the coming year to make a trip again through Whang Hai Do if the work here permits also to visit Song Do occasionally, and I want once to visit Pyeng Yang.

Palace Work - From last October until the middle of January when I went to the country, I visited the palace very often, being first called in professionally by His Majesty after the death of the Queen, on Nov. 27th. As you know I was in company with Dr. Underwood and Mr. Hulbert, present on the night of Nov. 28th when the unsuccessful attack was made on the palace. I first heard of the proposed attack about 4 o'clock in the afternoon. I had visited His Majesty in the morning and met Dr. Underwood that evening about 6 o'clock just as he arrived from the palace. He had just heard of the proposed attack. He informed me that the King wished to see me that evening and so we desired to go together after tea. We arrived at the gates about 7.45 and found them closed, but after a little palaver with the guards were admitted. We went straight to Gen. Dye's apartments, sent word of our arrival to this Majesty and about 9 o'clock or a little later were summoned to his apartment where we were accompanied by the Minister of the household. When we were about to withdraw, His Majesty asked us if we would remain all night which we said we would do and then retired to Gen Dye's rooms to await developments. I need not go into details of what followed, but we spent a memorable night and for me pains got our names mixed up with the story of its events. After that night I was the only Western Foreigner admitted except Gens. Dyes & Le Gendre and Col Nienstead all of whom remained there, but His Majesty tried to made up for his deprivation by sending for me sometimes twice a day and sometimes once a day and finally every other day during the next month and a half.

Foreign Practice - Outside of attendance upon one missionaries which fulls directly into the line of one's duties, I have been called upon to attend several foreigners.

Very poor & homeless patients likely to die -
What shall be done with them? Shall we admit them? As what shall we turn them array? Cold reason says "turn them array," they will die on your hands and bring no credit to your hospital, besides being a heavy drain on its resources, but

on the other hand there is the word "Inasmuch as ye have done it into one of the least of these my disciples" etc. Shall we not profitably use the funds in succoring such of these as come to us expecting Gods blessing while we endeavor to collect from more fortunate ones the price of the good and medicine they use? If we do the best we can for the bodily & spiritual welfare of such may we not trust God to take care of the reputation of the hospital, even if many do die within its walls?

Lepers - A kindred question arises in connection with lepers. While the number who come here is not large yet they do come with moderate frequency and generally from a long distance. Some of them are pitiable objects while others in the earliest stages have not yet become so repulsion. They plead earnestly for help but we can offer them nothing. A small dwelling with a field in connection would afford a place to keep such as come and enable us to do something to at least make life more endurable and give them on opportunity to hear of Christ. Outside of this there is our apparent hope for them. I ask the advice and help of the mission in reference to these two questions.

Residence - I have spent a good deal of time and energy during the year in the building of our house which as you know is now practically completed and it is with much satisfaction I lay this burden down and look forward to a year to be spent wholly on the interest of the various medical and spiritual agencies at work in the hospital.

Translation - I have done only a little in advancing the work I had started but during the coming year expect to make progress with the preparation of medical books.

Improvement in Hospital

During the coming year I wish to make the following improvements. -

1. To underdrain the whole compound - the soil is constantly moist and from it rise miasma that cause both patient and helpers & servants as well as ourselves to succumb to various forms of malarial fever every once in a while. We are now laying one main drain to carry off water from the Sik Tang and into this we hope to run a number of blind drains sufficient to thoroughly dry the soil of the whole compound. We estimate the cost of this work at $50.00 silver.

2. To put in shape several Kan of unused building to be used as a ward for those who pay for their good and medicine. This will enable us to use the present general ward for free patients. The estimated cost will be $110.00

3. To connect our well on the hill with hospital by means of a pump and piping. The quantity of water used in the two dispensaries, in the cooking of food, in the washing of bedding and clothing of patient, and in giving of baths and daily washing of wounds in the wards is very great and the work of drawing all that water in bucket out of a deep well and carrying it in pails to the various parts of the hospital is enormous and as the work increase will necessitate the constant employment of at least one servant for that alone, and it is then difficult to get enough water for free use. We estimate the cost of laying piping and putting on a pump at $110.00 silver and this would be cheaper and more satisfactory than engaging another servant. We could then also flush the main drain out occasionally, a very necessary thing when we consider the kind of matter that will be poured into it every day from the wards.

4. The changes incident to removal of the mens dispensary work to the other building will necessitate some expenditure this is estimated at $85.00

5. For ordinary wear and tear of wards we estimate repairs at $50.00

The total amount being $405.00

The running expenses of the hospital for both men and women are estimated as follows

Food	500.00	
Fuel	190.00	
Servants	180.00	
Hospital boys	300.00	
Medicines, Instrument & Dressings	600.00	
Special for woman's department subject to Dr. Whiting order:		
Incidentals	40.00	40.00
Female helpers	125.00	165.00
Silver		$1,985.00

Special appropriations

In December meeting 1894 we asked for $1,000.00 gold. This was approved by the mission but by an inadvertence the amount was placed in silver column of estimate sheet that was sent to the Board and we received only $1,000.00 silver instead of $1,538.46. The money was spent, expect very the mistake to be corrected, but as the correction has not yet been made we now ask for that amount from the Board viz $538.46.

I wish to draw the attention of the mission to the necessity of making providing for residence or residences for the ladies at the Hospital. Dr. Whiting's rooms especially being unsuitable for the purpose on account of their nearness to the ward, being connected with them, and also on account of their lowness and general exposure to unhealthful surroundings.

Oct. 1/ 1895 to Sept. 30/ 1896

Male Department

(1) Dispensary

Month	New	Total	Days	Average
Oct. 95	170	343	27	127
Nov.	162	379	25	15.16
Dec.	129	368	25	14.72
Jan. 96	102	259	26	10
Feb.	87	187	24	7.54
Mar.	179	396	27	14.66
April	192	396	26	15.23
May	178	306	25	12.02
June	175	362	26	14
July	171	357	26	13.5
Aug	193	353	24	14.7
Sept.	274	469	26	18
	2,012	4,163	307	13.56

(2) Visits - 25

(3) No. treated on itinerating trip - 275

(4) Indoor Department -

    No. of patients admitted   129

    No. of patients died in Hospital

    No. of patients sent out incurable

    No. of patients discharged cured or improved

    No. of patients in private ward

    No. of patients who paid for food

    No. of free patients -

    No. of operations under an anaesthetic -

Receipt -

Dispensary	$167.68
Ward	117.05
Gift	486.00

	$770.73

In addition to this we received from sale of medicines, such as quinine, and the other common drugs, as worm powders we sold to dealers in medicines $438.35 which sum was of course used in the repurchase of the medicines thus sold. On this we have made some profit but have not estimated it.

Female Department

1. Dispensary

Month	New	Total	Days	Average
Oct. 95	68	124		
Nov.	55	107		
Dec.	50	104		
Jan. 96	85	149		
Feb.	61	141		

Mar.	119	252	
April	110	209	
May	180	323	
June	128	330	
July	112	308	
Aug	16	55	- vacation
Sept.	131	249	
	1,115	2,357	

2. Visit - 102

3. No. treated on itinerating trips - no figures

4. Indoor Department

    No. of patients admitted -   31

    No. of Death in hospital -   3

    No. of patients sent out incurable

    No. of patients discharged cured or improved

    No. of patients in private wards -

    No. of patients who paid for food

    No. of patients free

    No. of Operations under an anaesthetic

Receipt - $24.90

Summary of Statistics for whole Hospital

Male Dispensary	Total patients	4,163
Female Dispensary	Total patients	2,351

		6,514

Male Inpatient	129
Female Inpatient	31

	160

Male Visits		25
Female Visits		102

		127
Itinerating trip		275

Total Patients		7,076

회의록, 한국 선교부 서울 지부 (미국 북장로교회) 1891~1921
(1896년 10월 19일)

한국 서울,
1896년 10월 19일

(중략)

제이콥슨 양은 감독 위원회의 공석을, 에비슨 박사는 수리 위원회의 공석을 각각 채우도록 선출되었다.

(......)

다음의 청구가 낭독되었고 승인되었다.

A. P. 제이콥슨 양   90.00달러

(중략)

Minutes, Seoul Station, Korea, 1891~1921 (PCUSA) (Oct. 19th, 1896)

Seoul, Korea,
Oct. 19th, 1896

(Omitted)

Miss Jacobson was elected to fill the vacancy on the committee of Oversight, and Dr. Avison that on the Repair Committee.

(......)

The following orders were read and approved: -

Miss A. P. Jacobson $ 90.00

(Omitted)

호러스 G. 언더우드(서울), 주일학교 [보고서] (1896년 10월 23일)

교회의 꾸준한 수적 성장의 표시와 은혜 속에서의 영구적인 성장에 대한 확실한 약속은 교인들이 주일 학교에 얼마나 꾸준하고 규칙적으로 출석하는 것에서 볼 수 있습니다.

(중략)

정동: 정동의 평균 출석 인원은 170명이었으며, 어떤 주일에는 최대 230명이 넘었고, 매우 습하고 불쾌한 주일에는 가장 적어 110명이 넘었습니다. 그들은 8개 반으로 나누었는데, 남자는 6개 반, 여자는 2개 반이었습니다. 여자반이 2개 밖에 안 된 이유는 교사를 구하기 어려웠기 때문입니다. 언더우드 부인과, 가르칠 수 있는 한 밀러 부인이 교사로 가르쳤는데, 밀러 부인이 아픈 후에는 제이콥슨 양이 가르쳤습니다. (......)

Horace G. Underwood (Seoul), Sunday Schools (Oct. 23rd, 1896)

(Omitted)

A sign of the steady numerical growth of the church and a sure promise of its permanent growth in grace may be seen in the steady and regular attendance upon the Sunday school.

(Omitted)

Chong Dong: The average attendance at Chong Dong has been 170, the largest on any Sabbath having been over 230 and the lowest, on a very wet and disagreeable Sunday was over 110. They are divided into 8 classes, 6 among the men and 2 among the women. The reason for only two classes among the women has been the difficult in obtaining teachers. The teachers have been Mrs. Underwood and Mrs. Miller as long as she was able since which had Miss Jacobson has taught.

(Omitted)

18961026

안나 P. 제이콥슨(서울),
1895년 10월 1일부터 1896년 10월 1일까지 (1896년 10월 26일)

1895년 10월 1일부터 1896년 10월 1일까지

장로교회 한국 선교부 귀중,

첫째, 6주 동안 지방 체류
둘째, 병원에서의 사역, 간호사 훈련 등
셋째, 전도 사역

지난 연례회의에서 나는 언어 학습을 위해 지방에서 두 달 동안 체류하는 것이 허용되었다. 연례회의가 끝난 후 나는 서울에서 10리 정도 떨어진 한국인 신자 집으로 가서 6주일 동안 머물렀다. 내가 머무는 동안 200명이 넘는 여성들이 나를 찾아 왔지만 내가 언어에 대하여 아는 것이 거의 없어 단지 약간의 복음만을 전할 수 있었다. 내가 제중원에서 왔다는 것을 알았기에 아픈 사람들이 나를 보러 많이 왔는데, 나는 10번 그들 집을 방문하였고 여러 명은 병원으로 보냈다. 나는 그곳에서의 체류를 상당히 즐겼다.

나는 12월 중순 경에 지방으로부터 돌아왔으며, 병원에서 업무를 시작하였다. 겨울 중에는 매일 병동에서 3~4시간을 보냈으며, 소년들에게 어떻게 붕대를 매는지, 어떻게 대야와 기구들을 깨끗이 하는지, 수술을 위하여 어떻게 환자를 준비하는지, 이후 환자를 어떻게 간호하는지, 또한 수술을 위하여 수술방을 어떻게 준비하는지, 체온과 맥박을 어떻게 재는지 등을 가르쳤다. 그들은 또한 화이팅 박사와 함께 7건의 사례를 보기 위하여 붕대 및 마사지에 대한 강의를 하였다. 나는 6월 1일부터 병원 주방을 돌보거나 감독하였으며, 매일매일 환자 수에 따라 밥과 반찬을 주었고 덕분에 꽤 많은 돈을 절약할 수 있었고 앞으로 더 잘할 수 있기를 바란다.

나는 전도 활동을 많이 하지 않았다. 지난 4월부터 매주 일요일마다 정동에서 수업을 하려고 노력하고 있다. 봄과 여름에 나는 모화관 진료소의

업무와 성경 공부를 동시에 하였고, 내 방을 구경하러 온 사람들은 복음을
들었다.

삼가 제출합니다.
안나 P. 제이콥슨

Anna P. Jacobson (Seoul),
From Oct. 1st, '95 to Oct. 1st, '96 (Oct. 26th, 1896)

From Oct. 1st, '95 to Oct. 1st, '96

To the Presbyterian Mission in Korea

    1st Six weeks in the country
    2nd Work in the Hospital, training nurses, etc.
    3rdi Evangelistic work

At the last annual meeting I was allowed two months in the country for
language study. After the close of the annual meeting I went about ten li out from
Seoul to a native Christian's house and staid six weeks. During my stay over two
hundred women called on me, but knowing very little of the language I could give
them but a little of the Gospel A lots of sick ones came to see me as they knew I
came from the Hospital, and I saw ten calls in their homes, several were sent to the
Hospital. I enjoyed my stay very much.

I returned from the country about the middle of December and begun my work
in the Hospital. Spent from three to four house daily in the wards during the
winter, teaching the boys how to do dressing, to keep basins and instruments clean,
to prepare the patients for operation and the care of the patient afterwards, also how
to get ready the operating room for operation to take temp. and pulse. They have

also had lessons in bandaging & massage been to see seven cases with Dr. Whiting. From June 1st I have been taking care or had the oversight of the Hospital kitchen, the rice and pan chan has been given out every day according to the number of patients, and I have been able to save quite a little thereby, and hope to do still better in the future.

I have not done much evangelistic work. Since back last April I have been trying to teach a class every Sunday in the Chong Dong. During spring and summer I have had the 모화관 dispensary and a Bible study at the same time and those that has came to my room for sight-seeing have heard the gospel.

Respectfully submitted,
Anna P. Jacobson

릴리어스 H. 언더우드(서울), 해외선교본부와 한국 선교부 회원들에게 보낸 보고서 (1896년 10월 26일)

(중략)

저는 5월에 즈푸에 가야 했고, 제가 없는 동안, 그리고 제가 강변에 있었던 대부분의 여름 동안, 제이콥슨 양은 진료소에서 환자들을 진료하며 필요할 때 시내의 의사들과 상의하였습니다. 제이콥슨 양이 모든 면에서 기꺼이 도움을 줄 수 있는 준비가 되어 있었고, 그녀가 이미 언어를 익혀 사업에서 많은 도움을 줄 수 있어 하나님께 감사드릴 기회가 있었습니다.

(중략)

언더우드 씨와 밀러 씨는 밀러 부인과 제이콥슨 양이 주일 학교에 없을 때 가끔 가르쳤는데, 그들이 남자들보다 더 똑똑하고 더 주의를 기울였다고 말합니다. 밀러 부인은 너무 아파서 제이콥슨 양이 대신할 때까지 주일 오후에 가르치는 것을 도왔습니다. 우리가 즈푸에 있는 동안, 기포드 부인, 스트롱 양 및 밀러 부인이 정동에서 여자반 수업을 계속하였습니다.

(중략)

사역과 관련하여 많은 흥미로운 사건들이 당연히 발생하였습니다. 제 생각에 한 사건이 하나님이 우리와 함께, 그리고 우리를 위하여 어떻게 일하시는지, 그리고 얼마나 사역이 정말 우리의 것이 아니며 얼마나 하나님의 것이며 한국인의 것인지를 보여 줄 것이라고 생각합니다. 제가 며칠 동안 죽어가는 소녀를 진료하였으며, 1년 전에도 관심을 갖게 시도하였지만 실패하였고 그 후로 한 번도 보지 못하였던 모화관의 한 여자가 올 여름 어느 수요일 여자 모임에 참석하여 여자 교인들에게 자신의 집에 와서 부적과 화상을 떼어내어 중병에 걸린 자신의 아이를 위하여 유일하신 참 하나님께 기도할 수 있도록 도와 달라고 간청하였습니다. 그들은 갔습니다. 남편은 시끄럽게 이의를 제기하고 이웃을 불러 큰 소란을 일으키겠다고 위협하였지만, 결국 우상들은 모두 제거되었고, 제이콥슨 양이 평소처럼 예배를 드리기 위하여 진료소에 도착하였을 때, 환한 얼굴로 기쁨의 눈물을 흘리며 다른 여자들과 함께 기도하고 있는 한 여자를 발견하였습니다. 그녀의 아이는 치료되었습니다. 그녀는 자신이 기독교인이라고 선언하였고, 모든 예배에 빠짐없이 참석하며 가장 관심을 갖는 사람들 중 한 명인 것 같습니다. 그녀의 남편은 이것이 너무 이상한 일이라며, 그도 교리를 공부해야 한다고 말합니다.

(중략)

Lillias H. Underwood (Seoul), Report to the Board of Foreign Missions and Members of the Korean Mission (Oct. 26th, 1896)

(Omitted)

I was obliged to go to Chefoo in May and during my absence and through most of the summer while we were at the river, Miss Jacobson attended the dispensary in my place consulting when necessary with physicians in the city. I have indeed had occasion to thank God for Miss Jacobson's readiness to lend a hand in every way possible and the facility which she has attained already in the language, making it possible to assist so much in the work.

(Omitted)

Mr. Underwood and Mr. Miller, who have occasionally take a class when Mrs. Miller or Miss Jacobson were away from Sabbath school, say they are brighter and more attentive than the men. Mrs. Miller assisted in teaching Sabbath afternoons until she became too ill to do so when Miss Jacobson took her place. While we were in Cheefoo Mrs. Gifford, Miss Strong and Mrs. Miller kept up the women's classes in Chong Dong.

(Omitted)

Many interesting incidents in connection with the work have of course occurred. One I think will serve to show how God works with and for us, and how little the work is really ours, how much His and the Koreans. A woman at Mohakwan, at whose house I had attended a dying girl for days and when I had vainly attempted to interest a year ago but had not seen since, came into the women's meeting one Wednesday this summer, and begged them to come to her home and tear down the fetishes and images and to help her pray to the one true God for her child who was very sick. They went. Her husband made some noisy objection, and threatened serious disturbance calling in the neighbors to assist, but in the end the idols were cast out, and when Miss Jacobson arrived at the dispensary to hold the usual service, she found the woman with a shining face, tear of joy pouring down, praying with the other women. Her child was healed. She has declared herself a Christian and is a constant attendant in every service, apparently one of the most interested listeners. Her husband says this is such strange work that he too must study the doctrine.

(Omitted)

조지아나 E. 화이팅(서울),
장로교회 해외선교본부 귀중 (1896년 10월 26일)

(중략)

한국어로 진행되는 아침 예배는 대개 병동 중 한 곳에서 열렸는데 입원환자가 참여한다. 예배는 에비슨 부인, 아버클 양, 제이콥슨 양 및 나의 순서로 인도되었다. 입원환자에게서는 어떤 개종이나 희망적인 사례도 보고할 수 없다. 시골에서 온 사람들은 책을 집으로 가져갔고, 비록 우리에게 알려지지 않았지만 그들의 마음에 진리의 일부가 옮겨졌기를 희망한다.

(중략)

Georgiana E. Whiting (Seoul), To the Officers and Members of the Presbyterian Board of Foreign Missions (Oct. 26th, 1896)

(Omitted)

At morning devotions in Korean usually held in one of the wards, the inpatients are present. Devotions have been led by Mrs. Avison, Miss Arbuckle, Miss Jacobson and myself in turn. From the inpatients we cannot report any conversions or even any hopeful cases. Those coming from the country have carried books back to their homes, and though unknown to us, we hope carried some of the truth away in their hearts.

(Omitted)

소지부 및 사역 배정 위원회 보고서 (1896년 10월 30일)

소지부 및 사역 배정 위원회 보고서

서울지부에 임명된 선교사들

(중략)

안나 P. 제이콥슨 양
  언어 학습
  제중원의 간호사
  경동교회와 연관된 여성에 대한 전도 사역
(중략)

Report of Committee on Apportionment of Substations and Work (Oct. 30th, 1896)

Report of Committee on Apportionment of Substations and Work

Missionaries appointed to Seoul Station

(Omitted)

Miss Anna P. Jacobson
  Language study
  Nurse and matron at Gov't. Hospital
  Evangelistic work among women in connection with Kyeng Dong Church

(Omitted)

한국 선교부. 제12회 연례 회의 (1896년 10월 20일~11월 2일)

첫째 날, 화요일, 1896년 10월 20일

오후 회의: 오후 3시 30분

선교회가 빈튼 박사의 사택에서 모였다. 이곳에는 부산의 J. E. 애덤스 목사 부부, W. M. 베어드 목사 부부, M. L. 체이스 양, 원산의 W. L. 스왈렌 목사, 평양의 G. 리 목사 부부, S. A. 마펫 목사, J. H. 웰즈 박사 부부, 그리고 N. C. 휘트모어 목사, 서울의 O. R. 에비슨 박사 부부, D. L. 기포드 목사 부부, A. P. 제이콥슨 양, (......) 등이 참석하였다.

(중략)

다섯 번째 날, 수요일, 1896년 10월 26일

오전 회의: 오전 8시 45분

(중략)

휴식과 찬송가를 부른 후에 서울 지부의 의료 보고서 순서가 되었으며, 보고서들이 에비슨 박사[보고서 W를 볼 것], 빈튼 박사[보고서 X를 볼 것], 화이팅 박사[보고서 Y를 볼 것], 언더우드 박사 부인[보고서 Z를 볼 것], 그리고 제이콥슨 양[보고서 AA를 볼 것]에 의하여 낭독되었으며, 여러 차례 논의되었고 여러 위원회에 회부되었다.

(중략)

Korea Mission. Twelfth Annual Meeting (Oct. 20th~Nov. 2nd, 1896)

Korea Mission
Twelfth Annual Meeting

First Day, Tuesday, Oct. 20, 1896

Afternoon Session: 3.30 P. M.

The Mission met at the house of Dr. Vinton. Here were in attendance Rev. and Mrs. J. E. Adams, Rev. and Mrs. W. M. Baird, and Miss M. L. Chase from Fusan; Rev. W. L. Swallen from Gensan; Rev. and Mr. G. Lee, Rev. S. A. Moffett, Dr. and Mrs. J. H. Wells and Rev. N. C. Whittemore from Pyeng Yang; Dr. and Mrs. O. R. Avison, Rev. and Mrs. D. L. Gifford, Miss A. P. Jacobson, (......)

(Omitted)

Fifth Day, Wednesday, Oct. 26, 1896.

Morning Session: 8:45 A. M.

(Omitted)

After recess and a hymn the Medical reports of Seoul station were called up, and reports read by Dr. Avison [see report W.], Dr. Vinton [see Report X.], Dr. Whiting [see report Y.], Mrs. Dr. Underwood [see report Z.], and Miss Jacobson [see report AA.], being severally discussed and referred to the several committees.

(Omitted)

회의록, 한국 선교부 서울 지부 (미국 북장로교회) 1891~1921
(1896년 11월 16일)

한국 서울,
1896년 11월 16일

(중략)

다음의 청구가 낭독되었고 승인되었다.

(......)

A. P. 제이콥슨 양 120.00달러

(......)

Minutes, Seoul Station, Korea, 1891~1921 (PCUSA) (Nov. 16th, 1896)

Seoul, Korea,
November 16th, 1896

(Omitted)

The following orders were read and approved: -

(......)

Miss A. P. Jacobson 120.00

(......)

18961200

보조지부. *Woman's Work for Woman* 11(12) (1896년 12월호), 340쪽

뉴욕에서

(......)

한국에서 우리의 헌신적인 선교사 중 한 명인 제이콥슨 양은 병원에서 뿐만 아니라 전도 사업을 시작하는 데 큰 기쁨을 느끼는 개인 편지를 썼다. 그녀는 육체와 영혼을 동시에 섬길 수 있는 기회를 기뻐하고 있다. 제이콥슨 양은 이제 60명에서 100명까지로 수가 변하는 주일 여자강습반에서 언더우드 부인을 돕고 있다.

(......)

To the Auxiliaries.
Woman's Work for Woman 11(12) (Dec., 1896), p. 340

From New York

(......)

Miss Jacobson, one of our devoted missionaries in Korea, has written in a private letter of her great delight in beginning evangelistic work as well as that in the hospital. She rejoices in the opportunity of ministering to both body and soul. Miss Jacobson now assists Mrs. Underwood with a Sunday class of Women varying from sixty to one hundred in number.

(......)

회의록, 한국 선교부 서울 지부 (미국 북장로교회) 1891~1921
(1896년 12월 21일)

한국 서울,
1896년 12월 21일

(중략)

다음의 청구가 낭독되었고 승인되었다.

(......)

A. P. 제이콥슨 양   90.00달러

(......)

Minutes, Seoul Station, Korea, 1891~1921 (PCUSA) (Dec. 21st, 1896)

Seoul, Korea,
December 21st, 1896

(Omitted)

The following orders were read and approved: -

(......)

Miss A. P. Jacobson $90.00

(......)

제4장
안타까운 죽음
Sad Death

제이콥슨의 병세가 악화되자 간호를 위하여 서울 지부의 모든 회원들 뿐 아니라 다른 교파의 선교사들도 적극 나섰다. 그녀는 1897년 1월 7일 간 천자술을 시행 받았고, 11일 간농양 수술을 받았지만 안타깝게도 20일 사망하고 말았다. 죽음을 앞둔 그녀는 "이 모든 것이 그리스도가 저를 위하여 한 것이라고 생각할 때 저는 두려움이 없습니다. 죽는 것이 즐겁습니다."라고 말하였다.

그녀가 사망하자 서울 지부는 그녀의 안타까운 죽음을 추도하는 결의문을 발표하였고, 선교본부도 2월 1일 추도문을 발표하였다. 장례식은 외교관들을 포함하여 많은 신자들이 모인 가운데 22일 언더우드 사택에서 거행되었으며, 그녀의 관은 한국인 신자들이 상여꾼으로 나서 양화진 묘지까지 운구하였다. 장례식이 끝나자 잔다리에 사는 신자들이 음식을 차려 상여꾼들을 접대하였다. 이 모두 당시 풍습을 깨는 파격적인 일이었다.

As Miss Jacobson's condition deteriorated, all the members of the Seoul Station as well as missionaries from other denominations actively participated in nursing her. A liver puncture was performed on January 7, 1897, and a surgery for liver abscess on the 11th, but unfortunately she died on the 20th. As she neared death, she said, "When I think of all Christ has done for me, I have no fear. It is sweet to die."

Upon her death, the Seoul Station issued a resolution to memorialate her tragic death, and the Board also issued a memorial on February 1st. The funeral was held at Underwood's house on the 22nd in the presence of many believers, including diplomats, and her coffin was carried to Yanghwajin Foreign Cemetery by Korean believers as a bier-carrier. When the funeral was over, the Christians living in Zandari prepared food and entertained bier-carriers. All of this was an unprecedented event that broke the Korean custom of the time.

회의록, 한국 선교부 서울 지부 (미국 북장로교회) 1891~1921
(1897년 1월 8일)

한국 서울
1897년 1월 8일

서울 지부의 특별회의가 에비슨 박사 사택에서 개최되었다. 의장이 기도를 드렸다. 제이콥슨 양이 위중한 수술을 받고 회복하는 동안 적절한 간호를 제공하는 문제가 제기되었고, 첫 주나 10일 동안 야간 간호를 하겠다고 기꺼이 제안하였던 감리교회 선교부의 번커 여사에게 감사를 표하자는 동의가 통과되었다. 웸볼드 양에게 주간에 그녀를 간호하는 일에 전념할 것을 요청하며, 필요한 경우 화이팅 박사에게 그런 도움을 주도록 요청하는 또 다른 동의가 통과되었다. 지부 회의를 다음 월요일 오전 9시 30분에 빈튼 박사의 사택에서 열어 제이콥슨 양과 예정된 수술의 성공을 위한 기도에 참여하자는 동의가 있었다.

동의에 의해 에비슨 박사가 기도를 드린 후 폐회하였다.

H. G. 언더우드, 의장
C. C. 빈튼, 서기

Minutes, Seoul Station, Korea, 1891~1921 (PCUSA) (Jan. 8th, 1897)

Seoul, Korea,

January 8th, 1897

A special meeting of Seoul Station was held at the house of Dr. Avison. The chairman offered prayer. The question being raised of providing suitable nursing for Miss Jacobson during her recovery from a contemplated severe operation, a motion was carried to express to Mrs. Bunker, of the Methodist Mission, our appreciation of her kind offer to do the night nursing for the first week or ten days, and to accept it. Another motion was passed requesting Miss Wambold to devote herself to the day nursing throughout the case, and Dr. Whiting to give such assistance s may be required. A motion was also carried that the station meet on Monday next at 9.30 A. M. at the house of Dr. Vinton to engage in prayer for Miss Jacobson and for the success of the expected operation.

On motion the meeting adjourned after prayer by Dr. Avison.

H. G. Underwood, Chairman

C. C. Vinton, Secretary

18970112

지역 단신. 독립신문(서울) (1897년 1월 12일), 2쪽

제이콥슨 양은 한동안 간농양을 앓아 왔다. 지난 목요일 에비슨 박사는 농양 강(腔)을 천자하여 상당량의 고름을 뽑아내었고 그녀는 상당히 회복되었다.16) 어제 아침 에비슨 및 빈튼 박사는 그녀의 수술을 대단히 성공적으로 시행하였으며, 농양 강을 세척하였다. 환자는 수술을 받으며 상태가 좋지 않았지만 곧 회복되었다. 우리는 그녀가 곧 건강을 되찾고 다시 자신이 선택한 너무도 고상하고 헌신적인 사역에 전념할 수 있게 될 수 있기를 기원한다.

Local Items. *The Independent* (Seoul) (Jan. 12th, 1897), p. 2

Miss Jacobson has been ill for some time with an abscess of the liver. Last Thursday Dr. Avison aspirated the abscess cavity and drew off considerable quantity of pus, which relieved her greatly. Yesterday morning Drs. Avison and Vinton performed an operation on her very successfully and washed out the abscess cavity. The patient went through the operation rather poorly, but soon rallied. We hope she may soon regain her usual health and again devote herself to her chosen work which is so noble and self sacrificing.

---

16) 1897년 1월 7일이다.

18970112

윌리엄 M. 베어드(서울)가 프랭크 F. 엘린우드(미국 북장로교회 해외선교본부 총무)에게 보낸 편지 (1897년 1월 12일)

(중략)

이 편지를 쓰는 지금, 우리의 의사들은 이제 막 제이콥슨 양의 간농양 수술을 끝마쳤습니다. 우리들은 수술 결과가 어떨지 근심하며, 그리고 기도하며 기다리고 있습니다. 그녀의 생명은 이제 주님께 달려 있습니다.

안녕히 계십시오.
윌리엄 M. 베어드

William M. Baird (Seoul),
Letter to Frank F. Ellinwood (Sec., BFM, PCUSA) (Jan. 12th, 1897)

(Omitted)

At this writing our physicians have just completed an ope ration on Miss Jacobson for abscess of the liver. We wait with anxious and prayerful interest to know what will be the result. Her life now hangs in doubt.

Sincerely yours in Christ's Service,
William M. Baird

회의록, 한국 선교부 서울 지부 (미국 북장로교회) 1891~1921
(1897년 1월 20일)

한국 서울,
1897년 1월 20일

(중략)

언더우드 박사와 빈튼 박사는 제이콥슨 양의 사망으로 인한 우리의 상실감을 표현하는 결의를 작성하며, 그것을 그녀의 자리가 즉시 채워져야 한다는 요청과 함께 선교본부로 보내도록 지시를 받았다. 제출된 결의는 다음과 같았다.

해외선교본부 귀중,
하나님께서는 섭리로 우리들 중에 A. P. 제이콥슨 양을 데려 가셨음으로, 우리는 제중원에서 O. R. 에비슨 박사에게 귀중한 도움을 주며 자신을 희생했던 것을 기록하기로 결의한다. 그녀의 죽음은 이미 과중한 짐을 지고 있는 에비슨 박사에게 사소한 업무의 부담을 지워주고 있으며, 성공적인 운영을 위해 꼭 필요한 정규 간호사가 병원에 없게 되었다. 따라서 우리는 선교본부에 요청하기로 결의한다.

다음의 청구가 낭독되었고 승인되었다.
(......)
A. P. 제이콥슨 양(유언 집행인에 의하여) 118.06달러
(......)

Seoul, Korea,
January 20th, 1897

(Omitted)

Dr. Underwood and Dr. Vinton were instructed to draw up a resolution expressive of our sense of loss in the death of Miss Jacobson, and to transmit it to the Board with a request that her place be filled at once: - the resolution presented was as follows: -

To the Board of Foreign Missions:

Whereas God in his providence has removed from our midst Miss A. P. Jacobson;

Resolved that we record our sense of herself sacrificing services at the Government Hospital where she rendered to Dr. O. R. Avison invaluable aid. Her death throws upon Dr. Avison a burden of minor duties when he is already overburdened and leaves the hospital without a trained nurse, which is so necessary in the successful conduct of such an institution. Resolved therefore that we urgently request the Board to speedily take steps to fill the vacancy.

The following orders were read and approved: -

(......)

Miss A. P. Jacobson (by executor) $118.06

(......)

사설. 독립신문(서울) (1897년 1월 21일), 2쪽

사설

우리는 선교의 중요한 일꾼인 안나 P. 제이콥슨 양의 갑작스런 죽음에 대하여 장로교회 한국 선교부의 회원들에게 깊은 슬픔과 진심 어린 조의를 표한다. 그녀는 주님의 충실한 종이었으며, 그녀가 나타낸 고귀한 대의를 위하여 헌신한 일꾼이었다. 우리는 슬픔을 표현할 적절한 말을 찾을 수 없다. 하지만 우리 모두가 소중히 여기는 믿음은 바로 그것이다. 그녀는 이 세상에 있을 때보다 지금 더 행복하다.

Editorial. *Independent* (Seoul) (January 21st, 1897), p. 2.

Editorial

We express our profound sorrow and sincere sympathy to the members of the Presbyterian Mission in Korea for the no-timely death of the Mission's valuable worker, Miss Anna P. Jacobson. She has been a faithful servant of her Master and a devoted worker of the noble cause she represented. We cannot find adequate language to express our sorrow. However, the belief we all cherish is that. she is happier now than when she was in this world.

18970121

잡보. 미국 장로교회 병원에 [......]
독립신문(서울) (1897년 1월 21일), 3~4쪽

잡보.

미국 장로교회 병원에 병인(病人) 간검(看檢)하던 부인 안나 P. 제이콥슨이 본래 노르웨이 부인인데, 어려서 미국으로 와서 병원에 들어가 병인 간검하는 학문을 배워 가지고 교회에 가서 외국에 병원도 없고 병인 간검할 줄도모르는 인민에게 보내 주면, 자기 평생 목숨과 배운 학문을 이 불쌍한 백성들을 위하여 허비하겠노라고 청한즉, 교회에서 이 부인을 조선 서울 장로교회제중원 병원으로 보내어 그곳에서 삼 년 동안 병든 사람들을 착실히 몇 해를두고 구완해 주며 좋은 말과 옳은 교를 보는 사람마다 일러 주어 죽는 사람의마음들을 위로하고 산 사람의 행실을 옳게 가르치며 세계 구주
예수 그리스도 씨 이름을 조선에 빛나도록 일을 하다가 더러운 길과 부정한 음식과 깨끗하지 못한 물을 어쩔 수 없이 조선에서 먹고 지내더니 작년 여름에 이질을 하여 죽게 되었더니, 다행이 살아났으나 그 어독이 종시(終始) 낫지 못하여 간경에 종기가 생겨 학문 있는 의원들이 힘껏 구완하려 하되 죽고사는 것은 사람의 힘이 아니요
하나님이 주신 목숨인즉
하나님이 찾아 가신 것이라. 그 부인이 한 달 동안을 앓다가 이달 20일 오전 10시 반에 가만히 세상을 버리고 맑고 높고 자선한 영혼이 천상으로 갔으니, 이 부인은 조선에 있는 이 보다는 매우 극락(極樂)이나 조선 인민에게는크게 손해라. 부인의 장사 예절을 내일(22일) 오전에 원두우 교사 집에서 거행할 것인데, 누구든지 평일에 이 부인을 알던 이는 원 교사 집으로 와서 장사예절을 참례하고 마지막 한 번 조선 백성을 사랑하던 이 얼굴을 보고 산소는양화진 외국 매장지라 거기까지 가서 참례하고 싶은 이는 다 가시오.

[Miscellaneous. At the Presbyterian Hospital ......] *Independent* (Seoul) (January 21st, 1897), pp. 3~4

잡보.

미국 쟝노교회 병원에 병인 간검ᄒ던 부인 인나 피 졔컵손이 본릭 나위국 부인인딕 어려셔 미국으로 와셔 병원에 들어가 병인 간검 ᄒᄂ 학문을 빅화 가지고 교회에 가셔 외국에 병원도 업고 병인 간검홀 줄도 모로ᄂ 인민의게 보내 주면 즈긔 평ᄉᆼ 목숨과 빅혼 학문을 이 불샹ᄒ 빅셩들을 위ᄒ야 허비 ᄒ 겟노라고 청 ᄒᄌ 교회에서 이 부인을 죠션 셔울 쟝노교회 졔즁원 병원으로 보내야 거그셔 삼년 동안 병든 사름들을 착실히 몃히를 두고 구완ᄒ야 주며 죠흔 말과 올흔 교를 보ᄂ 사름마다 닐너 주어 죽ᄂ 사름의 ᄆ음들을 위로 ᄒ 고 산 사름의 ᄒᆼ실을 올케 ᄀᄅ치며 셰계 구쥬

예슈 크리스도씨 일홈을 죠션에 빗나도록 일을 ᄒ다가 덜어운 길과 부졍 ᄒ 음식과 씩긋지 못ᄒ 물을 엇졀슈 업셔 죠션셔 먹고 지내더니 작년 여름에 이질을 ᄒ야 죽게 되얏더니 다ᄒᆼ이 살나나스나 그 여독이 죵시 낫지 못ᄒ야 간경에 죵긔가 싱겨 학문 잇ᄂ 의원들이 힘것 구완 ᄒ랴 ᄒ되 죽고 사ᄂ거슨 사름의 힘이 아니요

하ᄂ님이 주신 목숨인즉

하ᄂ님이 차자 가신거시라 그부인이 ᄒ달 동안을 알타가 이달 이십일 오 젼 십시 반에 가만히 셰샹을 버리고 묽고 놉고 자션ᄒ 영혼이 텬샹으로 갓스 니 이부인은 죠션에 잇ᄂ이 보다ᄂ 미우 극락이나 죠션 인민의게ᄂ 크게 손ᄒ 라 부인의 쟝ᄉ 례졀을 릭일(이십 이일) 오젼에 원두우 교ᄉ 집에서 거ᄒᆼ 홀 터인즉 누구던지 평일에 이부인을 알던이ᄂ 원교ᄉ 집으로 와셔 쟝ᄉ 례졀을 참례 ᄒ고 마지막 ᄒᆫ번 죠션 빅셩 ᄉ랑 ᄒ던이 얼골을 보고 샨쇼ᄂ 양화진 외 국 미쟝디라 거그 ᄭᆞ지 가셔 참례ᄒ고 스푼이ᄂ 다 가시오.

지역 단신. 독립신문(서울) (1897년 1월 23일), 2쪽

　　제이콥슨 양의 장례식은 어제 오전 11시 언더우드 박사의 자택에서 거행되었다. 그 집은 외국인과 내국인을 막론하고 고인의 친구들로 붐볐다. H. G. 언더우드 목사는 성경 말씀을 낭독하여 예배를 시작하였고, 에비슨 박사의 기도와 한국인 기독교인의 또 다른 기도가 이어졌다. W. M. 베어드 씨는 성경의 다른 구절을 읽었고, H. G. 아펜젤러 목사는 고인의 순결한 기독교적 삶을 설명하는 설교를 하였는데, 이는 살아 있는 자의 교훈이 된다. 그는 그녀의 고귀한 성품과 그녀가 이 땅에 있는 동안 수행한 많은 가치 있는 행동을 웅변적으로 말하였다. 그녀가 가장 좋아하는 찬송가를 영어와 한국어로 불렀다. 언더우드 박사는 한국인들에게 사랑, 믿음, 기쁨에 관하여 한국어로 설교하였다.

　　관(棺)은 많은 친구들이 기증한 가화(假花)로 아름답게 장식되었다. 관가(棺架)는 현지인 기독교인들에 의하여 양화진의 묘지로 운구되었고, 몇몇 친구들이 뒤따랐다. 장로교회 선교 학교의 학생들은 묘지로 가는 길에 찬송을 불렀다.

그림 23. 제이콥슨의 장례식이 거행된 언더우드 사택.

Local Items. *Independent* (Seoul) (January 23rd, 1897), p. 2

The funeral service of Miss Jacobson was held at the residence of Dr. H. G. Underwood yesterday morning at 11 o'clock. The house was crowded with the friends of deceased, both foreign and native. Dr. Underwood began the service by reading a passage from Scripture, followed by a prayer by Dr. Avison, and another prayer by a Korean Christian. Mr. W. M. Baird read another passage from Scripture, and Rev. H. G. Appenzeller delivered an address describing the pure Christian life of the deceased, which becomes a lesson for the living. He eloquently stated her noble character and many worthy deeds, which she performed while she was on earth. Her favorite hymns were sung both in English and Korean. Dr. Underwood addressed in Korean to the native Christians, an eloquent sermon, on love, faith and joy.

The coffin was beautifully decorated with hot house flowers contributed by many friends. The bier was carried by the native Christians to the cemetery in Yangwhachin, followed by several friends. The scholars of the Presbyterian Mission School sang hymns on the way to the burial ground.

올리버 R. 에비슨(서울)이 프랭크 F. 엘린우드(미국 북장로교회 해외선교본부 총무)에게 보낸 편지 (1897년 1월 25일)

한국 서울,
1897년 1월 25일

신학박사 F. F. 엘린우드 목사

안녕하십니까,

　　제가 제이콥슨 양의 질병과 사망에 대해 상세하게 박사님께 편지를 쓰는 슬픈 임무를 수행하는 것이 대단히 비통합니다. 지난 8월 그녀는 심한 이질에 걸렸다가 분명 완전히 회복한 것으로 생각되어 10월 초에 그녀의 병원 업무로 돌아 왔습니다. 그러나 그녀가 이질에서 회복되었지만 독성 물질이 다른 계통으로 운반되어 후에 후유증이 나타났습니다. 그녀는 10월의 연례회의가 진행되는 중에 불편함을 호소하였지만 단지 불확실한 증상뿐이었고, 회의가 폐회할 때까지 계속되다가 갑자기 심한 오한과 발열이 시작되었습니다. 첫 하루이틀 중에는 그것이 말라리아 간헐열로 생각되었지만, 장티푸스 같은 증상들이 더 나타나기 시작하였고, 한 일주일 동안 우리는 그것으로 판명될 것을 염려하였지만 다시 변경되어 말라리아 간헐열의 특징을 나타내었습니다. 한두 주일 동안 발열이 통상적인 치료에 잡히지 않고, 간(肝)에 몇몇 국소 증상이 나타났으며, 특히 흔히 간농양의 원인인 이질에 최근 걸렸었기 때문에 저는 간농양으로 발전할 두려움을 갖게 되었습니다. 하지만 많은 증상들이 호전되었고, 그녀는 종종 의자에서 일어날 수 있었습니다. 그녀의 병이 시작되었을 때 우리는 그녀를 우리 새 집의 방에 있게 하였으며, 우리 선교부와 감리교회 선교부의 많은 동료들의 방문을 받을 수 있을 때까지 머물다가 빈튼 박사의 집으로 올라갔습니다.

　　하지만 그녀의 상태는 국소적 증상이 더 분명해 지는 것을 제외하고 많이 변하지 않았으며, 동통이 더 심해지고 간이 점차 비대되어 우리는 점점 더 그녀가 간농양을 앓고 있다는 견해를 갖게 되었습니다.

　　저는 그녀에게 내가 무엇을 걱정하는지 충분히 설명하였고, 그녀에게 그런 상태와 관련된 위험에 대하여 솔직하게 이야기하였습니다. 그러나 그녀는 대단히 침착하게 설명을 들었으며, 자신은 구세주를 믿으며 만일 부르신다면 갈 준비가 되어 있다고 선언하였습니다. 저는 진단을 확실하게 하기 위해 간 천자를 시행할 필요를 설명하였으며, 만일 고름을 발견하게 되면 그것을 배출시키기 위하여 중대한 수술을 시행할 필요가 있게 될 것이라고 말해 주었습니다. 그녀는 자신이 수술을 위한 간호사로 교육을 받을 수 있었던 병원으로 가고 싶다고 말하였으며, 우리 모두는 그녀를 위해 그렇게 하는 것이 최상일 것이라고 의견을 모았습니다. 하지만 그녀는 상태가 어떤지 알기 위하여 이곳에서 천자술을 받기 원하였습니다. 그래서 (1897년) 1월 7일 빈튼 박사는 마취제를 투여하였고, 여러 의사들이 참석한 가운데 저는 천자를 시행하였는데, 유감스럽게도 처음 주사바늘을 삽입하였을 때 고름이 발견되었습니다. 우리는 천자기를 통해 약 5온스의 고름을 뽑아내었고, 그녀는 마취에서 깨어나 하루 이틀 동안 편안해 하였습니다. 그러자 그녀는 이곳에서 수술을 받고 싶다고 언급하였는데, 한겨울에 육로로 제물포로 가서 배를 타고 도쿄나 상하이로 가는 것은 그녀의 생명을 대단히 위태롭게 할 것이라는 의견에 일반적으로 공감하고 있었기 때문에 최종적으로 이곳에서 수술을 하기로 결정되었습니다. 우리 모두는 시술의 중대함을 인식하였고, 이곳에서 우리가 성공적인 결과를 확보할 수 있도록 모든 주의를 기울였습니다. 수술은 1월 11일, 월요일 아침으로 정해졌으며, 감리교회와 우리 선교부의 거의 모든 회원들이 수술 1시간 전에 모여 함께 하나님의 은총이 내려지기를 갈구하였으며, 동시에 현지인 신자들도 같은 목적을 위하여 자신들의 교회에 모였습니다. 수술은 우선 복부를 절개하고 농양을 노출시킬 때까지 간 조직을 잘랐으며 고름을 배출시켰습니다. 농양이 깊게 위치해 있어 상당한 어려움 끝에 시행되었으며, 빈튼 박사가 투여하였던 마취에서 깨도록 침상에 뉘었습니다. 저는 수술에서 화이팅, 커틀러, 버스티드 박사들의 도움을 받았으며, 번커 여사와 웸볼드 양 역시 배석하여 유용한 도움을 주었고, 제이콥슨 양의 요청에 따라 나의 병원 조수 두 명도 도왔습니다. 그녀는 수술의 충격을 상당히 받았지만 몇 시간 후에 회복하였고, 1월 16일 토요일 오후까지 분명 상당히 회복하였으나 심각한 증상이 나타났습니다. 그녀의 위(胃)가 영양물을 받아들이지 않았고, 우리는 직장 급식에 의존해야 하였으며 따라서 그녀는 대단히 허약하게 되었습니다. 그러나 그녀의 체온은 정상으로 떨어졌고, 맥박은 현저하게 증진되었습니다. 그리고 토요일 오전 우리는 복부 증상이 없었기 때문에 좋은 결과에 대한 희망이 있었습니다. 하지만 토요일 오후 맥박이 갑자기 나빠져 밤에 저는 그녀가 아침까지 견디지 못할 것이라고 염려하게 되었습니다. 그러나 그녀는 일요일 아침 일찍 회복하였으며, 우리에게 조그마한 희망을 주었지만 그녀가 다시 의식을 잃게 됨으로써 그 희망은 꺾이었습니다. 우리는 일요일 하루 종일 그녀가 사망할까 주시하였지만, 월요일 아침 그녀의 상태가 좋아졌는데 맥박이 강해졌고 정신이 분명해졌으며 영양물을 상당히 잘 섭취할 수 있게 되어 우리는 다시 한 번 희망을 가졌습니다. 그녀는 월요일 낮과 밤, 그리고 화요일 오전까지 그런 상태로 있었습니다. 화요일 정오경 그녀는 다시 악화되기 시작하였는데, 폐에서 증상이 나타났습니다. 그날 오후에 그녀는 상당 양의 피를 토해 우리는 아마도 그곳에 이차 농양이 생겼을 것으로 생각하였는데, 그 경우 우리는 더 이상 희망을 바랄 수 없었습니다. 그녀는 점차 가라앉더니 수요일 오전 12시 30분에 평화롭게 마지막 숨을 쉬었습니다.

그녀의 병환과 사망은 우리 모두에게 심한 슬픔을 가져다주었으며, 저는 박사님께서 분명 충격을 받으실 것이라고 확신하지만 우리는 자신을 떠받치는 믿음에 대한 영광스러운 그녀의 입증, 그리고 그녀에게 시행되었던 모든 것에 대한 그녀의 완전한 만족감 표시에 의해 위안이 되고 있습니다. 전(全) 사회는 여느 때와 다른 슬픔을 나타내고 있습니다. 러시아 공사는 호위병들에게 어떠한 소음도 내지 말라고 명령하여 통상적인 나팔소리, 북소리 등등이 모두 중단되었습니다. 러시아 공사관, 영국 공사관 및 세관에서 사용되는 것보다 많은 샴페인을 보냈습니다. 감리교회와 침례교회의 여성들은 그녀를 간호하는데 우리를 도왔으며, 사실상 한국인 신자를 포함하여 모든 사람들이 그녀의 회복을 위하여 그들이 할 수 있는 모든 공감을 보여주었습니다. (그녀의 치료에) 참여하는 동안 우리는 호된 시련 중에 명석한 두뇌와 확고한 기술을 가질 수 있도록 계속 기도를 드렸습니다.

제가 그녀에 대해 무엇을 이야기할 수 있겠습니까? 그녀는 호된 시련 중에 침착하게, 구세주를 만나기 위하여 기쁘게 나아가며 하나님의 뜻에 온전히 순응하는 실례를 우리에게 보여주었으며, 우리는 그리 쉽게 잊지 못할 것입니다. 제가 그녀에게 병세가 악화되고 있다고 말하자 그녀가 말하였습니다. "만일 그렇다면 괜찮습니다. 저는 두렵지 않습니다. 저는 이곳에 온 것이 너무도 기쁩니다. 업무에 종사하다 죽는 것은 좋습니다. 저는 일본에 가지 못한 것이 기쁩니다. 저는 동료들 중에서 죽어가고 있기 때문입니다. 만일 제 자신의 가치를 믿었더라면 저는 견디지 못하였을 것이지만, 이 모든 것이 그리스도가 저를 위하여 한 것이라고 생각할 때 저는 두려움이 없습니다. 죽는 것이 즐겁습니다."

수술은 밀러 씨 사택에서 시행되었습니다. 그녀가 죽은 후 밀러 씨 사택이 수용할 수 있는 것보다 많은 사람들이 장례식에 참석할 것으로 생각되어 언더우드 사택으로 그녀의 시신을 옮겼습니다. 장례식은 금요일 오전 11시에 거행되었으며, 외국인과 현지인 다수가 참석하였습니다. 비록 한국의 풍습은 일꾼들이 관(棺)을 메고 운반하는 것이었지만 그것을 반대하였던 한국인 신자들이 메고 4마일 떨어진 묘지까지 운반하였습니다. 외국인들 역시 묘지로 가는 중에 그들을 도왔으며, 이렇게 분리의 벽을 해체하려는 또 한 번의 일격을 받았습니다. 신자들은 묘지로 내려가는 길 내내 찬송가를 불렀으며, 전체적으로 그 광경은 대단히 인상적이었고 그들이 묶여 있던 견고하고 흔들리지 않는 관습에서 벗어나기 위한 강한 쐐기가 들어 왔다는 명백한 증거이었습니다.

저는 박사님께 다른 사안에 대해서도 쓰고 있지만 박사님께서 지체 없이 상세한 것을 아셔야 하기에 이 편지를 따로 떼어 급히 보내기 위해 아직 끝내지 못하였습니다. 저는 박사님께서 그녀의 병환과 무엇이 예기치 않게 그녀를 사망케 하였는지 모든 것을 알고 싶어 하실 것으로 생각하여 다소 상세하게 그녀의 병환의 세부 사항을 설명 드렸습니다.

안녕히 계십시오.
O. R. 에비슨

Oliver R. Avison (Seoul),
Letter to Frank F. Ellinwood (Sec., BFM, PCUSA) (Jan. 25th, 1897)

Seoul, Korea

January 25, 1897

Rev. F. F. Ellinwood, D. D.

Dear Sir:

It is with much sorrow that I perform the sad duty of writing you the details of the sickness and death of Miss Jacobson. Last August she had a severe attack of dysentery from which she apparently wholly recovered, returning to her work at the hospital about the beginning of October. But the sequel proves that while she recovered from the dysentery, the poisonous matter was carried to another part of her system to develop later on. She complained more or less of illness during the progress of the Annual Meeting in October but only of indefinite symptoms, keeping up until the meetings closed, when she suddenly yielded to an attack of chills an fever of a severe type. For the first day or two it was thought to be malarial intermittent fever but the symptoms began to develop more like typhoid fever and for a week or so we feared it might prove to be such, but then again changed and presented the type of malarial remittent fever. In the course of a week or two as the fever did not yield to the usual treatment and some local symptoms developed in the liver I was led to fear the development of suppuration in that organ, especially as she had recently suffered from dysentery which is frequently the originator of a hepatic abscess. However, many of her symptoms improved and she was able to go out in her chair occasionally. At the beginning of her illness we placed her in a room in our new house where she remained until able to be about when she accepted one of the many invitations of friends in both our own Mission and the Methodist Mission, and went up to Dr. Vinton's.

Her condition however, did not change much, except that the local symptoms became more prominent, the pain especially becoming more severe and the liver becoming gradually larger, so that we became more and more inclined to the opinion that she was suffering from an hepatic abscess.

I explained to her fully what I feared and told her plainly of the danger connected with such a condition, but she received the information with perfect calmness, declaring her trust in her Savior and her readiness to go if called upon. I explained to her the need of making an aspiration of the liver in order to make sure of the diagnosis and told her that if we found pus it would be necessary to perform a serious operation in order to evacuate it. She said she would like to go to a hospital where she could have trained nurses for the operation and we all agreed that it would be best for her to do so. She, however, desired to have the aspiration done here so that she might know what her condition was, so on January 7th Dr. Vinton administered an anaesthetic and I in the presence of several physicians aspirated, and to our regret found pus at the first insertion of the needle. We withdrew about 5 ounces of pus by means of the aspirator and she recovered nicely from the anaesthetic and for a day or two was much more comfortable. She then stated she wished the operation to be performed here and as there was also a general consensus of opinion that the journey overland to Chemulpo followed by a sea voyage in midwinter to Tokio or Shanghai would endanger her life very much, it was finally decided to operate here. We all realized the gravity of the proceeding and took every precaution that we could here to secure a successful result. Monday morning, January 11th was fixed upon and nearly all the members of both the Methodist and our own Missions met just before the hour for operating and united in asking God's blessing upon it, while at the same time the native Christians met in their church for the same purpose. The operation involved first an abdominal section and then cutting through the liver tissue until the abscess was opened and the pus evacuated. After considerable difficulty owing to the depth of the abscess, this was accomplished and she was placed in bed to recover from the anaesthetic which, as before, was administered by Dr. Vinton. I was assisted in the operation by Drs. Whiting, Cutler, and Busteed, while Mrs. Bunker and Miss Wambold also were present and rendered valuable help; two of my Korean hospital boys also, at Miss Jacobsen's special request, being present and assisting. She suffered a good deal from the shock of the operation but after a few hours recovered from that and apparently progressed fairly until Saturday afternoon, January 16th when serious symptoms developed.

Her stomach had refused nourishment and we had had to depend upon rectal feeding so that she had become very weak. But her temperature had fallen to normal and her pulse had improved materially and on Saturday morning we were very hopeful of a good result as no abdominal symptoms had set in. However, on Saturday afternoon the pulse suddenly gave way and during the night I feared she would not last until morning. But she revived early Sunday morning and gave us a little hope which, however, was soon dashed by her falling again into collapse. We watched with her all day Sunday looking for her death and all Sunday night, but Monday morning found her better, pulse stronger and head clear, and we again hoped, especially as she was able to retain a good deal of nourishment. So she continued all day Monday and Monday night and until Tuesday morning. About noon on Tuesday she began to fail again, having developed symptoms of trouble in the lungs. During that afternoon she coughed up a quantity of bloody matter which caused us to think it probable that a secondary abscess had developed there, in which case of course we could hope no longer. She gradually sank and at 12:30 a. m. Wednesday, peacefully breathed her last.

Her illness and death have been a source of great gnef to us all and I am sure you will be shocked but we are comforted by the glorious testimony she gave of her sustaining faith and by the perfect satisfaction she expressed with everything that had been done for her. The entire community has been aroused to an unusual degree of sympathy. The Russian Minister gave order that no noise should be made by the soldiers of the guard so that all the usual bugle calls, beating of drums, etc. was discontinued. Champagne, more than could be used, was sent from the Russian Legation, the English Legation, and the Customs. The ladies of both Methodist and Baptist missions tied with those of our own in assisting to nurse her, and in fact everybody, including the Korean Christians did all they could to show their sympathy and their desire for her recovery. While we who were in attendance were constantly held up in prayer that we might with clear heads and steady hands be sustained during the trying ordeal.

What can I say of her? She gave us all an object lesson in perfect resignation to God's will, in calmness under severe trial, in joyful going forward to meet her Savior, that we shall not soon forget. When I told her that a change for the worse had occurred, she said: "if so, it is well. I am not afraid. I am so glad I came here. It is good to die in the harness. I am glad I did not go to Japan for I am dying amongst friends. If I were trusting in my own merit I would not stand, but when I think of all Christ has done for me, I have no fear. It is sweet to die."

The operations were performed in Mr. Miller's house. After her death the body was removed to Dr. Underwood's as it was felt that there would be a larger attendance at the funeral than could be accommodated in Mr. Miller's house. The funeral was held Friday at 11 a m and was largely attended by both foreigners and natives. The coffin was carried all the way to the cemetery, a distance of 4 miles, on the shoulders of the native Christians who refused to allow coolies to be called, although the Korean custom is to commit such work entirely to coolies. Foreigners also relieved them during the progress to the cemetery and the wall of separation received in this way another blow towards its demolition. The Christians sang hymns all the way down to the cemetery and altogether the spectacle was very striking and a manifest proof that there was a strong wedge entered in to separate from the hard and fast customs to which they have been bound.

I am writing you concerning other matters but as I am not through with them I hasten to send this off separately that you may get these details without unnecessary delay. I have entered into the details of her illness with some minuteness as I thought you would like to know all about her sickness and what caused her untimely death.

Yours very sincerely,
O. R. Avison

지역 단신. 독립신문(서울) (1897년 1월 26일), 2쪽

고(故) 제이콥슨 양의 유품 경매가 내일 1월 27일 오전 10시부터 제중원에 있는 사택에서 열린다. 판매할 물품은 거실, 침실 및 주방 가구, 난로, 의류, 침대 및 탁자 아마 포(布), 커튼, 서적 및 다른 개인 소유물이다.

Local Items. *Independent* (Seoul) (January 26th, 1897), p. 2

An auction sale of the effects of the late Miss Jacobson will be held to-morrow, Jan. 27th, at her home at the Government Hospital, beginning at ten o'clock. The articles to be sold consist of sitting-room, bed-room, and kitchen furniture, stoves, clothing, bed and table-linen, curtains, books, and other personal property

안나 P. 제이콥슨 양의 일생에 대한 짧은 개요.
독립신문(서울) (1897년 1월 28일), 2쪽

안나 P. 제이콥슨 양의 일생에 대한 짧은 개요 (Communicated.)

지난 한 주일 동안 우리는 기꺼이 자신의 생명을 한국에 바쳤고 한국 땅에서 그녀의 마지막 안식처를 찾아 기뻐하였던 한 사람을 안장(安葬)하였다.

안나 P. 제이콥슨은 1866년 4월 18일 노르웨이 수스버그 타운 근처의 뇌테로 섬에서 출생하였다. 그녀는 대가족의 일원이었다. 그녀의 아버지는 많은 직원을 둔 제빵사이었다. 그녀의 어머니, 여러 형제와 자매가 생존해 있다.

어린 나이에 부모의 강요로 루터교회 신자가 되었지만 그것은 자신의 뜻에 어긋나는 일이었다. 하지만 그녀의 양심은 그녀를 괴롭혔고 그녀의 마음은 만족스럽지 못하였다. 길고 힘든 투쟁 끝에 그녀는 그리스도와 그녀가 갈망하였던 용서를 찾았다. 그 후 그녀는 장로교회에 들어갔다.

이때 그녀의 삶에 큰 어려움이 찾아왔다. 양심적으로 비신자와 결혼할 수 없다고 생각한 그녀의 약혼이 깨졌다.

장로교회 신자가 되었다는 이유로 그녀는 집에서 쫓겨났고, 15세에 전적으로 자력에 내던져졌다.

그녀가 구할 수 있는 유일한 직업은 가사 일이었다. 그 이후로 그녀의 경험은 대단히 힘들었다. 그녀는 간호사 교육을 받고 싶은 강한 욕망에 사로잡혀 미국으로 갔다. 상황이 그녀를 메인 주 포틀랜드로 이끌었고, 그곳에서 3년 동안 가사 일을 한 후 메인 종합병원 간호사 양성소에 입학하였다.

외국어의 단점에도 불구하고 그녀는 미국인 급우들과 동등하고, 종종 이를 능가하는 점수를 얻었다.

그녀는 오랫동안 선교 사업을 원하였으며, 졸업장을 받기 1년 전에 장로교회 해외 선교본부로 지원하였다. 간호사 양성소를 졸업한 직후 그녀는 한국에서 에비슨 박사를 보조하도록 임명되었다.

메인 종합병원의 의료진 중에서 몇 명은 그녀가 포틀랜드에 남아 있기만 한다면 할 수 있는 모든 일을 약속하면서 그녀에게 선교 사업을 포기할 것을 설득하는데 최선을 다하였다.

한국에 도착한 그녀는 메인 종합병원과 제중원을 비교할 때 무균 및 소독의 개념이 없고 장비가 부족함을 발견하고 거의 압도당할 뻔하였다. 자신의 특징인 지칠 줄 모르는 원기로 그녀는 담당 부서에 청결을 도입하고 체계를 구축하는 어려운 임무를 시작하고 끝까지 계속하였다. 그리고 어떤 성공을 거두었는가? 그녀는 2년 동안 일한 결과 여러 명의 잘 훈련된 조수, 훨씬 늘어난 장비 및 병동 업무를 체계적으로 축소시킨 결과를 남겼다.

거의 1년 동안 병원 활동 이외에 전도 활동을 어느 정도 하였고, 한국어 학습에 대한 활발한 활동이 이를 가능하게 하였다.

1896년 8월에 발병하여 1897년 1월 20일에 사망하였다.

병원에서 그녀의 자리를 채우기 힘들 것이고, 그녀의 손실은 전체 지역 사회에서 느낄 것이다.

가장 인상적인 예배가 언더우드 박사의 사택에서 거행되었다. 외교관, 선교사, 그리고 한국인들이 많이 참석하였다.

유해는 한국인 기독교인들에 의하여 5마일 떨어진 공동묘지까지 운구 되었는데, 그것은 '왕족을 위하여 하도록 고용될 수 없는 일'이었다.

> 이곳에서 그녀의 몫은 짧은 삶이었다.
> 짧은 슬픔, 단명한 걱정
> 끝을 모르는 삶
> 그곳에 눈물 없는 삶이 있다.
> 오 행복한 응보!
> 짧은 수고, 영원한 안식
> 영원히, 영원히
> 축복이 있는 저택에서.

Short Sketches of the Life of Miss Anna P. Jacobson. *Independent* (Seoul) (January 28, 1897), p. 2

Short Sketch of the Life of Miss Anna P. Jacobson (Communicated.)

During the week that has passed we laid at rest one who gladly gave her life to Korea and who was happy to find her last resting place in Korean soil.

Anna P. Jacobson was born April eighteenth, eighteen hundred and sixty six, on the island of Nottero, near the town of Sousberg, Norway. She was one of a large family. Her father a baker having a large number of employees. Her mother with several brothers and sisters survives her.

At an early age, she was forced by her parents to become a member of the Lutheran Church, but it was against her own wishes. However, her conscience troubled her and her heart was unsatisfied. After a long hard struggle, she found Christ and the forgiveness she craved. She then entered the Presbyterian church.

At this time a great trouble came into her life. Feeling that she could not conscientiously marry an unbeliever her engagement was broken.

On account of becoming at Presbyterian she was driven from her home, and at the age of fifteen was thrown entirely upon her own resources.

The only employment she was able to secure was that of housework. Her experiences, from that time on, were exceedingly trying. She became possessed with a strong desire to take a nurse's training and for that purpose went to America. Circumstances led her to Portland, Maine, where after three years of housekeeping, she entered the Maine General Hospital Training School for Nurses.

Notwithstanding the disadvantage of a foreign language, she maintained a record equal to and often surpassing that of her American classmates.

She had long wished to do missionary work and one year before receiving her diploma, she offered herself as a candidate to the Presbyterian Board of Foreign Missions. Shortly after being graduated from the Nurses Training School, she was appointed to assist Dr. Avison in Korea.

On the Maine General Hospital staff of physicians, were several who tried their utmost to persuade her to give up the idea of missionary work, promising her all the work she could do, if she would only remain in Portland.

Arriving in Korea, she found such a contrast between the Maine General and Government Hospitals, in absence of asepsis and antisepsis, and paucity of equipment, as nearly to overwhelm her. With the tireless energy so characteristic of her, she began and continued to the very end, the difficult task of bringing cleanliness and system into her department. And with what success? She has left behind her, as the result of her two years' work, several well-trained assistants, a much increased equipment and the ward work reduced to a system

Beside the hospital work, evangelistic work to some extent had been carried on by her for nearly a year, her excellent work in the study of the Korean language making that possible.

On the month of August, eighteen hundred and ninety-six, the disease began its work culmination in her death, January twentieth, eighteen hundred and ninety-seven.

At the hospital her place will be hard to fill and her loss will be felt by the whole community.

A most impressive service was held at the house of Dr. Underwood. It was hugely attended by diplomats, missionaries and Koreans.

The remains were born to the cemetery, a distance of five miles, by Korean Christians, "a work they could not have been hired to do for the royalty."

> "Brief life was here her portion;
>   Brief sorrow, short-lived care;
> The life that knows no ending;
>   The tearless life is there.
> Oh happy retribution!
>   Short toil, eternal rest;
> Forever and forever
>   In mansions with the blest."

공고. 독립신문(서울) (1897년 1월 28일), 3쪽

공고

　고 안나 P. 제이콥슨 양의 유산에 대한 청구권이 있는 모든 사람은 1897년 4월 30일 이전에 청구권을 제출할 것을 요청 드립니다. 그날 이전에 제출하지 않은 청구권은 인정하지 않습니다.

C. C. 빈튼,
유언 집행인
한국 서울, 1897년 1월 25일

Notice. *Independent* (Seoul) (Jan. 28th, 1897), p. 3

Notice.

　All persons having claims upon the estate of the late Anna P. Jacobson are hereby requested to present them before the 30th day of April, 1897. Claims, unless presented before that date will not be acknowledged by

C. C. Vinton,
Executor
Seoul, Korea, January 25th, 1896 (sic)

18970100

헨리 G. 아펜젤러, 안나 P. 제이콥슨 양.
The Korean Repository (1897년 1월호), 32~34쪽

안나 P. 제이콥슨 양. - 이달 들어 세 번째 사망자가 서울과 제물포의 외국인 사회에서 발생하였다.[17] 북장로교회 선교부의 회원이며 왕립병원의 간호사로 일하고 있는 안나 P. 제이콥슨 양이 1월 20일 오전 12시 반에 조용히 세상을 떠났다. 우리는 그녀가 마지막 병에 걸렸을 때 그녀를 진료하였던 O. R. 에비슨 박사가 우리에게 보낸 편지를 이곳에 싣는다.

"제이콥슨 양의 병은 지난 8월로 거슬러 올라갑니다. 그녀는 심하게 이질에 걸렸지만 분명히 완전하게 회복되어 9월 말경에 병원에서 일을 재개하였습니다. 10월 말경 그녀는 갑자기 오한을 동반한 고열로 심하게 앓게 되었습니다. 처음에는 장티푸스가 생길까 봐 두려웠지만 그런 증상이 계속되지 않고 말라리아 성 이장열(弛張熱)로 보이는 증세가 나타났습니다. 거의 호전이 없었고, 간과 관련된 다른 증상이 나타나면서 저는 간에 농양이 형성되고 있다고 의심하였는데, 특히 그녀가 바로 얼마 전에 간의 화농의 흔한 원인인 이질에 걸렸었기 때문입니다.

"일반적인 치료와 세심한 식이요법을 통하여 한동안 많은 증상이 호전되었고 두려움이 근거 없는 것으로 판명되기를 희망하였지만 국소 증상이 다시 많아져 확실한 진단을 받고자 간 흡인을 시행하기로 결정하였습니다. 이것은 1월 7일 이루어졌습니다. 환자는 상당히 편안해졌고, 하루나 이틀 동안 고열이나 불편함이 없었지만 농양 강(腔)에 고름이 더 형성되면서 곧 전과 같은 증상이 나타났습니다. 의사들은 이 사례에 대하여 충분히 논의한 결과 수술이 그녀에게 가장 좋은 삶의 기회를 줄 것이라는 결론을 내렸고, 1월 11일 월요일 수술이 시행되었습니다. 장로교회와 감리교회 선교부의 모든 의사가 참석하였습니다.

"기대하였던 것보다 더 어려웠지만 고름이 성공적으로 배출되었고 배액관이 삽입되었습니다. 그녀는 약간의 어려움을 겪었고, 1월 16일 토요일 오후 심부전 증세가 나타나기 시작할 때까지 참여하였던 모두에게 만족스럽게 모든 것이 진행되었지만, 밤사이에 그녀가 빠르게 사망할 것으로 예상되

---

17) Alexander Gordon Kenmure (born in September 1896, son of A. Kenmure, agent of the British and Foreign Bible Society) died on January 1, 1897; Dr. Fullerton B. Malcolm of the English Church Mission died on January 3rd in Chemulpo; and Miss Jacobson on January 20.

어 그녀의 친구들을 불렀습니다. 하지만 그녀는 아침에 회복하였고, 일요일은 하루 종일 위중과 회복을 반복하였습니다. 그러나 월요일이 되자 회복된 것 같았습니다. 화요일에 그녀는 다시 악화되었고, 폐에 전이성 농양의 일부 증상이 나타났고 수요일 오전 12시 30분까지 점점 가라앉다가 조용히 세상을 떠났습니다. 그녀가 병에 걸렸을 때 전체 공동체의 동정심이 예외적인 정도로 높아졌고, 그녀의 회복을 돕기 위하여 서로 힘을 합쳤습니다.

"선교부의 신자들은 수술 전에 만나 의사들을 위한 하나님의 인도하심과 도우심을 간절하게 간구하였고, 현지인 기독교인들도 같은 목적으로 기도 모임을 가졌습니다.

"그녀는 수술을 받기 전 사망하거나 남는 것을 완전히 체념하고, 심지어 기쁨을 나타낼 정도로 완전한 평온함을 드러내었으며, 수술을 하는 의사들을 위하여 수술을 받는 동안 자신이 죽지 않기를 바라는 마음뿐이라는 소망을 저에게 표현하였습니다."

제이콥슨 양의 장례식은 1월 22일 금요일 언더우드 박사의 사택에서 거행되었는데, 그는 예배도 주관하였다. 날씨가 매우 좋았고, 외국인과 내국인 모두 많이 참석하였다. H. G. 아펜젤러 목사는 영어로 설교를 하였고, 언더우드 목사는 한국어로 하였다. 한국인 신자들은 4마일 떨어진 양화진 묘지까지 관을 운구하는 특권을 요청하였고, 그 요청은 받아들여졌다. 20여 명의 남자들이 관가(棺架)를 메고 묘지 문에 도착할 때까지 결코 내려놓지 않았다. 우리와 마찬가지로 한국에서도 가장 친한 친구가 관을 운구하는 역할을 하는 것은 아름다운 풍습이며, 이것은 서울에서 처음 하는 일이었다. 내내 찬송가를 불렀다. '놀랄만한'은 우리의 감정을 표현하는 단어이다.

묘지로 가는 길을 따라 위치하는 마을의 기독교인들이 도시로 들어와 시신을 마지막 안식처로 운구하는 일에 참여하였다. 독특한 환대와 함께 그들은 수도에서 온 형제들을 위하여 50개의 밥상을 준비하였는데, 전적으로 자발적인 것이었으며, 후자는 많은 감사와 함께 즉각적으로 수락한 은혜로운 행동이었다. '영광스러운 환대'는 우리의 감정을 표현하는 단어이다.

Henry G. Appenzeller, Miss Anna P. Jacobson.
The Korean Repository (Jan., 1897), pp. 32~34

Miss Anna P. Jacobson. - For the third time this month death entered the foreign communities in Seoul and Chemulpo. Miss Anna P. Jacobson, a member of the Northern Presbyterian Mission, employed as nurse in the Royal Hospital, this city, passed quietly away at half past twelve on the morning of January 20. We copy from a letter to us by Dr. O. R Avison who attended her during her last sickness.

"Miss Jacobson's illness dates back to last August, when she had a severe attack of dysentery from which, however, she apparently fully recovered, resuming her work in the hospital about the end of September. Towards the end of October she suddenly became very sick with high fever preceded by chills. At first it was feared that typhoid would develop but those symptoms did not continue and what appeared to be malarial remittent fever resulted. There is very little improvement and other symptoms connected with the liver developing I suspected that an abscess in the liver was forming, especially as she had had, but a short time before, the dysentery which is so frequent a cause of suppuration in the liver.

"Under general treatment and careful dieting many of the symptoms improved for a time and it was hoped that the fears would prove groundless, but the local symptoms again increased and it was decided that aspiration of the liver should be performed with the hope of obtaining a definite diagnosis. This was done Jan. 7th. The patient was much relieved and for a day or two was free from fever and discomfort, but further formation of pus in the abscess cavity soon gave rise to the same symptoms as before. Thorough discussion of the case by the physicians resulted in the conclusion that an operation would give her the best chance of life, and on Monday Jan. 11th the operation was performed, all the physicians of both Presbyterian and Methodist Missions being present.

"It proved more difficult than had been hoped, but the pus was evacuated successfully and a drainage tube inserted. She rallied with some difficulty and everything progressed with fair satisfaction to those in attendance until the afternoon of Saturday Jan. 16th, when symptoms of heart failure set in, and during the night her friends were called in the expectation of her speedy death. She however rallied in the morning and all day Sunday passed from one collapse into another with intervals of rallying, but on Monday seemed to have improved. Tuesday she grew worse again and some symptoms of a metastatic abscess in the lungs appeared, and she gradually sank until 12.30 a. m. Wednesday morning, when she quietly passed away. During her illness the sympathies of the entire community were aroused in an unusual degree and each vied with the other in endeavoring to assist toward her recovery.

"Members of the missions met before the operation and prayed earnestly for God's guidance, and help for the doctors, and the native Christians likewise met in prayer circle with the same object.

"She manifested perfect calmness even to joy before the operation, being perfectly resigned to be taken or left, only expressing the hope that for the sake of the doctors engaged in the operation she might not die while me operation was being performed."

The funeral of Miss Jacobson took place from the home of Dr. Underwood, who also had charge of the services, on Friday, January 22nd. The weather was very pleasant and the attendance of both foreigners and Koreans was large. The Rev. H. G. Appenzeller delivered an address in English and the Rev. Dr. Underwood one in Korean. The Korean Christians asked the privilege to carry the casket to the cemetery at Yang-wha-chin, a distance of four miles, which request was granted them. Some two dozen men lifted the bier and never lowered it until they came to the gate of the burial grounds. It is a beautiful custom in Korea, as with us, for me nearest friends to act as pall-bearers and this is the first time this was done in Seoul. Hymns were chanted the whole way. "Wonderful," is the word that expresses our feelings.

The Christians in the villages along the road to the cemetery came into the city and took a part in carrying the body to its last resting-place. With characteristic hospitality, they also prepared fifty tables of rice for their brethren from the Capital - entirely of their own accord - a gracious act the latter were quick to accept with many thanks. "Glorious hospitality," are the words that express our sentiments.

18970100

헨리 G. 아펜젤러, 조사(弔辭).
The Korean Repository (1897년 1월호), 35~37쪽

조사(弔辭)

다음의 조사는 1월 22일 안나 P. 제이콥슨 양의 장례식에서 낭독한 것이다.

'네 눈은 왕을 그의 아름다운 가운데에서 보며 광활한 땅을 눈으로 보겠고' - 이사야 33:17.

6년 반 전 장로교회의 첫 선교사가 사망하여 양화진 외국인 묘지의 첫 번째 무덤에 안장되었습니다. 오늘 한국인 기독교인들의 손에 우리는 그녀의 마지막 안식처로 운구하고 있으며, 16번째 사람의 지상의 유해가 우리 도시 옆을 세차게 흐르는 아름다운 강의 유역에서 안식에 들게 됩니다. 형제자매 여러분, 저는 여러분과 함께 슬퍼하는데, 저의 동류들이 저와 함께 할 것을 확신하며 여러분의 손실은 우리의 손실이기도 합니다. 저는 오늘 아침에 조사를 하라는 무자비한 제안을 기꺼이 수락하였고 꽃 몇 송이를 따서 죽은 자의 관에 놓을 것입니다.

우리의 작은 공동체는 올해를 눈물로 시작하였습니다. 새해 첫 날, 사랑하는 부모님의 품에서 조용히 작은 싹이 제거되어 하나님의 낙원에서 꽃을 피웠습니다. 고인의 치명적인 질환이 지난 해에서 새해로 옮겨져 첫 달이 가기 전에 오늘 우리는 다시 애도하고 있습니다. 그녀의 눈이 '네 눈은 왕을 그의 아름다운 가운데에서 보며 광활한 땅을 눈으로 보는' 위안의 생각으로 우리 자신을 위로하지 않기에 아마도 우리는 슬퍼해서는 안 될 것입니다.

제가 오늘 아침에 여러분들께 할 말은 죽은 자를 위하는 것이 아니라 남아 있는 우리를 위하는 것입니다. 우리는 열린 관 옆에 서서 하나님께 "당신은 무엇을 하십니까?"라고 말할 수는 없지만 우리는 돌아가신 자매의 헌신적이고 열렬한 노고로부터 유용한 교훈을 배울 수 있고, 또 배워야 합니다.

마음은 '한밤중 태양의 땅' 바이킹의 고향으로 향합니다. 바이킹보다 더 바다의 파도에 용감한 종족은 없었습니다. 노르웨이에서 태어났으며, 그녀의 연로한 어머니는 여전히 수도(首都)인 크리스티아나에서 멀지 않은 곳에서 살고 있습니다. 그녀는 어려서 회심의 필요성을 그리 강조하지 않는 교회인 국교 혹은 루터교회에 다녔습니다. 그 어린 소녀는 옳고 그름에 대한 깊은 확신을 가지고 있었고, 교회와 외적인 관계에만 만족하지 않았습니다. 성령께서는 그녀가 자신의 마음을 그분의 은혜로운 인도에 온전히 바쳐질 때까지 그녀에게 간청하셨습니다. 그녀는 맑은 빛으로 인도되었고 죄 사함을 받았다는 자각을 기뻐하였습니다.

이 순간에 대하여 잠시 생각해 보겠습니다. 성공적인 선교사, 그리고 선교사가 단순히 기독교인의 일꾼이고, 행동하는 기독교인이 되기 위해서는 용서받은 죄에 대한 명확하고 뚜렷한 지식이 기본입니다. 그 어떤 것도 그 자리를 차지할 수 없습니다. 육체적인 활력, 지적 능력, 외국어 습득 능력, 끈기의 힘, 자원의 풍요로움은 모두 성공의 필수 요소입니다. 그러나 자신의 죄가 지워졌으며, 하나님의 은혜로 말미암아 그가 하나님의 상속자가 되었고 왕의 아름다움을 보게 될 것이라는 사실을 알지 못한다면, 그는 개인적인 죄의 용서를 원하고 필요로 하는 사람들에게 깊은 인상을 주기를 바랄 수 없습니다. 그러므로 우리는 죽은 자매가 올바르게 시작하였다고 말할 수 있습니다. 그리스도인의 삶의 목적은 우리가 '네 눈은 왕을 그의 아름다운 가운데에서 보며 광활한 땅을 눈으로 보는' 삶을 사는 것입니다.

불과 2년도 채 되지 않았을 때 제이콥슨 양은 선한 사마리아인의 아름다운 비유에 너무나도 적절하게 묘사되고 진심으로 찬사를 받는 일을 하기 위하여 한국에 왔습니다. 그녀는 이미 한국을 위하여 많은 일을 하였고 기독교 사역을 위하여 나라를 열었던 의료 사업에 더 큰 효과를 더하기 위하여 왔습니다. 진료하는 의사가 아니라 자신의 이름으로 냉수 한 그릇을 주시는 하나님을 바라보며 도움을 주고 지원하여 보이지 않는 일을 하기 위하여 왔습니다. 그녀가 한국에 있는 동안 대부분의 시간을 함께 일하였던 에비슨 박사는 저에게 "그녀는 정말 좋은 간호사이었습니다."라고 썼는데, 이에 대하여 외국인과 한국인 모두 기꺼이 증언할 준비가 되어 있습니다. 우리의 동정은 그녀의 섬김을 박탈당한 사람들과 함께 있습니다. 그녀는 자신의 병의 특성에 대하여 들었을 때, "그렇다면 나는 두려워하지 않고 주님께서 원하실 때 이의를 제기하지 않겠지만 죽기 전에 이곳에서 더 많은 일을 하고 싶었을 것입니다."라고 말하였습니다. 가장 자연스러운 욕망이자 그녀의 마음이 주인과 올바른 관계를 유지하고 있음을 나타내는 것입니다.

그녀는 조용하고 눈에 거슬리지 않으며 모범적인 그리스도인의 삶을 살았습니다. 병실에서의 호출에 응할 준비가 되어 있으며, 모든 종교적 의무를 엄격하게 준수합니다. '그녀는 자신이 할 수 있는 일을 하였다.' 그녀는 '그 아름다움과 먼 땅에 있는 왕'과 함께 있습니다.

지난 2주일 또는 그 이상 동안 지역 사회의 심장은 병실에서 고통 받는 환자에게 깊은 동정을 표하며 더 나아가 책임이 가장 무거운 사람들인 의사 및 시중을 드는 사람들과 함께 뛰었으며, 고대의 왕처럼 그녀는 살든 죽든 자신의 집을 정리하였습니다. 그녀는 첫 수술 전에 명랑하였고, 병의 성격이 의심되고 회복 가능성이 좋지 않을 때에도 마냥 즐거워하였습니다. '그녀는 수술 전후 모두 용감하였습니다.'

우리는 윌리엄 포브스 경의 말을 억지로 떠올리지 않았습니까? '내 경험에 따르면 죽음의 침대로 내려가는 사람들에게 그것은 공포가 없다고 말하십시오. 가장 필요한 시간에 가장 높으신 분의 자비가 있고, 영혼이 하나님을 만나기에 적합한 어떤 변화가 일어납니다.' 에비슨 박사는 다시 "그녀는 건강하였던 동안 죽음에 대한 두려움이 없다고 자주 말하였습니다."라고 쓰고 있으며, 마지막 날에 그녀는 죽음을 정면으로 바라보는 것이 얼마나 침착하고 기쁨으로 충만해 있는지를 보여 주었습니다. 하나님의 백성은 아직 잘 죽어가고 있고, 예를 들어 참회자, 순교자 및 성인의 시대로 돌아갈 필요는 없습니다.

히브리인, 그리스인, 로마인들 사이에는 가장 가까운 친척이 죽은 자의 눈을 감기는데 남편이 아내를 위하여, 아내가 남편을 위하여, 부모가 자녀를 위하여, 자녀가 부모를 위하여 눈을 감기며, 그런 사람들이 없는 경우 한 친구가 다른 친구를 위하여 그것을 해주었습니다. 야곱은 도중에 죽을까봐 애굽으로 내려가기를 주저하였으나 브엘세바의 환상에서 하나님은 연로한 족장에게 나타나셔서 "요셉이 그의 손으로 네 눈을 감기리라 하셨더라."라고 보증하셨습니다.

세상을 떠난 자매는 어머니나 가까운 친척의 손으로 이 마지막 도움을 받는 특권을 누리지 못하였지만, 하나님의 선하신 섭리로 고통의 마지막 날에 그녀를 섬겨준 많은 친절한 친구들 중에는 같은 해안에서 온 1명이 있었습니다. 이들은 기독교적 사랑이라는 공통의 유대뿐만 아니라 공통의 국가라는 유대로 함께 묶여 있었습니다.

"이는 다윗의 마지막 말이라. 내 집이 하나님 앞에 이같지 아니하냐 하나님이 나와 더불어 영원한 언약을 세우사 만사에 구비하고"[18] 요즈음도 그렇습니다. 제이콥슨 양의 놀라운 쾌활함과 체념은 그녀를 진료하고 방문한 모든 사람들에게 깊은 인상을 남겼습니다. 그녀가 하나님과 맺은 언약은 질서 있고

---

18) 사무엘하 23:1, 5

확실한 영원한 언약이었습니다. '어두워 갈 때에 빛이 있으리로다.'[19] 우리는
오히려 그녀의 해가 아직 정오일 때 졌다고 말하는 경향이 있습니다. 그러나
그 전에는 구름이 없었습니다. 태양은 찬란한 불꽃 속에서 졌습니다.

> '그녀는 샛별이 자리 잡는 것같이 자리 잡는다.
> 어두워진 서쪽 뒤로 내려가지 않는,
> 하늘의 폭풍우 속에 가려져 감추어지지도 않는,
> 그러나 하늘의 빛 속으로 녹아내린다.'

Henry G. Appenzeller, Funeral Address.
The Korean Repository (Jan. 1897), pp. 35~37

Funeral Address.

The following address was delivered at the Funeral of Miss Anna P. Jacobson,
Jan. 22nd.

"Thine eyes shall see the king in his beauty; they shall behold the land that is
very far off." - Isaiah 33:17.

Six years and a half ago the first member of the Presbyterian Mission,
claimed by death, was laid in the first grave in the foreign cemetery at
Yangwha-chin. To-day at the hand of Korean Christians we bear to her last
resting-place another member of this mission - the sixteenth person whose earthly
remains rest on the banks of the beautiful river that flows hard by our city. I
mourn with you, brethren and sisters, in which I assure you my associates join
me, in your loss which is our loss as well. I gladly accepted the unmerited
invitation to make an address this morning and would pluck a few flowers and
lay them upon the bier of the dead.

Our small community began this year in tears. On New Year's Day a little
bud was quietly removed from the embrace of loving parents to bloom and

---

19) 스가랴 14:7

blossom in the Paradise of God. The fatal illness of the deceased was brought from the old year into the new, and to-day before the first month is past we mourn again. Perhaps we should not mourn, for may we not console ourselves with the comforting thought that her eyes "see the king in his beauty and behold the land that is very far off?"

The words that I shall say to you this morning are not for the dead but for us who remain. We may not say to God, as we stand by the open coffin, "What doest thou?" but we may and we should learn some useful lessons from the devoted and earnest labors of our departed sister.

The mind goes to the Land of the Midnight Sun, to the home of the Vikings, than whom no more fearless race ever braved the ocean's waves. Born in Norway, her aged mother still lives only a short distance from the capital, Christiana. She early united with the Lutheran or State Church, a church that does not lay as much stress on the necessity of conversion as it might and perhaps should. The young girl had deep convictions of right and wrong, was not satisfied with having only an outward relation to the Church; the Holy Spirit pleaded with her until she gave her heart entirely to His gracious leadings. She was led into the clear light and she rejoiced in *the consciousness of sins forgiven*.

Let me dwell on this a moment in passing. To be a successful missionary, and a missionary is simply a Christian worker, a Christian in action, a clear and distinct knowledge of sins forgiven is fundamental. Nothing can take its place. Physical vigor; intellectual ability, aptness to acquire a foreign language, the power of persistency, fruitfulness in resources are all essentials to success, but unless one knows his sins blotted out and that through grace divine he has become an heir of God and that he shall see the king in his beauty, he cannot hope to make a deep impression upon men who want and need forgiveness of personal sins. We may, therefore, say the deceased sister *began right*. The object of the Christian life is to so live that we shall "see the king in his beauty and to behold the land that is very far off."

A little less than two years ago, Miss Jacobson came to Korea to engage in a work so aptly illustrated and so heartily commended in the beautiful parable of the Good Samaritan. She came to add greater effectiveness to medical work which already had done so much for Korea and had opened the country for Christian work. Not a practising physician, she came to aid, to support, to work unseen, - may I say? - looking unto Him who rewardeth the giving of a cup of cold water in His name. Dr. Avison, with whom she worked most of the time while in Korea, wrote me, "She was a thoroughly good nurse" - to which both foreigners and Koreans are ready to bear cheerful testimony. Our sympathies are with those who are deprived of her services. Her heart was in her work. When told of the character of her illness she said: "If so I fear not and make no objection to be taken when the lord wills, but I should have liked to do something more here before dying." A most natural desire and one indicative of the right relation her heart sustained to her Master.

She lived in our midst a quiet, unobtrusive, exemplary Christian life. Ready to answer the calls to attend in the sick-room and strict in the observance of every religious duty. "She hath done what she could." She is with "the king in his beauty and in the land that is afar off."

For the last two weeks or more, the heart of the community beat in close sympathy with the sufferer in the sick - room and, let me add, with those upon whom the responsibility lay heaviest - the physicians and attendants. like the king of old she set her house in order, ready either to live or to die. She was cheerful before the first operation and when there was no doubt of the character of the disease and that the chances for recovery were not good, she was just as cheerful. "She was brave both before and after the operation."

Have we not brought forcibly to mind the words of Sir William Forbes who said? - "Tell those who are drawing down to the bed of death, from my experience, that it hath no terrors; that in hour when it is most wanted there is mercy with the Most High, and that some change takes place which fits the soul to meet its God." Dr. Avison again writes, "She often remarked during her period of health that she had no fear of death;" and in her last days she showed how composedly and with what joy she could look death in the face. God's people are dying well yet and for examples, we need not go back to the age of the confessor, the martyr and the saint.

It was the custom among the Hebrews, Greeks and Romans for the nearest relatives to close the eyes of the dead, the husband for the wife, the wife for the husband, the parent for the child, the child for the parent and where such were wanting one friend did it for another. Jacob hesitated to go down into Egypt because he might die on the way, but in the vision at Beer-sheba, God appeared to the aged patriarch and assured him that, "Joseph shall put his hand upon thine eyes."

The departed sister was not privileged to receive these last ministrations at the hands of her mother or her near relatives, but in the good providence of God, among the many kind friends, who ministered to her in her last days of pain, there was one who came from the same shores. These were hound together not only by the common bond of Christian love but by the ties of a common country.

"Now these he the last words of David. Altho my house be not so with God, yet he Hath made with me an everlasting covenant, ordered in all things and sure." So it is in these days. The wonderful cheerfulness and resignation of Miss Jacobson impressed all who attended and visited her. The covenant she had made with God was an everlasting covenant, ordered and sure. "At evening time it shall be light." We would be inclined rather to say her sun went down while it was yet noon, but there was no cloud before it - the sun went down in a blaze of splendor.

"She set as sets the morning star,
Which goes not down behind the darkened west,
Nor hides obscured amid the tempests of the sky,
But melts away into the light of heaven."

서국 부인이 세상을 이별한 일이라.
조선그리스도인회보 1(1) (1897년 2월 2일)

서양 나라 부인이 세상을 이별한 일이라.

서울 제중원에서 병인을 치료하고 있던 제이콥슨 부인은 원래 나위국(那威國) 사람으로 미국 병원에 들어가 병 치료하는 법을 배워서 거의 2년 전에 조선에 나와 병인을 간검(看檢)하다가 우연이 내종(內腫)에 걸려 서양 의원들이 치료하여 몇 날 동안을 쾌히 차도가 있었더니 불행하게도 건양 2년 1월 20일에 세상을 떠나매, 초종범절은 교중례로 원두우 목사 집에서 지낼 때 그 때에 아펜젤러 교사는 외국말로 외국인들에게 연설하고 원두우 목사는 한국어로 조선 사람들에게 연설한 후 하나님께 찬미하고 발인할 때 한국인 교우들이 다투어 상여꾼 대신 메고 나가 양화진 외국인 장지(葬地)에 장사를 드리고 돌아올 때 잔다리에 사는 교우들이 음식을 차려 호상군을 대접하였으니 이런 부인은 실아서도 세상에서 사업을 하고 죽어서도 영광이다.

[Departed Western Lady.] *The Christian New* 1(1) (Feb. 2nd, 1897)

셔국 부인이 셰샹을 리별흔 일이라.

셔울 제즁원에셔 병인 치료식히던 쩨겁손 부인은 근본 나위국 사름으로 미국 병원에 드러가 병치료ᄒᆞᄂᆞ 법을 비화가지고 거즌 두히 젼에 죠션에 나와 병인을 간검ᄒᆞ다가 우연이 닉죵으로 신고ᄒᆞ여 셔양 학문잇ᄂᆞ 의원들이 도뎌히 치료ᄒᆞ여 몃날 동안을 쾌히 차도가 잇셧더니 불ᄒᆡᆼ이 건양 이년 일월 이십일에 셰샹을 써나ᄆᆡ 초죵범졀은 교즁례로 원두우 목ᄉᆞ 집에셔 지낼ᄉᆡ 그ᄯᆡ에 아편셜라 교ᄉᆞᄂᆞ 외국말노 외국 인민의게 연셜ᄒᆞ고 원두우 목ᄉᆞᄂᆞ 죠션말로 죠션 인민의게 연셜흔 후 하ᄂᆞ님ᄢᅴ 찬미ᄒᆞ고 발인ᄒᆞᆯ제 죠션 교우들이 다토아 샹여군 되신 메고나가 양화진 외국 미쟝디에 쟝ᄉᆞᄒᆞ고 도라올ᄉᆡ 잔다리에 사ᄂᆞ 교우들이 음식을 차려 호상군을 되졉ᄒᆞ엿스니 이런 부인은 실아셔도 셰샹에셔 ᄉᆞ업을 ᄒᆞ고 죽어셔도 영광닐너라

프랭크 F. 엘린우드(미국 북장로교회 해외선교본부 총무)가
한국 선교부로 보낸 편지 (1897년 2월 10일)

1897년 2월 10일

한국 선교부 귀중

친애하는 형제들께,

2월 1일 개최된 선교본부 회의에서 다음과 같은 회의록이 채택되었습니다.

(......)

"A. P. 제이콥슨 양의 사망이 선교본부에 통지되었고, 그 소식은 한국에서 전보로 전달되었다. 제이콥슨 양은 서울에서 선교본부가 관리하는 병원과 관련하여 정규 간호사로서 거의 2년 동안 선교본부의 업무에 종사하여 왔다. 선교본부는 모든 동료들이 보고한 대로 제이콥슨 양의 충실하고 효율적인 업무에 대한 애정, 그녀의 이른 죽음에 대한 슬픔, 그리고 그녀의 살아남은 친척에 대한 진지한 동정을 표할 것이다."

(중략)

나는 빈튼 박사로부터 11월 28일자 편지를 받았는데,[20] 그는 편지에 이전에 승인된 것을 넘어 지출된 사업의 구체적인 항목을 담았습니다. 그 예산은 은화 13,442달러입니다. 그런데 어떤 것은 대단히 모호합니다. 예를 들면, 제VI급에서 옛 청구 금액은 538.4달러이며, 또한 병원의 주택 수리비도 있습니다. 이것은 에비슨 박사의 주택에 대한 것입니까 혹은 여자들이 사용하는 주택의 예산입니까? 그리고 이것은 제이콥슨 양의 사망을 발표한 지 약 2주일 후에 우리가 전보를 받았을 때 느꼈던 슬픔에 대하여 내가 이야기하게 합니다. 우리는 그녀의 병과 그녀가 겪었던 고열에 대하여 들었고, 그녀가 분명 질병에 걸릴 것 같은 그런 곳에서 살도록 허용되었다는 사실에 대하여 뉴욕 여자 선교부 측에서는 상당한 불만이 있었습니다. 나는 그 문제를 선교본부에 제출하였고 내가 이미 인용한 회의록은 통과되었습니다. 나는 제이콥슨 양의 친척을 찾으려고 노력하

---

20) Cadwallader C. Vinton (Seoul), Letter to Frank F. Ellinwood (Sec., BFM, PCUSA) (Nov. 28th, 1896)

였지만 그녀의 어머니가 노르웨이에 거주하고 있는 것으로 알고 있습니다. 우리는 그 나라에서 그녀의 친척의 행방을 모릅니다. 우리는 더 많이 알고 싶어 해야 하고 동정을 표할 기회를 가져야 합니다. 우리는 이 슬픈 사별과 충실한 일꾼을 잃은 선교부에 깊은 위로를 드립니다. 떠나기 전날 저녁 그녀를 보았을 때, 제이콥슨 양에 대한 나의 인상은 가장 호의적이었습니다. 그녀는 영적이고 봉헌된 선교사처럼 보였고, 우리는 그녀의 갑작스러운 죽음에 대하여 안타까워 하고 있습니다. 나는 다음 편지에서 구체적인 내용을 알기를 열망할 것입니다.

Frank F. Ellinwood (Sec., BFM, PCUSA), Letter to the Korea Mission (Feb. 10th, 1897)

February 10th, 1897

To the Korea Mission

Dear Brethren: -

At a meeting of the Board held Feb. 1st the following minutes were adopted.[21]

> (......)
> The death of Miss A. P. Jacobson was announced to the Board, intelligence having been by cablegram from Korea. Miss Jacobson had been in the service of the Board nearly three years as a trained nurse in connection with the Hospital, which is under the care of the Board on Seoul. The Board would express its affection of Miss Jacobson's faithful and efficient services, as reported by all her associates, its sorrow at her early death, and its earnest sympathy for her surviving kindred."

(Omitted)

---

21) Korea. Miss. A. P. Jacobson, Death. *Minutes [of Executive Committee, PCUSA], 1837~1919* (Feb. 1st, 1897)

I have received from Dr. Vinton under date of November 28th, a letter in which he specializes several items of any work or works in cost exceeding former grants. These are found in the estimates and for $13,442 silver. Some are not very plain as for example. Class VI, Dr. Avison, error in old request $538.4. Also Repairs on residence at hospital ____. Is this on Dr. Avison's __ building or is __ an expenditure on the residence occupied by the ladies? And this leads me to speak of the sadness with which we received the cablegram about two weeks since announcing the death of Miss Jacobson. We had heard of her sickness and of the high temperature which she suffered, and there had been a good deal of dissatisfaction on the part of the New York Women's Board at the fact that she was permitted to live in such a place where disease would seem to be certain. I brought the matter before the Board and the minute which I have already quoted was passed. I have been trying to find Miss Jacobson's relatives, but we understand that her mother resides in Norway. We do not know the whereabouts of any relatives of hers in the country. We should like to know more and have an opportunity to express our sympathy. We sympathize very much with the Mission in this sad bereavement and this loss of a faithful worker. My own impressions of Miss Jacobson when I saw her of the eve of her departure were most favorable. She seemed to be a spiritual and consecrated missionary, and it is with great sadness that we learn of her untimely death. I shall be anxious to learn particulars in the next letters.

제5장
에스터 L. 쉴즈의 임명과 제이콥슨 기념 사택 건립
Appointment of Miss Esther L. Shields and Erection of Jacobson Memorial Home

제이콥슨의 후임 간호사를 조속히 파송해 달라는 서울 지부의 요청에 대하여 선교본부는 이에 동의하기로 의결하고 1897년 5월 3일 에스터 L. 쉴즈를 임명하여 파송하였다.

한편 뉴욕의 여자 선교부는 제이콥슨의 예기치 않은 사망에 깊게 애도하면서 비위생적인 환경으로 인한 제이콥슨의 사망과 같은 일이 재발되지 않도록 여자 사택의 건축을 제안 하였고 2월 15일 선교본부의 실행회의에서 결정되었다. 건축 경비로 은화 3,000달러가 책정되었다. 뉴욕 주 유티카 노회는 이 경비와 함께 제이콥슨의 후임인 에스터 L. 쉴즈의 급여도 마련하였다.

이에 서울 지부는 F. S. 밀러, 도티, 쉴즈, 필드 및 에비슨이 참여하는 안나 P. 제이콥슨 기념 사택 위원회를 구성하였다. 기념 사택 부지는 결정이 지연되다가 에비슨이 안식년을 갖기 직전인 1899년 3월 9일 명동성당 바로 북쪽 맞은편의 부지를 구입하였다. 이후 건축은 에바 H. 필드 박사의 주도로 진행되었고, 12월 4일 필드와 쉴즈가 신축된 기념 사택으로 이사하였다.

이후 기념 사택은 필드와 쉴즈가 자리를 비우는 동안 다른 사람들이 유용하게 사용하였으며, 서울 지부의 회의 장소로도 이용되었다. 하지만 1904년 9월 새로 짓는 제중원인 세브란스 병원이 개원한 이후 구리개 제중원 부지와 건물을 조선 정부에 되돌려 주면서 기념 사택도 조선 정부에 매각되었다.

In response to the request of the Seoul Station to sent out Jacobson's successor as soon as possible, the Board decided to agree to this, and on May 3rd, 1897, Miss Esther L. Shields, R. N. was appointed and sent out.

Meanwhile, the New York Women's Board deeply mourned Jacobson's unexpected death and proposed the construction of a women's residence to prevent a recurrence of Jacobson's death due to unsanitary conditions. It was decided at the Executive meeting of the Board on February 15. The construction cost was set at 3,000 Mexican dollars. The Presbytery of Utica, N. Y., along with these expenses, provided the salary of Miss Esther L. Shields.

Accordingly, the Seoul Station organized the Anna P. Jacobson Memorial Home Committee with F. S. Miller, S. A. Doty, E. L. Shields, E. H. Field, and O. R. Avison. The decision on the site for the Memorial Home was delayed, but on March 9, 1899, just before Dr. Avison took a sabbatical, the site just north of Myeongdong Cathedral was purchased. After that, the construction was led by Dr. Eva H. Field, and on December 4th, Dr. Field and Miss Shields moved to the newly built Memorial Home.

Afterwards, the Memorial Home was usefully used by others while Dr. Field and Miss Shields were away, and was also used as a meeting place for the Seoul Station. However, after Severance Hospital, a newly built Jejoongwon, opened in September 1904, the site and building of Gurigae Jejoongwon were returned to the Korean Government, and the Memorial Home was also sold to the Korean Government.

뉴욕의 여자 선교부, 한국 서울의 사택 경비를 떠맡겠다는 제안이 허가되다. 미국 북장로교회 해외선교본부 실행이사회 회의록 (1897년 2월 15일)

뉴욕 여자 선교부, 한국 서울의 사택 경비를 떠맡겠다는 제안이 허가되다. 서울에서 선교본부가 운영하는 병원을 위하여 여의사와 정규 간호사가 거주할 서울의 건물 건축 비용을 부담한다는 내용의 서한이 뉴욕 여자 선교회 실행위원회의 회의록과 함께 기록 총무로부터 제출되었다. 병원에서 훈련을 받은 간호사인 안나 P. 제이콥슨 양의 최근 사망과 그녀가 어쩔 수 없이 살게 된 위생적인 숙소를 고려할 때, 여자 선교부의 직원들은 [그녀에게 보여 진] 깊은 동정적인 관심을 이용하기를 열망하여 이 지출을 승인하는 선교본부의 즉각적인 결정을 요청하였다.

이러한 상황의 관점에서, 이 제안이 승인되고 은화 3,000달러를 다음 회계연도의 예산에 포함되도록 결의되었다. 그러나 해당 연도의 세출 예산에 엄격한 축소가 필요할 것임을 고려할 때, 선교본부는 다른 수입을 잠식하지 않고 그 액수를 조성할 수 있었으면 하는 희망을 표시하였다.

Woman's Board, N. Y., Proposition to Assume Cost of Residence at Seoul, Korea Accepted.
Minutes [of Executive Committee, PCUSA], 1837~1919
(Feb. 15th, 1897)

Woman's Board, N. Y., Proposition to Assume Cost of Residence at Seoul, Korea Accepted. A letter was presented from the Recording Secretary of the Women's Board of Foreign Missions, New York, accompanied by a Minute of the Executive Committee, proposing to assume the cost of a building in Seoul for the residence of a lady physician and a trained nurse, for the hospital under the Board's care at Seoul. In view of the recent death of Miss Anna P. Jacobson, a trained nurse in the hospital, and the wholesome quarters in which she had been compelled to live, the ladies of the Women's Board were anxious to take advantage of the deep sympathetic interest which is now fact in this subjects they therefore asked for the prompt action of the Board in sanctioning this expenditure. In vies of the circumstance it was

"Resolved" That this proposal be approved and that $3,000 Mexicans be appropriated, to be included in the appropriation for the next fiscal year. But in view of the severe curtailment to which will be necessary in the appropriations for the year, the Board would express the hope that the amount may be raised without trenching upon any other for a receipts.

프랭크 F. 엘린우드(미국 북장로교회 해외선교본부 총무)가
한국 선교부로 보낸 편지 (1897년 2월 17일)[22]

1897년 2월 17일

이 편지는 부분적으로 제중원과 관계된 혹은 관계될 여자들을 위한 주택 건립과 관련된 절박한 문제 때문에 지연되었습니다. 뉴욕 선교부 및 그 지부의 여자들은 제이콥슨 양의 삶이 아마도 그녀가 살았던 주택의 비위생적인 상태로 인하여 희생되었다고 느끼고 있으며, 두 여자의 숙소로 사용할 주택을 위한 특별 자금을 대단히 조성하고 싶어 합니다. 이를 위하여 선교본부는 지난 월요일 다음과 같은 결정을 통과시켰습니다.[23]

"뉴욕의 여자 해외선교부의 기록 총무는 실행 위원회의 회의록을 첨부한 편지에서 선교부가 서울에서 운영하고 있는 병원의 여의사 및 정규 간호사의 숙소 건립을 위한 경비를 담당할 것을 제안하고 있다. 제중원의 정규 간호사인 안나 P. 제이콥슨 양이 최근 사망하였고, 그녀가 살아야만 하였던 숙소가 위생적이지 않았으며, 여성 선교부의 여자들은 이 문제에 대해 느끼고 있는 마음으로부터 호의적인 관심으로 선교본부가 즉각적으로 이 경비를 승인할 것을 요청하고 있다. 이 문제에 대한 상황을 고려하여,

이 제안을 승인하며, 은화 3,000달러의 예산을 편성하되 다음 회계연도의 예산에 포함시키기로 결의한다. 그러나 다음 해 예산의 큰 삭감이 필요할 것이기에 선교본부는 다른 수입을 잠식하지 않고 그 액수를 조성할 수 있었으면 하는 희망을 표시하는 바이다."

부지를 위한 500달러는 다소 불확실한데, 어느 곳에 주택을 건립할지 모르기 때문입니다. 선교본부가 이미 소유하고 있는 부지에 건립할 수 없게 된다면 나는 은화 500달러를 (선교본부에) 요청할 것입니다. 에비슨 박사의 주택이 있는 같은 부지에 여유 공간이 있습니까? 우리는 주택이 어떤 전염원 혹은 나쁜 공기를 피하기 위해 병원으로부터 충분히 떨어져 있어야 한다고 생각하고 있습

---

22) 이 편지는 2월 10일자 편지의 뒤에 추신 형식으로 추가된 부분인데, 날짜가 달라 따로 번호를 부여하였다.
23) 2월 15일이다.

니다. 우리 여자 선교부는 우리 선교부의 미혼 여자들이 모두 다른 선교사들처럼 갖고 있다고 주장하며, 나는 한국에 있는 우리 선교사들이 그 발판을 마련할 것이라고 믿어 의심치 않습니다.

(중략)

Frank F. Ellinwood (Sec., BFM, PCUSA), Letter to the Korea Mission (Feb. 17th, 1897)

February 17th, 1897.

This letter has been delayed partly on account of pending questions relating to the building of a house for the ladies connected or to be connected with the hospital. The women of the New York Board and its auxiliaries are feeling that Miss Jacobson's life was perhaps sacrificed by the unsanitary conditions of the house in which she lived, and they are very anxious to make special provision for a house to accommodate two ladies. In view of this the Board passed the following action on Monday last.

"A letter from the Recording Secretary of the Women's Board of Foreign Missions, New York, accompanied by a minute of the Executive Committee, proposing to assume the cost of a building in Seoul for the residence of a lady doctor and a trained nurse for the hospital under the Board's care at Seoul was considered. In view of the recent death of Miss Anna P. Jacobson, trained nurse in the hospital, and the unwhole some quarters in which she had been compelled to live, the ladies of the Women's Board are anxious to take advantage of the deep, sympathetic interest which is now felt on this subject, and they therefore asks for the prompt action of the Board in sanctioning this expenditure. In view of the circumstance of the case, it was

Resolved. That this proposal be approved, and that $3,000 Mex. be appropriated, to be included in the appropriations of the next fiscal year. But in view of the severe curtailment which will be necessary in the appropriations for the year, the Board would express the hope that the amount may be raised without trenching upon any other form of receipts."

The amount of $500 for land is left a little uncertain, as we do not know where the house will be built. I will present a request for $500 Mex. subsequently if it cannot be built on any land that already belongs to the Board. Is there room on the same lot that is occupied by Dr. Avison's house? It should be, as we think, sufficiently separated from the hospital to avoid any contagion or bad air. Our ver-__ women's boards insist that the unmarried ladies in our missions all have as wholesome quarters as are provided for any other missionaries, and I have no doubt that our missionaries in Korea will take the as ground.

(Omitted)

캐서린 C. 웸볼드(서울)가 프랭크 F. 엘린우드(미국 북장로교회
해외선교본부 총무)에게 보낸 편지 (1897년 2월 27일)

한국 서울,
1897년 2월 27일

친애하는 엘린우드 박사님,

휴가에 대한 친절한 조언이 담긴 박사님의 편지에 감사드립니다. 제가 막
왔을 때 저는 당연히 항상 일해야 한다고 생각하였는데, 특히 해야 할 일이
너무 많아서 한 사람이 항상 일을 하지 않으면 절대 할 수 없을 것 같기 때문
입니다.

기포드 부인이 미국으로 떠나기 전에 계획된 것이 있었는데, 제가 이곳
학교에서 여름을 보낼 원기를 모으기 위하여 몇 주일 동안 어딘가로 휴가를
가는 것이었습니다. 제이콥슨 양의 사망 이후로 우리 선교부 중 많은 사람들
은 때때로 휴식을 취하는 것이 삶을 유지하는데 매우 중요하다고 느끼고 있습
니다.

제이콥슨 양의 병환 중에 지부는 제가 다른 일을 접고 그녀의 간호를 도
와달라고 하였습니다. 저는 좋은 간호사가 되기 위하여 노력하였지만 그렇게
하지 못하였고 그것은 저의 무서운 경험이었습니다. 모든 사람들은 자신이 할
수 있는 모든 것을 하였습니다. 그러한 때에 우리는 동료들의 도덕적 품성을
알게 되며, 저는 특별히 에비슨 박사, 빈튼 박사 및 화이팅 박사께 감사를 드
렸습니다.

(중략)

Katharine C. Wambold (Seoul),
Letter to Frank F. Ellinwood (Sec., BFM, PCUSA) (Feb. 27th, 1897)

Seoul, Korea

Feb. 27, 1897

Dear Dr. Ellinwood: -

I thank you for your letter containing the kindly advice about vacation. When I just came I thought of course I ought to work all of the time, especially as there is so much to do that it seems it will never be done unless one does work all the time.

Before Mrs. Gifford leaves to go to America it is planned; that I shall go away somewhere for a few weeks vacation, to gather strength to go through the summer here in the school. Since Miss Jacobson's death, many of our missions feel that it is of great importance to the continuance of life to rest occasionally.

During Miss Jacobsen's illness the Station said I might drop my other work, and help to nurse her. I tried to be a good nurse but never having had any of it to do, made it a terrible experience for me. Everyone was doing all he could. In such times one comes to know the moral qualities of his neighbors, Dr. Avison, Dr. Vinton and Dr. Whiting, I came to appreciate especially.

(Omitted)

캐서린 C. 웸볼드(Katherine C. Wambold)

캐서린 C. 웸볼드(1866. 10. 8~1948. 5. 12)는 캘리포니아 주 소노마에서 태어났으며, 캘리포니아 주립 사범학교를 졸업하고 1895년 버클리의 캘리포니아 주립대학을 졸업하여 이학사의 학위를 받았다. 중국인 아이들의 주일학교를 담당하기도 하였던 그녀는 1896년 3월 2일 미국 북장로교회의 한국 선교사로 임명되어 5월 23일 서울에 도착하였다. 이후 1904년 9월까지 정신 여학교에서 교육을 하였으며, 이후 지방에서 여성 선교에 헌신하다가 1934년 6월 1일 선교사직을 명예 은퇴하였다. 그녀는 팔

그림 24. 캐서린 C. 웸볼드.

레스타인의 예루살렘에서 낙상 사고로 1948년 5월 12일 사망하였다.

18970300

편집자 단신.
Woman's Work for Woman 12(3) (1897년 3월호), 57쪽

우리는 안나 제이콥슨 양의 집이 노르웨이에 있고 그녀는 이 나라에서 거의 알려지지 않았으며, 우리 교회에서 자기희생적인 직책으로 봉사하며 갔기 때문에 그녀의 죽음을 특별한 애정으로 언급하고자 하며, 훨씬 더 많은 빚을 지고 있는 많은 사람들은 마당에서 편안하게 앉아 있는 것으로 만족해한다. 제이콥슨 양은 루터 교에서 자랐지만 몇 년 전 신념에 따라 이를 떠나 메인 주 포틀랜드에 있는 장로교회에 합류하였다. 그녀는 한국의 왕립병원에서 간호사의 고된 일을 하기 위하여 포틀랜드에 있는 주립 병원에서 명예스러운 수간호사와 영양과 책임자의 직위를 사임하였다. 그녀는 또한 전도 활동에 참여하기를 열망하였다. 그녀의 마지막 편지 중의 하나는 이 잡지에서 발견할 수 있다.24)

Editorial Notes.
Woman's Work for Woman 12(3) (Mar., 1897), p. 57

It is with special tenderness we refer to the death of Miss Anna Jacobson because, her home being in Norway, she was known to few in this country and because she had gone to a self-sacrificing post in the service of our Church, while many who owe to it far more are content to sit at ease in its courts. Miss Jacobson was reared in the Lutheran Church but left it from conviction a few years ago and united with the Presbyterian Church in Portland, Maine. She resigned the honorable position of head nurse, and superintendent of the cooking department in the State Hospital at Portland, to do the drudgery of a nurse in the Royal Hospital in Korea. She was also eager to have part in evangelistic labors. One of her last letters will be found in this magazine.

---

24) Korea [Anna P. Jacobson]. *Woman's Work for Woman* 12(3) (Mar., 1897), p. 76

18970300

한국[안나 P. 제이콥슨].
Woman's Work for Woman 12(3) (1897년 3월호), 76쪽

한국,

우리가 안나 제이콥슨 양으로부터 받은 마지막 편지는 추수감사절에 서울에서 침대에 누워 쓴 것이다.

최근 저는 여러분들께 편지를 쓰지 못할까 걱정하였으며, 지금 제가 말라리아 성 열로 침대에 누워 있은 지 4주째라는 것을 듣게 되면 여러분들이 이해하실 것이라는 것을 압니다. 2주일 동안 저의 체온은 화씨 104도 아래로 내려가지 않았으며, 그것은 저의 모든 원기를 앗아갔고, 저에게 남아 있는 살은 거의 없습니다. 저는 모든 것이 우리가 한국에 온 이후 살았던 좋지 않은 거처에 기인한다고 믿고 있습니다. 에비슨 박사는 친절하게도 높은 언덕의 대단히 건강한 곳에 위치한 새로 지은 집에 저를 받아 들였습니다. 동시에 제가 부를 수 있는 사람이 제 근처에 있었는데, 제 방에는 없었습니다. 저는 곧 일어나기를 희망하지만 체온을 낮추기 위하여 다량의 퀴닌을 복용하면 머리가 너무 아파서 한 번에 몇 분밖에 앉을 수 없습니다. 저는 바깥에 나가기에 충분히 건강해지면 우리 교회와 감리교회 선교부의 몇몇 선교사들과 함께 가자고 몇 차례 권유를 받았습니다. 저는 또한 한 감리교회 여자로부터 그녀와 함께 숙식을 하자는 제의를 받았고, 다시는 제 방으로 돌아가고 싶지 않기 때문에 수락하고 싶은 생각이 듭니다. 화이팅 박사는 저를 떠났고, 저는 혼자 있을 것입니다. 우리가 건강하게 살 수 있도록 선교본부가 집을 마련해 주기를 바랍니다.

저는 회복되는 대로 연례 보고서를 보낼 것입니다. 저는 뉴욕에서 두 개의 상자와 저 자신을 위한 좋은 것들을 많이 받았습니다. 저를 한 번도 본적 없는 소중한 친구들이 저를 생각하며 이렇게 아름다운 것들을 보내주시니 놀라웠습니다. 여러분들이 저에게 보여준 친절에 대하여 결코 충분하게 감사드릴 수 없습니다. 여러분은 선교사가 그런 모습을 본다는 것이 어떤 것인지 모르시겠지만, 저를 지지하는 교회가 다른 교회보다 더 잘해야 한다고 생각합니다. 저는 여러분들 모두를 보고 싶습니다. 저는 주님께서 저를 건강하게 회복시켜 주셔서 제가 일을 계속하고 7년 동안 머물고 고국에 돌아가서 여러분 모두를 볼 수 있기를 바랍니다. 저는 한국에서 쓰임을 받기를 기도하지만 이 열병이 저를 많이 낙담시켰습니다. 저는 주님께서 제가 배우기를 원하시는 어떤 교훈을 갖고 계시다는 것을 압니다. 모두 저의 이익을 위하여 잘 될 것입니다.

저는 끝내야 합니다. 저는 이것이 침대에서 쓰는 첫 시도이기 때문에 지금 매우 피곤합니다.

Korea [Anna P. Jacobson].
Woman's Work for Woman 12(3) (Mar., 1897), p. 76

Korea,

Last letter we have seen from Miss Anna Jacobson, written in bed on Thanksgiving Day, from Seoul:

I have been worrying lately over not being able to write you, and I know you will be sorry to hear that this is my fourth week in bed with malarial fever. For two weeks my temperature was not below 104°, and it has taken all my strength; there is hardly any flesh left on me. I believe it all comes from the poor place we have been living in since we came to Korea. Dr. Avison was kind enough to take me up to their new house, which is situated in a very healthy place on a high hill. At the same time I have had some one near me on whom I could call, which I did not have in my own room. I hope soon to be up, but the large doses of quinine to keep the temperature down, make my head so bad that I cannot sit up but a few minutes at a time. I have had several invitations to go and stay with some of the missionaries in our own and the Methodist Mission, when I get well enough to go out. I have also had an invitation from one of the Methodist ladies to go and board with her and I feel like accepting it, as I do not like to go back to my room again. Dr. Whiting has left me and I shall be all by myself. I hope the Board wlll grant us a house so that we may have a healthy place to live in.

As soon as I get well I will send my Annual Report. I received two boxes from New York and a lot of nice things for myself. I was surprised that the dear friends who had never seen me could think of me and send me such beautiful things. I can never thank you enough for your kindness to me. You don't know what it is for a missionary to see such things, but I believe the church that supports me must be better than the other churches. I am longing to see you all. I hope the Lord will restore me to health that I may go on with my work and stay my seven years and go home to see you all. My prayer is that I may be used in Korea, but this fever has discouraged me very much. I know the Lord has some lesson He wants me to learn and may I only be willing to take it all from him. It will all work out for my good.

I must close, I am very tired now for this is my first trial at writing in bed.

18970300

한국 [조지아나 E. 화이팅].
Woman's Work for Woman 12(3) (1897년 3월호), 76쪽

한국,

조지아나 E. 화이팅 박사는 서울에서 1896년 11월 26일자 편지를 썼다.

마지막 편지를 보낸 후 우리는 연례회의를 가졌고, 그것은 우리 모두에게 커다란 은총의 시간이었습니다.

제이콥슨 양은 회의가 끝난 직후 발열로 아팠으며, 거의 4주일 동안 침대에 누워 있었습니다. 그녀의 체온은 높았지만 현재 상당히 낮아진 상태이며, 우리는 그녀가 조만간 회복될 것으로 믿고 있습니다. 그녀는 에비슨 박사의 새로 지은 주택의 방을 사용하고 있어 아픈 동안 그녀는 편안하게 있었습니다.

(중략)

Korea [Georgiana E. Whiting].
Woman's Work for Woman 12(3) (Mar., 1897), p. 76

Korea,

Dr. Georgiana E. Whiting writes from Seoul, November 26, 1896:

Since my last to you we have had our Annual Meeting and a time of great blessing it was to us all.

Miss Jacobson was taken ill with fever directly after the meeting and has been in bed nearly four weeks. Her temperature was high, but now is a great deal lower, and we trust she will soon be well. She is occupying a room in Dr. Avison's new house, so she is as comfortably situated as she can be, while sick.

(Omitted)

18970300

지난 달 이후.
Woman's Work for Woman 12(3) (1897년 3월호), 82쪽

지난 달 이후

(......)

사망,

1월 20일(전보를 받은 날) - 한국 서울에서 안나 P. 제이콥슨 양이 말라리아성 발열로. 그녀는 1895년 파송되었다.

Since Last Month. *Woman's Work for Woman* 12(3) (Mar., 1897), p. 82

Since Last Month

(......)

Death,

January 20 (date of cablegram) - At Seoul, Korea, Miss Anna P. Jacobson; from malarial fever. She went out in 1895.

프랭크 F. 엘린우드(미국 북장로교회 해외선교본부 총무)가 새뮤얼 A. 마펫(인디애나 주 매디슨)에게 보낸 편지 (1897년 3월 3일)

1897년 3월 3일

구술함.

S. A. 마펫 목사,
   인디애나 주 매디슨

친애하는 형제께,

나는 오늘 아침 귀하의 훌륭한 편지와 권서(勸書)에 대한 보고서를 받았습니다. 나는 우리가 채울 수 있는 것보다 훨씬 훌륭하게 문을 연 보고서에 대해 기쁘며 또한 슬픕니다. 나는 한국 선교부의 사람들과 관련하여 내가 할 수 있는 것을 하고 있습니다. 나는 고(故) 제이콥슨 양에 대해 에비슨 박사가 내게 보낸 대단히 애처로운 편지의 사본을 만들었으며, 한 부를 귀하께 보낼 것입니다. 귀하는 그것을 주변에 돌려도 됩니다. 나는 교회 여자들에게 관심을 갖고 참여시키는 것은 잘 계산된 일이라고 생각합니다. 그것은 그리스도를 위하여 살 뿐 아니라 죽고자 하는 우리 선교사들의 가슴을 어떤 영(靈)으로 채우고 있는지 보여줍니다.

(중략)

Frank F. Ellinwood (Sec., BFM, PCUSA),
Letter to Samuel A. Moffett (Madison, Ind.) (Mar. 3rd, 1897)

Mar. 3, (189)7

Dict.

Rev. S. A. Moffett,

    Madison, Ind.

My dear Brother: -

    I received your good letter this morning, and with it the report of the colporter which you sent. I rejoice and yet am sad at these reports of wonderful openings which are so much larger than we can fill. I am doing what I can to interest people in the Korea mission. I have had copies made of a very touching letter which Dr. Avison sent me in regard to the late Miss Jacobson, and will send you one in this. You may pass it around. I think it is well calculated to interest and enlist the women of the church. It shows what kind of spirit fills the breasts of our missionaries, who are willing not only to live but to die for the cause of Christ.

(Omitted)

캐드월러더 C. 빈튼(서울)이 프랭크 F. 엘린우드(미국 북장로 교회 해외선교본부 총무)에게 보낸 편지 (1897년 3월 27일)

한국 서울,
1897년 3월 27일

친애하는 엘린우드 박사님께,

제이콥슨 양의 사망 이후 열린 서울지부의 회의에서 다음과 같은 결의가 채택되었습니다.

해외선교본부 귀중,

하나님의 섭리에 따라 우리 중에서 A. P. 제이콥슨 양이 떠났지만, 우리는 그녀가 O. R. 에비슨 박사에게 귀중한 도움을 주었던 제중원에서의 자기희생의 봉사에 대한 우리의 감회를 기록하기로 결의한다. 그녀의 죽음은 이미 과중한 짐을 지고 있는 에비슨 박사에게 자질구레한 일들의 짐을 얹혀 주었고, 병원의 성공적인 운영에 너무도 필수적인 정규 간호사가 없게 되었다.

따라서 우리는 조속히 빈자리를 충원할 조치를 취하도록 선교본부에 긴급하게 요청하기로 결의한다.

이 우편으로 박사님은 제중원에서 에비슨 박사를 돕기 위한 A. A. 피터스 씨의 고용을 위한 예산을 요청하는 한 장의 큰 종이(평양과 원산의 다른 큰 종이는 후에 보낼 예정임)를 받으실 것입니다. 저는 에비슨 박사가 그 문제에 대해 상세하게 박사님께 편지를 썼을 것이라고 생각하며, 그렇게 되면 박사님은 지체 없이 조치를 취하실 입장에 있게 될 것입니다.

안녕히 계십시오.
C. C. 빈튼

Cadwallader C. Vinton (Seoul),
Letter to Frank F. Ellinwood (Sec., BFM, PCUSA) (Mar. 27th, 1897)

Seoul, Korea,

March 27, 1897

Dear Dr. Ellinwood: -

At a meeting of Seoul Station held since Miss Jacobson's death these resolutions were adopted: -

To the Board of Foreign Missions,

Whereas God in his providence has removed from our midst Miss A. P. Jacobson;

Resolved, that we record our sense of her self-sacrificing services at the Government hospital where she rendered to Dr. O. R. Avison invaluable aid. Her death throws upon Dr. Avison a burden of minor duties when he is already overburdened, and leaves the hospital without a trained nurse, which is so necessary in the successful conduct of such an institution.

Resolved, therefore, that we urgently request the Board to speedily take steps to fill the vacancy.

By this mail you will receive one sheet (another from Pyeng Yang and Gensan to be sent later) asking an appropriation for the purpose of engaging Mr. A. A. Pieters to assist Dr. Avison in the hospital. Dr. Avison will, I think, have already written you the details of the matter, so that you may be in a position to act without delay.

Very truly yours,

C. C. Vinton

18970400

편집자 단신. *Woman's Work for Woman* 12(4) (1897년 4월호), 90쪽

유티카 노회는 안나 P. 제이콥슨 양에 대한 기념으로써 서울에 선교사 사택을 건축하기로 하였다.

Editorial Notes. *Woman's Work for Woman* 12(4) (Apr., 1897), p. 90

Utica Presbyterial Society has undertaken to build a missionary residence at Seoul, Korea, as a memorial to Miss Anna P. Jacobson.

넬리 D. 애덤스(부산)가 프랭크 F. 엘린우드(미국 북장로교회 해외선교본부 총무)에게 보낸 편지 (1897년 4월 7일)

(중략)

저는 또한 제이콥슨 양의 죽음과 관련하여 한마디 덧붙이고 싶습니다. 저는 그녀가 병에 걸렸을 때부터 그녀로부터 편지를 받았는데, 그녀는 병의 합병증에 대하여 "무슨 일이 닥쳐와도 주님은 제가 보기에 최선이 아닌 것처럼 보일지라도 무엇이 최선인지 알기 때문에 전혀 걱정하지 않습니다. 이 사랑의 팔이 그 모든 것 아래에 있으므로 저는 그분의 약속에 의지합니다."라고 말하였습니다. 저는 박사님이 그녀의 펜으로 쓴 이 몇 마디에 기뻐할 것이라고 생각하였습니다.

연례회의 동안 우리는 제이콥슨 양과 화이팅 박사를 접대하였으며, 제이콥슨 양이 그녀의 직책에 특별히 적합하다고 느꼈습니다. 그녀는 또한 한국인들에게 사랑을 받는 것 같았습니다. 그녀의 상실감이 서울 지부에서 크게 느껴지고 있지만, 우리는 그녀가 큰 이익이기 때문에 그녀를 위하여 기뻐하지 않을 수 없습니다.

(중략)

Nellie D. Adams (Fusan),
Letter to Frank F. Ellinwood (Sec., BFM, PCUSA) (Apr. 7th, 1897)

(Omitted)

I also want to add a word in regard to the death of Miss Jacobson. I received a letter from her during her illness, in which she spoke of the complications of her disease, saying, "Well whatever is coming, I am not at all worried as the Lord knows what is best even though it may not seem best to me. This loving arms are underneath it all, so on His promises I rest." I thought you might be glad of these few words from her pen.

During our Annual Meeting, we were entertained by Miss Jacobson and Dr. Whiting, and we felt that Miss Jacobson seemed especially well fitted for her position. She also seemed to be beloved by the Koreans. We have no doubt but that her loss is greatly felt in Seoul, and yet we cannot but rejoice for her, for her is the great gain.

(Omitted)

프랭크 F. 엘린우드(미국 북장로교회 해외선교본부 총무)가
올리버 R. 에비슨(서울)에게 보낸 편지 (1897년 4월 19일)

1897년 4월 19일

친애하는 에비슨 박사님,

　　나는 제이콥슨 양의 병환과 사망과 관련된 귀하의 충실한 편지에 대한 반응에 대하여 쓰는 것을 한동안 미루었습니다. 그것은 자신을 바친 선교사의 병환과 사망을 기록한 진정 훌륭한 편지였습니다. 편지의 사본은 우리 여자 선교부의 일부 사람들에게 보냈으며, 귀하의 편지는 수 백 명의 사람들이 읽었습니다. 나의 선교 보고서 및 예산 작성 때문에 부분적으로 답장이 지연되었습니다. 이제 모든 것을 끝냈고, 나는 몇몇 개인적 편지를 쓰고 있습니다.

　　나는 선교본부를 대신하여 병환 중에 제이콥슨 양에게 보여준 친절에 대하여 귀하와 빈튼 박사(그에게 이것을 이야기해 주세요)에게, 그리고 고통에 빠져 있는 그녀에게 다양한 방식으로 공감하고 도움의 손길을 주었던 다른 사람들께도 감사를 드리고 싶습니다. 제이콥슨 양을 후원하였던 뉴욕 여자 선교부 유티카 지부의 여자들은 병원에 여자를 위한 건물의 건축 문제를 검토하였고, 나는 그들이 기금을 조성한 것으로 믿고 있습니다. (한국으로 보낸 예산에는 3,000달러로 설정되어 있는데, 이 액수는 유티카 지부의 여자들과의 분명한 약속이 있었고 그들이 그 금액을 조성하였기에 삭감되지 않을 것입니다.) 새 건물이 어느 곳에 위치할 지의 문제가 제기되었는데, 나는 그 문제를 선교부로 넘겼으며 조속한 반응을 바라고 있습니다.

(중략)

Frank F. Ellinwood (Sec., BFM, PCUSA),
Letter to Oliver R. Avison (Seoul) (Apr. 19th, 1897)

April 19th, 1897

My dear Dr. Avison; -

I have for a long time delayed writing to you in response to your good letter giving an account of the sickness and death of Miss Jacobson. It was indeed a good letter and recorded the sickness and death of a consecrated missionary. Copies were sent out to some of our Women's Boards and your letter has been read by hundreds. I have delayed writing partially because I have been occupied with missionary reports and appropriations. These are now all out of my hands, and I take up some personal letters.

I want to thank you and Dr. Vinton, (please tell him this) on behalf of Board, for the kindness shown to Miss Jacobson in her rest illness, also to others who in various ways extended a sympathizing and helping hand to her in her distress. The ladies of the Utica Auxiliary Society of the New York Women's Board who had carried the support on Miss Jacobson, have taken up the matter of building a house for the women connected with hospital, and I believe, they have raised the money. ($3,000 were allowed in the appropriations which have been sent to Korea, and this amount is not to be disturbed by the cuts which are made because there is a definite agreement with the Women of Utica and they have raised the money.) The question has been asked, where is the new building to be placed, and I have passed on that question to the Mission, and would like at an early day a response.

(Omitted)

18970426

대니얼 L. 기포드(일리노이 주 멘도타)가 프랭크 F. 엘린우드 (미국 북장로교회 해외선교본부 총무) (1897년 4월 26일)

(중략)

저는 제이콥슨 양의 자리를 대신할 사람을 보내려는 생각이 있는 것으로 알고 있는데 여자 간호사의 파송을 천천히 진행하시라는 말을 하기 위하여 적습니다. 저는 한국에서 미국 성서공회의 권서이었던 러시아 계 유태인인 A. A. 피티스 씨를 병원 간호사로 고용하려는 조치가 취해지고 있다는 것을 알고 있습니다. 혼란을 피하기 위해 저는 박사님께서 한국 선교부로 편지를 보내 그들이 여의사 혹은 에비슨 박사의 병원에서 제이콥슨 양의 자리를 대신할 간호사를 원하는지 분명한 답을 요청하실 것을 조언 드립니다.

(중략)

Daniel L. Gifford (Mendota, Ill.),
Letter to Frank F. Ellinwood (Sec., BFM, PCUSA) (Apr. 26th, 1897)

(Omitted)

I write to say, go slow in sending out the lady nurse, whom I understand there then is thought of sending to take Miss Jacobson's place. I learn that steps are being taken out in Korea to employ as hospital nurse Mr. A. A. Pieters, the Russian Jew, formerly a colporteur under the American Bible Society. In order to avoid complications, my advice is for you to write to Korea asking a definite statement of their wishes about a lady doctor, or a nurse to fill Miss Jacobson's place in Dr Avison's hospital.

(Omitted)

18970500

한국의 선교. 1897년 5월 총회에 제출된 미국 북장로교회
해외선교본부 제60차 연례 보고서, 138쪽

138쪽

(......)

선교부에서 가장 유용한 여성 사역자 중의 한 명은 1월 20일 사망한 안나 P. 제이콥슨 양이었다. 그녀는 에비슨 박사의 사역과 관련하여 제중원의 정규 간호사로 고용되었다. (......) 8월에 그녀는 심한 질병에 걸렸는데 결코 회복하지 못하였다. 그녀는 병원 및 주위에서 접했던 말라리아 성 상황에서 병에 걸린 것 같으며, 건강에 좋은 거주지가 필요했다고 느껴진다. 병이 대단히 위중해지면서 동료 선교사들이 따뜻한 동정을 보여주었다. 그녀는 에비슨 및 빈튼 박사 댁으로 옮겨 회복을 위해 할 수 있는 모든 것을 하였다. 임종이 가까워졌을 때, 에비슨 박사는 그녀에게 병세가 악화되고 있다고 알리자 그녀는 "만일 그렇다면 괜찮습니다. 저는 두렵지 않습니다. 저는 이곳에 온 것이 너무도 기쁩니다. 업무에 종사하다 죽는 것은 좋습니다."라고 말하였다.

Mission in Korea.

Sixtieth Annual Report of the BFM of the PCUSA. Presented to the General Assembly, May, 1897, p. 138, 1897

p. 138

(......)

One of the most useful of the women of the Mission was Miss Anna P. Jacobson, who died Jan. 20th. She was employed as a trained nurse in the government hospital in connection with the work of Dr. Avison. (......) In August, she had a severe attack of disease from which she never recovered, and it is felt that she may have contracted this from the malarious atmosphere which she encountered in and around the hospital, and for want of a healthful place of residence. As the disease became very serious, kind sympathy was shown her by her fellow missionaries. She was received into the homes of Drs. Avison and Vinton, and all that could be done was done for her recovery. When near the end, Dr. Avison informed her that a change for the worse had taken place; she replied, "If so, it is well. I am not afraid. I am so glad I came here. It is good to die in the harness."

18970500

뉴욕 여자 선교회의 연례회의.
Woman's Work for Woman 12(5) (1897년 5월호), 137쪽

(중략)

홀리 양은 해외선교 총무 보고서의 초록을 읽었다. 현재 선교회에는 70명의 선교사들이 있다. 한국 서울의 제이콥슨 양의 슬픈 죽음에 대하여 감동적으로 이야기하였고, 기쁜 발표는 유티카 노회가 그곳에 안나 P. 제이콥슨 기념사택으로 불리는 여자 의료 선교사들을 위한 거주지를 건축하기로 착수하였다는 것이었다.

(중략)

Annual Meeting of Women's Board, New York.
Woman's Work for Woman 12(5) (May, 1897), p. 137

(Omitted)

Miss Hawley read an abstract of the Report of the Foreign Secretaries. Seventy missionaries are now under charge of the Board. The sad death of Miss Jacobson of Seoul, Korea. was touchingly spoken of, and the glad announcement made that the Utica Presbyterial Society had undertaken to build a residence for the women medical missionaries in that place, to be called the Anna P. Jacobson Memorial.

(Omitted)

18970500

윌리엄 M. 전킨, 앨러베스터 옥합(玉盒).[25)
The Missionary (1897년 5월호), 223~224쪽

2년 전, 벨 부부의 한국 도착을 환영하기 위하여 제물포에서 있을 때, 미국 북장로교회 선교부의 새로운 회원으로 파송된 젊은 선교사인 안나 P. 제이콥슨 양을 만난 것은 필자로서 나의 특권이었다. 어제 나는 그녀의 열린 무덤에서 기도를 드렸다. 그녀는 어린 삶의 귀한 향유를 주님께 쏟았다. 그 향기가 우리의 작은 집을 가득 채웠다. 그것이 당신의 것을 채운다면 주님을 불쾌하게 하지 않을 것이라고 나는 생각한다.

그녀는 노르웨이의 한 가족에서 태어났는데, 신앙심이 두터운 형태의 교회와 연결이 있었지만 그 능력을 부인하였다. 그녀는 일찍부터 자신의 뜻에 반하여 이 교회에 합류하도록 강요받았다. 만족하지 못한 그녀는 하나님께 도움을 구하였고, 용서와 평화를 얻어 박해에도 불구하고 장로교회와 연결되었다.

그녀의 부모는 비신자와 결혼을 주선해 놓았기 때문에 그녀는 양심이 그것을 금한다고 말씀드렸다. 이로 인하여 그녀는 가족과 의절되었고 집에서 쫓겨났다. 한동안 그녀는 하인의 일을 하며 살았다. 이런 식으로, 그리고 하나님께서 그녀를 위하여 키워주신 친구들의 도움으로 그녀는 미국으로 가는 데 필요한 돈을 마련하였다. 열심히 일하고 인내함으로써 그녀는 영어를 배웠고, 간호 훈련을 위하여 준비하였다. 선교 사업을 하는 것이 그녀의 오랜 소망이었기에 그녀는 한국에서 정규 간호사를 구하는 부름에 기꺼이 응하였다. 2년이라는 짧은 시간 동안 충실하게 일을 하다가 치명적인 병에 걸려 쓰러졌다. 그녀의 의사가 삶의 기회를 줄 수 있는 수술을 제안하였을 때, 그녀는 시련을 침착하고 즐겁게 준비하였다. "저의 기도는 머물러 있는 것이 아니고 떠나는 것도 아니요 오직 주님의 뜻이 이루어지기 위함입니다. 제 물건들을 친구들에게 많이 주고 싶지만 그렇게 하기에는 너무도 허약합니다. 저의 재산에서 나온 모든 수익은 여자 병동을 위하여 사용해 주세요."

수술 5일 후 그녀는 영면하였다. 서울에서 5마일 아래쪽에 위치하며, 서해로 흘러가는 한강이 내려다보이는 아름답고 한적한 묘지로 시신을 운반하기

---

25) 앨러배스터는 회색 또는 크림색의 광석으로 대리석과 비슷하며, 신약시대에 도유(塗油) 용 향유를 넣었다.

위하여 일꾼을 고용하는 것이 지금까지의 관례이었다. 이 경우에는 현지인 기독교인들이 즉흥적으로 틀을 만들었고, 칼라 백합으로 덮인 흰 관가(棺架)를 사랑의 어깨에 짊어지고 안식처로 옮겼다. 장례 행렬이 천천히 이동하면서 현지인들은 '그곳에는 슬픔이 없을 것입니다.' 혹은 '그곳에는 행복한 땅이 있네.' 등 위로가 되는 찬송을 불렀다. 장례식에서 한 현지인은 이렇게 기도하였다. "오, 아버지, 우리가 육신에 대하여 우는 동안 그녀의 구속된 영혼이 하늘의 활짝 열린 문을 통과하여 당신의 축복된 곳으로 들어갔다는 인식으로 우리 마음에 오는 위로에 감사드립니다." 비록 죽었지만 그녀의 삶에 대한 조용하고 겸손한 헌신과 장렬함이 여전히 우리에게 말한다.

한국 서울

William M. Junkin, An Alabaster Box.
The Missionary (May, 1897), pp. 223~224.

Two years ago, when in Chemulpo for the purpose of welcoming Mr. and Mrs. Bell to Korea, it was me writer's privilege to meet Miss Anna P. Jacobson, a young missionary coming to recruit the Northern Presbyterian Mission. Yesterday I offered prayer at her open grave. She poured out the precious ointment of her young life upon the Master. Its fragrance has filled our little house. It would not be displeasing to the Master, I think, if it should fill yours.

She was born in Norway into a family whose religious connection was with a church having the form of godliness, but denying the power thereof. She was early forced, against her will, to join this church. Not being satisfied, she sought help from God, received pardon and peace, and, in the face of persecution, she connected herself with the Presbyterian Church.

Her parents having arranged for her marriage with an unbeliever, she told them that her conscience forbade it. This resulted in her being disinherited and driven from home. For awhile she lived by doing some work of a servant. In this

그림 25. There'll be no Sorrow There.

way, and through the help of friends whom God raised up for her, she procured the amount necessary to pay her passage to America. By hard work and perseverance she learned English, and fitted herself for trained nursing. It had long been her desire to do mission work, so she gladly responded to the call for a trained nurse for Korea. Two short years of faithful work., and she is cut down by a fatal disease. When her physician proposed an operation, which might give a chance of life, she calmly and cheerfully prepared for the trying ordeal. "My prayer is neither to remain nor to depart, but that His will may be done. I should like to give many of my things to friends, but I am too weak to attend to it. Use all the proceeds from my effects for the woman's ward."

Five days after the operation she fell asleep. It has been the custom, heretofore, to hire coolies to carry the dead to the cemetery, five miles below Seoul, a beautiful quiet spot overlooking the Han river, as it wends its way to the western sea. On this occasion the native Christians improvised a framework, and the white bier, covered with calla lilies, was borne on loving shoulders to its

그림 25. There is a happy land.

resting place. As the procession took its way slowly along, the natives would chant some comforting hymn, "There'll be no sorrow there," or "There is a happy land." At the service a native prayed, "O Father, we thank Thee for the comfort that comes to our hearts from the knowledge that, while we weep over the body, her redeemed soul has passed through heaven's wide-open gates, into Thy blessed presence." Though dead, the quiet, unobtrusive devotion and heroism of her life yet speak to us.

Seoul, Korea

18970500

해외 선교. 새로운 사실.

The Church at Home and Abroad 21(5) (1897년 5월), 341쪽

인상적인 장례식.

한국의 제이콥슨 양의 관(棺)은 현지인 기독교인들이 어깨에 메고 4마일 떨어진 묘지로 옮겨졌고, 때때로 외국인들이 도왔다. 기독교인들은 내내 찬송가를 불렀다.

Foreign Missions. Fresh Facts.

The Church at Home and Abroad 21(5) (May, 1897), p. 341

An Impressive Funeral.

The coffin of Miss Jacobson, of Korea, was carried to the cemetery - four miles - on the shoulders of native Christians, occasionally relieved by foreigners. The Christians sang hymns all the way.

E. L. 쉴즈 양, 임명되고 한국으로 배정되다. 미국 북장로교회
해외선교본부 실행이사회 회의록 (1897년 5월 3일)

E. L. 쉴즈 양 - 임명되고 한국으로 배정되다. 정규 간호사인 에스터 루카스 쉴즈 양은 선교사로 임명되었으며 한국 선교부로 배정되었는데, 그 경비는 뉴욕의 여자 선교부가 제공하였다. 이 임명은 1897년 2월 16일 고(故) 안나 P. 제이콥슨 양 대신 한국으로 정규 선교사를 보내기로 동의한 선교본부의 결정에 따른 것이다.

Miss E. L. Shields - Appointed and Assigned to Korea.
Minutes [of Executive Committee, PCUSA], 1837~1919
(May 3rd, 1897)

Miss E. L. Shields appointed and assigned to Korea. Miss Ester Lucas Shields, a trained nurse, was appointed a missionary and assigned to the Korea Mission, the funds to meet the expense having been pleased by the Woman's Board of New York. This appointment was in accordance with the action of the Board, February 16, 1897, agreeing to send a trained nurse to Korea to take the place of the late Miss Anna P. Jacobson.

18970610

프랭크 F. 엘린우드(미국 북장로교회 해외선교본부 총무)가
한국 선교부로 보낸 편지 (1897년 6월 10일)

1897년 6월 10일

한국 선교부 귀중

친애하는 형제들께,

월요일에 개최된 선교본부 회의에서 피터스 씨의 고용과 관련하여 다음의
결정을 내렸습니다.

> "A. 피터스 씨를 제중원에서 조수로 고용하는 것을 허용해달라고 요청
> 하는 한국 선교부 회원들이 서명한 회람 편지가 제출되었으며, 한국에 두
> 명의 의사를 파송하려 하고 있는 사실에 비추어, 그리고 특히 선교본부의
> 재정 상황에 비추어 추천된 조수로의 고용이 적절하지 않은 것으로 결정
> 한다."

선교본부는 올해 어떠한 추가 예산을 만들 입장에 있지 않으며, 이것은 가
장 절박한 것입니다. 게다가 두 명의 여의사와 한 명의 남성 의사를 한국으로
보내고, 선교본부에 의존하지 않고 1~2년 동안 그들을 지원하기 위해 기금을
조성하고 있는 중이며, 이런 조건으로 그들을 파송할 것입니다. 전망은 그들이
임명되어 가을에 선교부에 합류할 것입니다. 그들의 특정 선교지는 배정되지
않은 상태입니다. 또한 제이콥슨 양의 자리를 이어 받기로 임명되어 있는 정규
간호사인 에스터 L. 쉴즈 양이 있습니다.

(중략)

Frank F. Ellinwood (Sec., BFM, PCUSA),
Letter to the Korea Mission (June 10th, 1897)

June 10th, 1897

To the Korea Mission

Dear Brethren: -

At a meeting of the Board held on Monday last the following action was taken with reference to the employment of Dr. Pieters:

> "A circular letter signed by the members of the Korea Mission asking for permission to employ Dr. A. Pieters as an assistant in the Government Hospital, having been presented, it was received that in view of the fact that two physicians are about to be sent to Korea, and in view especially of the Board's finances, it is not expedient to employ the assistance referred to."

The Board is not in a position to make any additional appropriations this year and only these that are most imperative can possibly be entertained. Besides this fact there are two lady doctors and one medical man who are now raising money with which to send them to Korea, and support them for one or two years without drawing upon the Board, this upon the condition that if they succeed they shall be sent. The prospects are that will be appointed and will join the Mission in the Autumn. Their particular fields are not assigned. There is a trained nurse also who actually is appointed with the understanding that who shall take the place of Miss Jacobson, namely Miss Esther L. Shields.

(Omitted)

18970800

보조지부. *Woman's Work for Woman* 12(8) (1897년 8월호), 227쪽

뉴욕에서

(......)

우리는 에스터 쉴즈 양이 가을에 한국의 서울로 가서 제이콥슨 양의 죽음
으로 공석이 된 자리를 맡게 되기를 기대한다. 쉴즈 양은 서울의 병원에서 간
호 선교사로서 일하는 많은 동료들의 따뜻하고 호의적인 관심을 확실하게 느
낄 것이다. 쉴즈 양은 철저하게 훈련을 받았고 경험도 쌓았다.

(중략)

To the Auxiliaries.
Woman's Work for Woman 12(8) (Aug., 1897), p. 227

From New York

(......)

We are happy in the expectation that Miss Esther Shields will go in the
autumn to Seoul, Korea, to take the place made vacant by the death of Miss
Jacobson. Miss Shields may feel sure of a warm and sympathetic interest on the
part of many friends in her work as a missionary nurse in the hospital at Seoul.
Miss Shields has had both thorough training and experience.

윌리엄 M. 베어드(서울),
1897년 서울 지부 총괄 보고서 (1897년 8월 28일)

1897년 서울 지부 총괄 보고서
(중략)

지난 연례회의 마지막 일정에 참석하지 못한 제이콥슨 양은 곧 상태가 악화되어 최상의 치료를 받았지만, 수술을 받고 이겨내지 못하고 이 죄의 세계에서 더 높은 곳으로 갔다. 자신이 섬겼던 한국인들의 사랑을 받은 그녀는 많이 그리웠고, 그녀의 자리는 병원의 간호사로서, 그리고 그녀를 아는 사람들의 보편적인 존경심에서 아직 채워지지 않았다.

(중략)

William M. Baird (Seoul),
General Report of Seoul Station, 1897 (Aug. 28th, 1897)

General Report of Seoul Station, 1897
(Omitted)

Miss Jacobson who was unable to attend the last part of our last Annual Meeting soon became worse, and though securing the best possible care, sank under the surgical operation and passed from this world of sin to her higher service. Beloved by the Koreans whom she served, she has been much missed and her place is still unfilled both as nurse in the hospital and in the universal respect of those who knew her.

(Omitted)

한국 선교부, 제13차 연례 회의, 1897년 (1897년 8월 30일)

(중략)

제6일, 1897년 8월 30일 월요일

아침 회의: 오전 9시

개회 예배는 고(故) A. P. 제이콥슨 양의 일생 및 선교 사역을 추도하는 형식으로 드렸는데, 의장, 감리교회 선교부의 M. M. 커틀러 박사, 에비슨 박사가 연설하였고 밀러 부인은 그녀가 좋아하던 시를 낭독하였으며 참석자들은 그녀가 좋아하던 찬송가를 불렀다.

(중략)

Korea Mission, Thirteenth Annual Meeting, 1897
(Aug. 30th, 1897)

Sixth Day, Monday, Aug. 30, 1897

(Omitted)

Morning Session: 9 A. M.

The opening exercises took the form of a service in commemoration of the life and missionary work of the late Miss A. P. Jacobson among us, during their course address being made by the chairman, by Dr. M. M. Cutler of the Methodist mission, and by Dr. Avison, and a favorite poem of Mess Jacobson's read by Mrs. Miller, as well as favorite hymns of hers sung by the audience.

(Omitted)

[릴리어스 H. 언더우드(서울),]
1897년 의료 보고서, 서울 (1897년 8월 31일)

저의 의료 보고는 모화관의 휴 오닐 진료소에 출근한 것과 주로 진료소와 관련하여 환자의 집을 몇 번 방문한 것에 관한 것뿐입니다. 저는 1월 첫째 주까지 장연으로 순회 여행을 하여 그곳에 출근하지 못하였는데, 제이콥슨 양의 병환으로 제가 더 일찍 시작할 수 없었습니다.

(중략)

[Lillias H. Underwood (Seoul),]
Medical Report, Seoul, 1897 (Aug. 31st, 1897)

My medical report is simply that of attendance at the Hugh O'Neil Dispensary at Mohakwan and a few visits made at the homes of patients, mostly in connection with the dispensary. I did not commence attendance there until the first week in January as one iterating trip to Chang Yun, and Miss Jacobson's illness made it impossible for me to begin sooner.

(Omitted)

올리버 R. 에비슨(서울),
에비슨 박사의 1897년 의료 보고 (1897년 8월 31일)

에비슨 박사의 의료 보고서

지난 해의 연례 회의가 폐회된 직후 제이콥슨 양이 병에 걸렸고, 우리는 기꺼이 진료하여 그녀가 치명적인 병에 걸렸다는 것을 확인하는 우울함을 겪었다. 나는 슬픈 일을 곱씹을 필요는 없지만, 이 보고서가 다루고 있는 해에 있었던 일의 하나로 언급할 뿐이다.

(중략)

Oliver R. Avison (Seoul),
Dr. Avison's Medical Report 1897 (Aug. 31st, 1897)

Dr. Avison's Medical Report.

Immediately after the close of last year's meeting Miss Jacobson became sick and we had the melancholy pleasure of attending upon her in what proved to be a fatal illness. I need not dwell upon the sad occurrences but merely refer to them as constituting one of the duties of the year under review.

(Omitted)

18970900

캐드월러더 C. 빈튼, 장로교회 연례회의.
The Korean Repository 4(9) (1897년 9월호), 339~343쪽

장로교회 연례회의

한국 (북)장로교회 선교부의 제13차 연례회의가 뉴욕 선교본부의 총무 중한 명인 로버트 E. 스피어 씨가 참석할 것으로 예상되어 기대를 모았으며, 이 때문에 회의는 그렇지 않았다면 선택하지 않았을 계절에 개최되었다. (......)

첫 월요일 아침의 예배는 1년 내에 사망한 제이콥슨 양의 짧은 선교사 일생을 추모하는 형태이었다. 감리교회 선교부 메리 M. 커틀러 박사와 O. R. 에비슨 박사의 추모사는 그녀의 많은 고상하고 자기희생적인 성품에 대해 애정 어린 증언을 하였다. 그녀의 한국에 대한 지대한 영향 및 높은 수준의 기독교 신자의 삶에 대해 특별히 누누이 말하였다. 예배 중에 그녀가 선호했던 시를 낭독하였고, 병의 마지막 시기에 제이콥슨 양이 특별히 요청하였던 찬송가를 불렀다.

Cadwallader C. Vinton, The Presbyterian Annual Meeting.
The Korean Repository 4(9) (Sept. 1897), pp. 339~343

The Presbyterian Annual Meeting

The Thirteenth Annual Meeting of the Presbyterian Mission (North) in Korea was expectantly looked forward to because of the anticipated presence of Mr. Robert E. Speer, one of the Secretaries of the Board in New York; and on this account the meeting was held at a season of the year which would otherwise not have been chosen. (......)

The devotional exercises of the first Monday morning took the form of a service commemorative of the brief missionary course of Miss Jacobson, who within the year had fallen at her post. The remarks of Dr. Mary M. Cutler of the Methodist Mission and those of Dr. O. R Avison bore loving testimony to her many noble and self-sacrificing qualities. The far-reaching influence of her example among Koreans and the high standard of her Christian life were points especially dwelt upon. The service included the reading of a favorite poem and the rendering of hymns which had been specially called for by Miss Jacobson during her last illness.

18971000
보조지부. *Woman's Work for Woman* 12(10) (1897년 10월호), 284쪽

뉴욕에서

(......)

실즈 양은 제이콥슨 양의 죽음으로 공석이 된 자리를 대신하여 한국 서울
에서 선교 간호사로 일하게 될 것이다.

(......)

To the Auxiliary. *Woman's Work for Woman* 12(10) (Oct., 1897), p. 284

From New York

(......)

Miss Shields will find her work as a missionary nurse in Seoul, Korea, taking
the place made vacant by the death of Miss Jacobson.

(......)

회의록, 한국 선교부 서울 지부 (미국 북장로교회) 1891~1921
(1897년 11월 15일)

한국 서울,
1897년 11월 15일

(중략)

웸볼드 양의 거주 위원회는 웸볼드 양이 병원에서 이전에 제이콥슨 양이
사용하였던 방에 이미 살고 있다고 보고하였다.

(중략)

Minutes, Seoul Station, Korea, 1891~1921 (PCUSA) (Nov. 15th, 1897)

Seoul, Korea,
Nov. 15th, 1897

(Omitted)

The committee on a residence for Miss Wambold reported that Miss Wambold
was already settled in the room formerly occupied by Miss Jacobson at the hospital.

(Omitted)

회의록, 한국 선교부 서울 지부 (미국 북장로교회) 1891~1921
(1897년 11월 23일)

한국 서울,
1897년 11월 23일

(중략)

빈튼 박사의 요청에 따라 화이팅 박사와 스트롱 양으로 구성된 위원회가
제이콥슨 양의 재산을 관리하고 지출하는 데 조언하도록 임명되었다.

(중략)

Minutes, Seoul Station, Korea, 1891~1921 (PCUSA) (Nov. 23rd, 1897)

Seoul, Korea,
Nov. 23, 1897

(Omitted)

On request of Dr. Vinton a committee of two consisting of Dr. Whiting and
Miss Strong was appointed to advice him in the control and disbursement of the
estate of Miss Jacobson.

(Omitted)

올리버 R. 에비슨(서울)이 제임스 S. 데니스 부인(뉴욕)에게 보낸 편지 (1897년 12월 6일)

한국 서울,
1897년 12월 6일

제임스 S. 데니스 부인

친애하는 부인께,

아내의 건강 때문에 가져야 했던 일본으로의 여행에서 돌아왔을 때 '안나 P. 제이콥슨 기념 사택'과 관련하여 문의하는 부인의 편지가 저를 기다리고 있는 것을 알게 되었습니다.

고국에서 이곳에서 무슨 일이 일어나고 있는지 충분하게 이해할 수 있도록 어떤 문제를 설명하는 것이 실로 대단히 어렵지만, 저는 왜 그것이 아직 건축되지 않았는지 설명하는데 최선을 다할 것입니다.

우선 제이콥슨 양의 사망 전에 선교본부에 왜 주택을 요청하지 않았는가에 대한 두서너 마디는 지연의 이유 중 하나를 이해하는 데 도움을 줄 것입니다.

제이콥슨 양과 화이팅 박사가 도착한 몇 개월 후에 선교부로 제출한 보고서에서 저는 즉각적인 조치가 필요하다는 것을 이야기하였고 즉시 예산을 요청해야 한다고 조언하였지만, 제안은 두 숙녀 자신들이 선교부에 그렇게 하지 말도록 요청하였다는 상당한 이유 때문에 실행되지 않았습니다. 그 이유는 그들이 서로 적응되지 않았으며 함께 거주하기 위하여 주택을 건축하는 것을 원하지 않는다는 것을 경험으로 알게 되었기 때문인 것 같습니다. 그 당시 이곳 서울에는 세 명의 독신 여성, 즉 언급한 두 명과 스트롱 양이 있었습니다. 화이팅 박사와 스트롱 양은 함께 살 주택을 두 번 요청하기로 계획하였지만 제가 모르는, 그리고 제가 아는 한 누구에게도 말하지 않았던 어떤 이유로 그들은 그 생각을 포기하였고, 둘은 선교부에 분리된 주택을 요청하였으며, 반면 제이콥슨 양은 사용해 왔던 주택을 몇 년간 혹은 환경이 변할 때까지 살기 위하여 다소 변경하고 개선시켜 줄 것을 요청하기로 결정하였습니다. 이러한 개선의 일부는 그녀가 앓기 전에 이루어졌습니다. 그녀가 사용하였던 주택은 같은 것, 즉 이전에 아버클 양이 살던 주택과 같은 것이며, 위생의 관점에서 편리하거나 대단히 바람직한 것으로 여겨질 수 없었지만 병원 부지에서 가장 좋게 위치한 건물이었고 서울의 평균적인 주택보다 더 심각한 질병을 일으킬 것 같지 않았으며, 모든 증거는 그녀의 사망이 직접적으로 주택 탓으로 돌리기에는 부족합니다. 그녀는 이곳에서 대단히 흔한 이질을 앓았고, 간농양은 확실히 직접적인 합병증 혹은 오히려 그 질병의 후유증이었습니다. 이질의 발병원을 확인하는 것은 불가능합니다.

그 여름에 다른 사람들은 그것에 걸렸으며, 지난 여름에 서울의 많은 외국인들은 살고 있는 곳과 상관없이 그것으로 고통을 받았습니다. 저는 서울에서 최상의 주택 중 하나에서 살았다고 이야기해야겠지만 저의 아내와 어린 딸도 그것을 앓았으며, 휘트모어 씨가 우리 집에서 체류하고 있는 동안 같은 문제로 침대에 누웠고 여학교에서 살고 있던 체이스 양도 대단히 아팠고 도시 다른 쪽에 살고 있던 밀러 부인도 동시에 그것 때문에 앓았습니다.

이와 같은 불결한 도시에서는 이 질병에 노출되는 것을 피하는 것이 불가능하며, 우리는 어쩌면 지을 수 있는 최상의 주택에 살더라도 그것에 걸려 죽을 수 있습니다.

제가 이 모든 것을 말씀드린 것은 제가 이곳의 동료들이 그들이 할 수 있는 모든 것을 하고 있다는 것을 충분히 믿고 있기 때문에 훌륭한 주택을 갖는 지혜에 대해 논쟁을 벌이기 위해서가 아니라 (1) 이곳의 선교부는 처음부터 이 숙녀들을 위해 더 좋은 준비를 원하였고, (2) 제이콥슨 양의 주택이 질병의 원인이었다는 증거가 없으며, (3) 그녀가 살고 있던 주택이 서울에서 외국인이 살고 있는 최악의 주택이 아니라는 것을 알리기 위해서입니다. 실로 저는 그 위치가 상당히 높고, 우리가 현재 살고 있는 신축 주택에 살기 전 2년 동안 살았던 것보다 병동에서 더 멀리 위치해 있다고 말씀드릴 수 있습니다. 우리의 부엌, 식당 및 거실, 창문들은 병원의 주 병동 창문과 같은 마당으로 열리며, 그것들에서 단지 8~24피트만 떨어진 같은 높이에 있었습니다.

하지만 이 모든 것이 우리나 그녀가, 특히 우리가 이곳에서 살았던 첫 2~3년 동안에 때로 불편함을 참고 위험에 노출된 채로 있는 것을 제외하고 그런 방식으로 살아야 하는가에 대한 충분한 이유를 주지 못합니다. 우리 모두는 주택을 위한 기금을 조성한 여성들의 관용에, 그리고 기꺼이 기부한 사랑에, 그리고 오래지 않아 우리 병원과 연관된 숙녀들이 안락하고 그들의 건강을 유지하게 할 주택을 갖게 될 전망에 기뻐하고 있습니다.

지난 봄 이곳에서 새로운 주택을 위한 기금이 마련되었다는 소식을 받자마자 우리 지부는 건축 부지와 계획을 위한 일을 하도록 스트롱 양과 저로 이루어진 위원회를 임명하였습니다. 우리는 그것에 대해 많이 생각하였고 가능한 부지를 모두 살펴보았지만 우리는 두 어려움에 직면하였습니다. (1) 어느 숙녀가 사용할지 몰랐습니다. (2) 병원 근처에 좋은 부지가 없어 부정적인 방식을 제외하고 아무런 성취 없이 시간이 흘렀습니다. 또 다른 한 가지 어려움은 직접적인 전도와 교육 등을 하는 선교 사역이 너무도 과중하여 아무도 건축을 감독하는 실질적인 일을 감당할 수 없었습니다. 각 선교사는 자신의 주택 건축을 감독하는 것이 관례이었고 그것을 감당하는 것이 너무 과도하다고 느꼈는데, 첫째 이미 자신이 할 수 있는 것을 하였고 그가 (건축을) 맡게 되면 다른 무엇인가를 소홀히 해야 하기 때문에, 둘째 주택이 건설되는 중에 다른 사람들에게 만족을 주는 것이 항상 쉽지 않기 때문에 다른 사람을 위해 집을 짓는 일을 감당하는 것을 항상 주저하고 있습니다. 고국의 귀하께서는 이곳에서 주택을 짓는 것이 무엇을 의미하는지 이해할 수 없습니다. 첫째, 어떻게 해야 하는지 알며, 좋은 재질과 나쁜 재질을, 좋은 솜씨와 형편없는 솜씨를 구별할 수 있게 하는데 필요한 경험을 갖고 있는 사람이 거의 없고, 둘째, 성공적으로 계획을 짜고 이를 수행하며 튼튼하고 값이 싸면서 안락하고 건강에 좋은 건물의 건축 계획을 수행할 기계적인 재능을 갖고 있는 사람이 거의 없으며, 셋째, 많은 사람들은 대부분의 경우 귀하께서 무엇을 하기를 원하는지 모르며, 일을 할 능력이 있더라도 모든 점에서 귀하를 속일 일꾼들을 다루는데 필요한 끈기, 고집, 단호함 및 추진력 등을 갖고 있지 않습니다. 사실 주택의 건축은 그것을 감독하는 사람이 상당한 시간을 들여야 한다는 것을 의미하기 때문에 거의 1년 동안 그는 자신의 선교사역의 상당 부분을 포기해야 합니다.

경우가 이렇기 때문에, 특히 만일 이미 한 채 이상의 주택을 건축하였거나 도왔던 경우라면 그것을 맡을 것을 수락하기 전에 모두가 주저한다는 것을 귀하께서 즉시 이해하실 수 있을 것입니다.

최근의 지부 회의에서 F. S. 밀러 목사, 도티 양, 쉴즈 양, 필드 박사 및 저로 구성된 위원회가 주택 부지를 선택하고, 경비가 충분하다면 세 명의 독신 여성을 수용할 크기로 계획을 짜며, 동시에 부지 구입 전에 선교본부의 승인을 얻어야 한다는 지침서의 규칙을 따르지 않고 부지를 구입할 수 있도록 허용해 주도록 선교본부에 요청하라는 지시를 받았습니다. 우리는 병원에서 멀지 않은 부지를 구입해야 하고 구입 전에 부지에 대해 선교본부로부터 허락을 받아야 하는데 상당한 지연이 있었기 때문에 여러 달 동안 건축을 위해 아무 것도 할 수 없습니다. 우리는 선교본부의 규칙이 대부분의 경우 현명하고 필요한 것이지만 예외가 유익하게 인정될 수 있는 경우라고 생각합니다. 저는 엘린우드 박사께 이것에 대해 편지를 쓰고 있으며, 만일 귀하께서 이것이 현명한 조치라고 생각하신다면 만일 그를 보실 수 있다면 이러한 용인이 이루어질 수 있도록 재촉하여 주시면 대단히 기쁘겠습니다.

저는 지연의 원인에 대해 분명하게 말씀드릴 수 있었는지 확신하지는 못하지만, 이 건물과 관련된 문제들, 그리고 지연에 대해 귀하께 솔직하게 말씀드리려 노력하였습니다.

아마도 짧은 개요가 도움이 될 것입니다.

(1) 숙녀들 자신들은 모든 사람들이 함께 살아야 할 주택을 요청하는데 동의할 수 없었습니다. 각 숙녀는 독립된 주택을 원하였고, 선교부는 이것을 선교본부에 촉구할 수 없었고, 선교본부는 즉각적으로 그 요청을 기각하였습니다. 이래서 제이콥슨 양의 사망 이전에 지연을 초래하였습니다.

병원에서 근무하는 숙녀들을 위한 숙소를 위해 경비가 기부되었다는 것을 알게 된 이후 우리는 세 가지 어려움에 봉착하였습니다.

(a) 화이팅 박사는 병원 및 의료 사역과의 연관에서 벗어나겠다고 요청하려는 의도를 나타내었으며, 우리는 그 업무를 어떻게 조율하는지 혹은 그곳에 얼마나 많은 숙녀들이 사용해야 하는지 몰랐습니다.

(b) 좋은 부지를 얻는 것이 어렵다는 것을 알았습니다.

(c) 모두가 위에 언급된 이유로 건축 업무를 감당하기를 주저하였습니다.

현 상황은 다음과 같습니다.

1) 숙녀들은 현재 이곳에 있는 건물을 사용할 것 같으며, 함께 살고 싶어하여 어려움이 제거되었습니다.

2) 위원회가 부지를 준비하고 구입하는 일을 하고 있는데, 우리는 그것이 희망적이라고 느끼고 있으며 느린 풍조의 나라에서 가능한 한 빠르게 일을 할 수 있게 할 것입니다.

그 동안에 새로운 숙녀들이 저에게 일시적으로 대단히 편안하게 지내고 있다고 말해 줄 것을 원하였습니다.

귀하께서 우리의 느림을 너그럽게 보아주실 것을 믿고, 머지않아 더 분명한 무엇인가 진전을 보고드릴 수 있기를 희망합니다.

안녕히 계십시오.

O. R. 에비슨

Oliver R. Avison (Seoul),
Letter to Mrs. James S. Dennis (New York) (Dec. 6th, 1897)

Seoul, Korea,

Dec. 6th, 1897

Mrs. Jas. S. Dennis

Dear Madam:

When we returned from our trip to Japan which we had been compelled to take on account of Mrs. Avison's health, I found your letter of enquiry concerning the "Anna P. Jacobsen memorial home" awaiting me.

I will do my best to explain all the reasons why it has not yet been built, although it is very difficult indeed to put any matter in such a light that those at home can fully understand what is taking place here.

In the first place a few word as to why no request was sent into the Board for a house previous to Miss Jacobsen's death may help you to understand one of the cause of delay.

In my report to the Mission a few months after the arrival of Miss Jacobsen and Dr. Whiting I spoke of the need for immediate action and advised that a request be made at once for an appropriation but the suggestion was not acted upon for the very good reason that the two ladies themselves requested the mission not to do so. The cause of this seems to have been that they had found from experience that they were not adapted to each other and they did not wish to have a house built with the prospect of having to occupy it together. At that time here were three single ladies in Seoul unprovided with suitable residences viz. the two mentioned above and Miss Strong. Dr. Whiting and Miss Strong planned for twice to ask for a house together but for some reason not known to me and so far as I know never stated to any one they gave up the idea and such of these two sent in a request to the mission for a separate house while Miss Jacobsen decided to ask to have the house she was been occupying somewhat changed and improved, with a view to living in it for some years or until circumstances should change. A part of these improvement had been made before she took ill. The house which she occupied is the same one, that, Miss Arbuckle has formerly lived in and while not to be considered either convenient or very desirable from a sanitary standpoint was yet the best situated building on the hospital compound and not any more likely to cause serious illness than the average house in Seoul and proof is altogether lacking that her death was directly attributable to her house. She has suffered from dysentery - a disease very common here and the liver abscess was doubtless a direct complication of or rather sequel to that trouble. It is impossible to determine the source of the dysentery.

Others had had it during that summer and I may add that during this past summer a large proportion of the foreigners in Seoul suffered from it without any regard to the location of their residence. My wife and little girl were sick with it, although I must say we have one of the best house sites in Seoul and Mr. Whittemore while staying in our house was sick in bed with the same troubles while Miss Chase, living ever in the Girl's School was very ill and Mrs. Miller at the other end of the city was also down with it at the same time.

In a filthy city like this it is impossible to escape exposure to these diseases and we may take them and die from them even though we live in the best house that can possibly be built.

I have said all this, not to argue against the wisdom of having good houses, for I fully believe in them and always insist on the friends here doing all they can to secure them, but to let it be known (1) that the mission here desired to make better provision for these ladies from the start (2) that there is no proof that Miss Jacobson's house was the cause of in illness (3) that her house was not the worst house occupied by foreigners in Seoul. I may say indeed that it was situation on much higher ground and farther from the ward than was the one which we occupied for two years previous to our getting into the new one we now occupy. Our kitchen, dining room, & sitting room, windows opened into the same courtyard as did the windows of the main ward of the hospital and were on the level being only from 8 to 24 feet from them.

All this however gives no reason fully either we or she should live in such a way excepting that it is sometimes necessary to put up with discomfort and run risks, more especially during the first two or three years of our residence here, and we all rejoice in the liberality of the band of ladies who have provided the fund for the house and in the love which prompted the gift, and also in the prospect that before long the ladies connected with our hospital will have a house which will be both comfortable and likely to conduce to the maintenance of their health.

As soon as word was received here last spring that the funds for a new house had been provided our station appointed a committee consisting of Miss Strong and myself to work for a site and plan the building. We thought about it a good deal and looked up all the likely sites but we were met with two difficulties - (1) We did not know what ladies would occupy it and (2) the paucity of good site near the hospital site so the time passed by without our accomplishing anytime except in a negative way. One other difficulty was that missionary work, by which, I mean direct preaching, teaching &c has been and is so pressing that no one seemed ready to undertake the actual work of supervising the building. It has been the custom for each person to superintend the building of his own house and this each one has felt to be an undertaking too great for him and there is always hesitancy in undertaking to do it for another, first because he has already all the work he can do and if he does this he must neglect something else, and second because it is not always easy to give satisfaction to the other person for when the house is being built. You at home can have no idea of what it means to build a house here. In the first place few people have had the experience necessary to enable them to know just how it should be done and to distinguish good material from bad and good workmanship for poor workmanship, and in the second place few people have the mechanical genius to enable them to successfully plan or carry out the plan or carry out the plan of a building which shall be strong, cheap, comfortable, convenient and healthy, while in the third place many are not endowed with the patience, persistence, firmness and push necessary to the handling of workmen who are in the majority of cases ignorant of what you want them to do, or when capable of doing the work, are determined to cheat you at every point. The fact is that the building of a house means that the person supervising it shall give so much of his time to it that, for nearly a year he must give up the greater part of his missionary work.

This being the case you will readily understand that every one hesitates before consenting to undertake it, and more especially if he has already built one or more houses or assisted in doing so.

At the last station meeting a committee consisting of Rev. F. S. Miller, Miss Doty, Miss Shield, Miss Dr. Field, and myself was appointed to select a site for the house, and draw plans for it, of such a size as to accommodate three single ladies if there should be money enough, directing us at the same time to ask the Board to allow us to purchase the site without following the rules in the manual which makes it necessary to secure the Board approval before purchasing land. We desire to do this because we are limited to the purchase of a site not far from the hospital and there has already been so much delay that of we have to secure the Board approval of the site before purchasing we cannot do anything towards the building for several months. It appears to us that while the Board's rule is both wise and necessary in the great majority of cases, this is an instance where an exception could be profitably made. I am writing Dr. Ellinwood about it and if you could see him and urge him to obtain this concession, if you think it a wise course, we should be very glad.

I have tried to give you a plain statement of the matters connected with this building and the delays that have taken place, though I do not feel at all sure that I have been able to give you a clear idea of the causes of delay.

Perhaps a brief synopsis may be helpful.

(1) The ladies themselves could not agree to ask for a house in which all should live together. Each desired a separate house for herself and this the mission could not urge the Board to do while the Board promptly declined to grant the request. This led to the delay previous to Miss Jacobsen's death.

After we learned that money had been contributed for a residence for the hospital ladies we were met with three difficulties

(a) Dr. Whiting intimated her intention to ask to be relieved from her connection with the hospital & medical work and we did not know what arrangement would be made for that department or how many ladies there would be to occupy it.

(b) We found it difficult to get a good site

(c) Every one hesitated to undertake the work of building for the reasons above mention.

The present situation is as follows -

1) The ladies likely to occupy the building are now here and are anxious to live together so that difficulty is removed.

2) A Committee is at work preparing places & trying to get a site, and we feel hopeful that things, will move along as fast as things can be made to move up a country where slowness is the order of the day.

In the meantime the new ladies desire me to say that, they are very comfortably houses in a temporary way.

Trusting you will overlook our slowness and hoping before long to be able to report something more definite in the way of advance I am my dear Madam.

Your very sincerely,

O. R. Avison

회의록, 한국 선교부 서울 지부 (미국 북장로교회) 1891~1921
(1897년 12월 20일)

한국 서울,
1897년 12월 20일

(중략)

안나 P. 제이콥슨 기념 사택 위원회는 병원 근처의 두 곳에 대하여 보고하였다. 위원회의 보고서는 진행 보고서로 받아들여졌으며, 위원회는 곤당골 근처의 곳도 살펴보도록 요청 받았다.

(중략)

Minutes, Seoul Station, Korea, 1891~1921 (PCUSA) (Dec. 20th, 1897)

Seoul, Korea,
Dec. 20, 1897

(Omittted)

The Committee on the Anna P. Jacobson Memorial home reported on two sites near the hospital. The report of the committee was received as a report of porgress and the committee was asked to look at sites adjacent to Kon-tong-kol.

(Omittted)

회의록, 한국 선교부 서울 지부 (미국 북장로교회) 1891~1921
(1898년 1월 14일)

한국 서울,
1898년 1월 14일

(중략)

안나 P. 제이콥슨 기념 사택 부지 위원회가 보고하였고, 보고서는 진행 상황 보고서로 접수되었다.

(중략)

Minutes, Seoul Station, Korea, 1891~1921 (PCUSA) (Jan. 14th, 1898)

Seoul, Korea,
Jan. 14, 1898

(Omitted)

The committee on a site for the Anna P. Jacobson Memorial home reported and the report was received as a report of progress.

(Omitted)

회의록, 한국 선교부 서울 지부 (미국 북장로교회) 1891~1921
(1898년 3월 21일)

한국 서울,
1898년 3월 21일

(중략)

제이콥슨 기념 사택 위원회는 피시 박사를 위원회에 추가해 줄 것을 요청하는 보고를 하였고, 보고서는 채택되었다.

(중략)

Minutes, Seoul Station, Korea, 1891~1921 (PCUSA) (Mar. 21st, 1898)

Seoul, Korea,
March 21st, 1898

(Omitted)

The committee of the Jacobson Memorial home reported, asking that Dr. Fish be added to the committee, and the report was adopted.

(Omitted)

회의록, 한국 선교부 서울 지부 (미국 북장로교회) 1891~1921
(1898년 4월 18일)

한국 서울,
1898년 4월 18일

(중략)

이제 2월 23일자, 3월 2일자의 선교본부의 편지와 핸드 씨가 재무에게 보낸 2월 25일자, 28일자, 그리고 3월 1일자 편지가 낭독되었다. 제이콥슨 기념 사택에 관한 정보를 요청하는 핸드 씨의 편지에 대한 답변은 지부의 완전한 회의가 열릴 때까지 연기하기로 결정하였다.

(중략)

Minutes, Seoul Station, Korea, 1891~1921 (PCUSA) (Apr. 18th, 1898)

Seoul, Korea,
April 18, 1898

(Omitted)

Board letters were now read of dates Feb. 23rd, and March 2nd and letters from Mr. Hand to the treasurer of dates Feb. 25th, 28th, and March 1st. It was determined to defer answering the letter of Mr. Hand requesting information concerning the Jacobson Memorial Home until a fuller meeting of the Station can be held.

(Omitted)

회의록, 한국 선교부 서울 지부 (미국 북장로교회) 1891~1921
(1898년 4월 30일)

한국 서울,
1898년 4월 30일

(중략)

제이콥슨 기념 사택의 진행 상황을 묻는 핸드 씨의 편지를 다시 읽고 길게 토론하였다. 부지 선정을 내년 가을 연례회의 이후로 미루기로 하였다.

(중략)

Minutes, Seoul Station, Korea, 1891~1921 (PCUSA) (Apr. 30th, 1898)

Seoul, Korea,
April 30th, 1898

(Omitted)

The letter of Hand inquiring as to progress on the Jacobson Memorial Home was again read and lengthily discussed. It was determined to postpone a choice of site until after the Annual Meeting next fall.

(Omitted)

회의록, 한국 선교부 서울 지부 (미국 북장로교회) 1891~1921
(1898년 11월 1일)

한국 서울,
1898년 11월 1일

(서울)지부의 특별회의가 에비슨 박사 사택에서 성경 봉독과 기도로 개회하였다. 토의 후 필드 박사, 에비슨 박사 및 쉴즈 양으로 구성된 위원회가 제이콥슨 기념 사택을 위한 대지를 선택하고 협상하며, 만일 필요하다면 임대 혹은 임시 숙소를 꾸미는 권한을 포함한 집의 계획 및 건축을 위임하기로 하였다.

동의에 의해 빈튼 박사의 기도로 폐회하였다.

H. G. 언더우드, 의장
C. C. 빈튼, 서기

Minutes, Seoul Station, Korea, 1891~1921 (PCUSA) (Nov. 1st, 1898)

Seoul, Korea,
Nov. 1st, 1898

A special meeting of the station was held at the house of Dr. Avison, and opened with Scripture reading and prayer. After discussion Dr. Field, Dr. Avison and Miss Shields were appointed a committee with powers to select and negotiate for a site for the Jacobson Memorial home, to draw up plans and build the house, including the right to hire or fit up a temporary residence, if deemed necessary.

On motion the Station adjourned after prayer by Dr. Vinton.

H. G. Underwood, Chairman
C. C. Vinton, Secretary

회의록, 한국 선교부 서울 지부 (미국 북장로교회) 1891~1921
(1898년 11월 23일)

한국 서울,
1898년 11월 23일

(중략)

제이콥슨 기념 사택 위원회에 대하여 필드 박사는 사용 가능한 유일한 부지를 구입하는 데 예산보다 더 많은 금액이 필요할 것이라고 보고하였다. 주택 부지 구입을 위하여 추가로 1,200달러의 승인을 선교본부에 긴급히 요청하는 동의가 통과되었다.

(중략)

Minutes, Seoul Station, Korea, 1891~1921 (PCUSA) (Nov. 23rd, 1898)

Seoul, Korea,
Nov. 23rd, 1898

(Omitted)

For the committee on the Jacobson Memorial Home Dr. Field reported that a larger sum than the appropriation would be necessary to purchase the only available site. A motion was passed urgently requesting of the Board on additional grant of $1200 for the purchase of the site for the Home.

(Omitted)

한국. 제이콥슨 사택, 예산 요청이 기각되다. 미국 북장로교회 해외선교본부 실행이사회 회의록 (1899년 2월 6일)

한국. 제이콥슨 사택, 예산 요청이 기각되다. 유티카 노회의 여성 보조지회에 의해 이미 약 1,800달러가 모금된 서울의 제이콥슨 기념 사택을 위한 추가 예산으로 은화 1,200달러를 허가해달라는 한국 선교부의 요청에 대하여, 선교본부는 정규 기금에서 이 액수를 마련할 방도가 분명하지 않지만 여성 선교부에 의해 특별 기금으로 조성되었으므로 그렇게 요청해야 할 것이며, 부지를 매입하고 건축을 진행하는 것을 허가하기로 결정하였다.

Korea. Jacobson House, Request for Appropriation Declined.
Minutes [of Executive Committee, PCUSA], 1837~1919
(Feb. 6th, 1899)

Korea. Jacobson House, Request for Appropriation Declined. In reply to a request of the Korea Mission, for a grant of $1,200 silver, as an additional appropriation for the Jacobson Memorial House in Seoul, about $1,800 Gold having been already subscribed as fund by the Woman's Auxiliary, of the Utica Presbytery, it was, "Resolved" That the Board does not see its way clear to appropriate this amount from the regular fund, but that in pass it showed be raised as a Special Fund by the Woman's Board, it will be so applied, and permission will be given to purchase land and proceed with the building.

회의록, 한국 선교부 서울 지부 (미국 북장로교회) 1891~1921
(1899년 2월 14일)

한국 서울,
1899년 2월 14일

(중략)

건축비가 크게 증가하고 자산 위원회의 지역 위원들의 의견을 반영하여 제이콥슨 기념 사택의 건축을 위하여 1,000달러를 추가로 요청하기로 의결되었다.

(중략)

Minutes, Seoul Station, Korea, 1891~1921 (PCUSA) (Feb. 14th, 1899)

Seoul, Korea,
Feb. 14, 1899

(Omitted)

In view of the greatly increased expense of building operation, and of the expressed opinion of the local members of the Property Committee, it was voted to request $1,000 more for the building of the Jacobson Memorial Home.

(Omitted)

18990309

에스터 L. 쉴즈(서울)가 프랭크 F. 엘린우드(미국 북장로교회 해외선교본부 총무)에게 보낸 편지 (1899년 3월 9일)

(중략)

여자 진료소 바로 위에 위치한 방들은 낮 동안 사용됩니다. 그것들은 화이팅 박사와 제이콥슨 양이 첫 해에 사용하였습니다.

이 방 위쪽에 위치한 작은 집은 '제이콥슨 양 집'으로 불리며 이번 겨울 우리의 보관 창고로 사용되었습니다. 우리는 간혹 그것을 서재로 사용하는 것에 대하여 생각했지만 다른 필요에 의해 곧 포기하였습니다.

(중략)

Esther L. Shields (Seoul),
Letter to Frank F. Ellinwood (Sec., BFM, PCUSA) (Mar. 9th, 1899)

(Omitted)

The rooms just above the Women's Dispensary are occupied during the day. They were occupied by Dr. Whiting and Miss Jacobson the first year they were here.

The little house above these rooms which is designated as Miss Jacobsons has been our trunk room this winter. We did think of using it as a study occasionally but soon gave it up - because of the extra full needed.

(Omitted)

18990320

회의록, 한국 선교부 서울 지부 (미국 북장로교회) 1891~1921
(1899년 3월 20일)

한국 서울,
1899년 3월 20일

(중략)

제이콥슨 기념 사택의 건축을 위한 위원회에서 에비슨 박사의 자리에 언더
우드 박사가 임명되었다.

(중략)

Minutes, Seoul Station, Korea, 1891~1921 (PCUSA) (Mar. 20th, 1899)

Seoul, Korea,
March 20, 1899

(Omitted)

Dr. Underwood was appointed in Dr. Avison's place on the committee for
building the Jacobson Memorial Home.

(Omitted)

18990403

한국. 제이콥슨 기념 사택 예산 요청. 미국 북장로교회 해외선교본부 실행이사회 회의록 (1899년 4월 3일)

　한국. 제이콥슨 기념 사택 예산 요청. 한국 선교부가 서울의 제이콥슨 기념 사택에 대한 예산 외의 1,000달러 추가 요청에 대하여 1899년 2월 6일 선교본부 결정에서 이미 승인된 요청과 이 요청의 동일성을 고려하여 아무런 결정을 취하지 않았다.

Korea. Request for Appropriation for Jacobson Memorial House.
Minutes [of Executive Committee, PCUSA], 1837~1919
(Apr. 3rd, 1899)

　Korea. Request for Appropriation for Jacobson Memorial House. Upon request of the Korea Mission for $1,000 addition to the appropriation for the Jacobson Memorial House, at Seoul, no action was taken in view of the possible identity of this request with one, which had been already granted in the Board action of February 6th, 1899.

회의록, 한국 선교부 서울 지부 (미국 북장로교회) 1891~1921
(1899년 4월 27일)

한국 서울,
1899년 4월 27일

(중략)

제이콥슨 기념 사택 건축 위원회는 사업을 위해 선교본부에 추가로 1,000달러를 요청하는 편지를 쓰되, 선교본부에 유티카 노회의 숙녀들이 기부한 액수가 현재의 환율로 실제 계상(計上)하였던 것보다 더 많다는 사실을 제시하도록 요청받았다.

(중략)

Minutes, Seoul Station, Korea, 1891~1921 (PCUSA) (Apr. 27th, 1899)

Seoul, Korea,
April 27, 1899

(Omitted)

The committee on building the Jacobson Memorial House were asked to write a letter to accompany the request about to go to the Board for $1000 additional for the work, such letter setting before the Board the fact that the amount contributed by the ladies of Utica Presbytery in larger at current rates of exchange than that actually appropriated.

(Omitted)

올리버 R. 에비슨(매니토바 주 와와네사)이 프랭크 F. 엘린우드
(미국 북장로교회 해외선교본부 총무)에게 보낸 편지
(1899년 5월 4일)

(중략)

안나 P. 제이콥슨 기념 사택을 위한 계약이 맺어져 현장에서 건축이 시작되었습니다.

(중략)

Oliver R. Avison (Wawanesa, Man.),
Letter to Frank F. Ellinwood (Sec., BFM, PCUSA) (May 4th, 1899)

(Omitted)

The contract for the Anna P. Jacobson Memorial Home had been given out and work had been began on the site.

(Omitted)

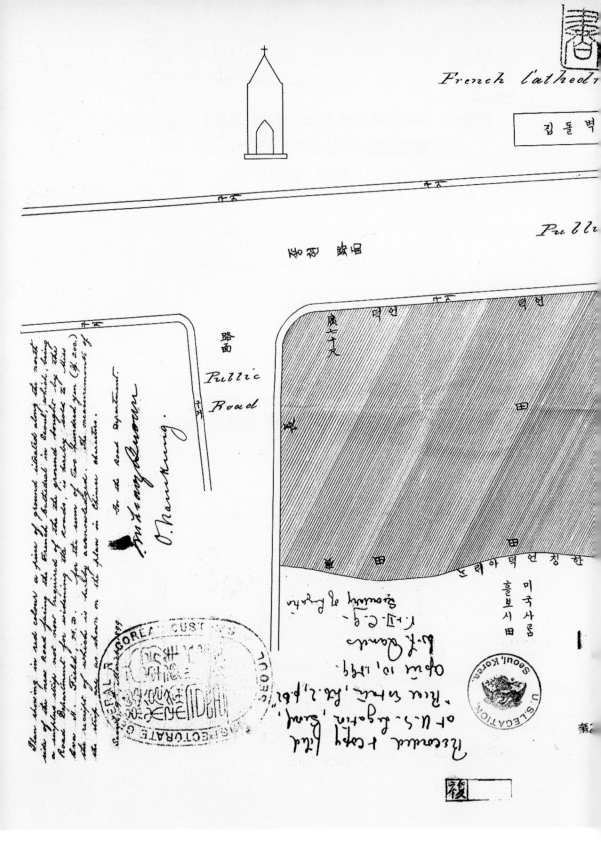

그림 27. 필드 명의로 구입한 제이콥슨 기념 사택 부지 지적도.

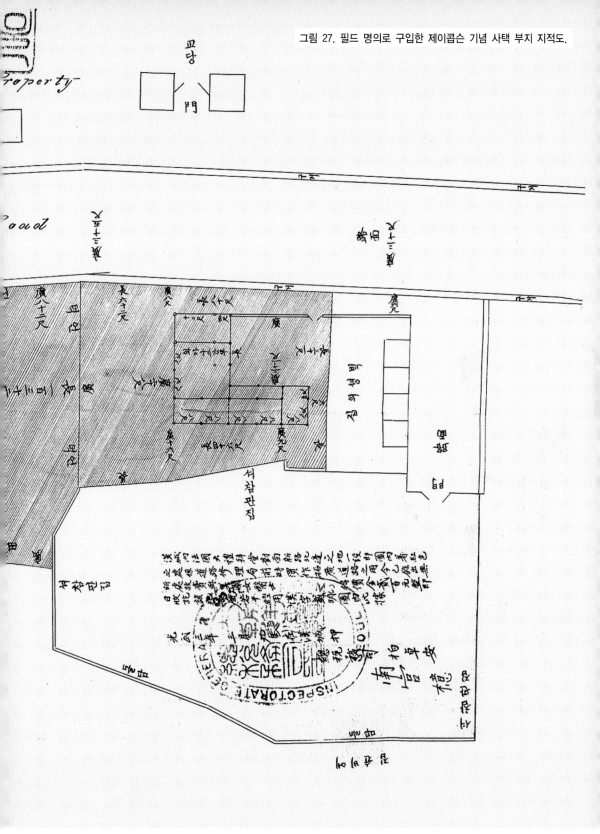

서울 프랑스 대성당 맞은편의 새로운 길 북측변에 위치하는 대지를 붉은 색으로 표시한 도면으로, 그것은 도로수리국이 도로 확장을 위하여 매입하였으나 현재 필요하지 않은 여분의 가늘고 긴 대지이며, 의학박사 에바 H. 필드 양에게 200엔에 매각하여 그 금액을 받았음을 공표한다. 그 대지의 치수는 도면에 한자로 표시하였다.

서울, 1899년 3월 9일
도로수리국을 위하여.
맥리비 브라운
남궁억

Plan showing in red colour a piece of ground situated along the north side of the new road facing the French Cathedral in Seoul, which, being a surplus strip not now required of the ground bought by the Road Department for widening the roads, is hereby sold to Miss Eva H. Field, M. D. for the sum of two hundred yen (￥200) the receipt of which is hereby acknowledged. The measurements of the strip are as shown on the plan in Chinese characters.

Seoul, 9th, March, 1899
For the Road Department.
McLeavy Brown
O. Namkung

漢城內 法國 大禮拜堂 對面 新路 北邊之 一段 即 圖內 着紅色之 處係 道路修理局 前時 買作拓廣道路之用 今已餘出 無所處 __賣與 美國 女醫士 得價 金貳百元整 即 日收訖 該地 長廣 若干 經用 漢字載明 圖內 ____

光武 三年 三月 九日 在漢城 押
總稅務司 拍卓安
南宮檍

그림 28. 제이콥슨 기념 사택.

그림 29. **제이콥슨 기념 사택에 있던 쉴즈의 서재.** 1900년경. 에스터 L. 쉴즈 사진첩, 프린스턴 신학교 소장.

그림 30. **쉴즈의 침실.** 1900년경. 에스터 L. 쉴즈 사진첩, 프린스턴 신학교 소장.

수전 A. 도티(서울),
1898~1899년 서울 지부의 총괄 보고서 (1899년 10월 2일)

(중략)
건물

(......)

제이콥슨 기념 사택은 거의 완성되고 있다. 이 건물의 위원회는 에비슨 박사가 업무의 책임을 맡을 것이라는 기대로 임명되었다. 그가 캐나다로 돌아가게 되자 아내의 병환 때문에 강변으로 이사를 했던 언더우드 박사가 위원회에서 활동하기로 승낙하였다. 그는 업무를 맡기에 너무 멀리 떨어져 있어 건축의 감독은 병원에서 근무하는 숙녀가 맡게 되었다. 에바 필드 박사가 그 책임을 맡았다.

(중략)

Susan A. Doty (Seoul),
General Report of Seoul Station, 1898~1899 (Oct. 2nd, 1899)

(Omitted)
Building.

(......)

The Jacobson Memorial Home is nearing completion. The committee for this building was appointed with the expectation that Dr. Avison would have charge of the work. Upon his return to Canada, Dr. Underwood, who had previously moved out to the river on account of Mrs. Underwood's illness, consented to act on the committee. He was away too much to be able to take charge of the work so the oversight of the building fell upon the ladies at the hospital. Dr. Eva Field has taken charge of it. (......)

제이콥슨 [기념] 사택 예산. 미국 북장로교회 해외선교본부 실행이사회 회의록, 1837~1919 (1899년 11월 6일)

제이콥슨 [기념] 사택 예산. 제이콥슨 기념 사택을 완공하기 위하여 은화 1,000달러를 추가로 배정하여 달라는 한국 선교부 자산 위원회의 요청이 담긴 에바 H. 필드 박사의 서한을 참조하여, 해당 금액을 승인하되 그 액수는 선교 본부가 1899년 2월 6일 회의에서 여자 선교부에서 특별 선물로 제공해야 하며 그런 크기의 부지를 구매하기 위하여 지출하기로 동의하였고 그 금액은 그 목적을 위하여 재무에게 지급한다고 의결하였다. (편지 필드 박사, 1899년 9월 19일)

Jacobson House Appropriation.
Minutes [of Executive Committee, PCUSA], 1837~1919
(Nov. 6th, 1899)

Jacobson House Appropriation. Referring to a letter from Dr. Eva H. Field, containing a request of the Property Committee of the Korea Mission, for an addition of $1000 silver, to complete the Jacobson Memorial House, it was "Resolved" that the amount be granted and that $1,200 silver, which the Board in its action of February 6th, 1899, agreed to appropriate for its purchase of the size, provided it should be given as a special gift by the Woman's Board, and which has now been paid to the Treasurer, be also granted for that purpose. (Letter Dr. Field, September 19th, 1899)

19000500

한국의 선교. 1900년 5월 총회에 제출된 미국 북장로교회 해외선교본부 제63차 연례 보고서, 160쪽

(중략)

연중 사택은 완성되었으며, "제이콥슨 기념 사택"으로 불릴 것이다. 기금은 서울 제중원에 고용된 첫 정규 간호사로, 많은 자기희생으로 충실하게 임무를 수행하다 사망한 제이콥슨 양을 기리기 위해 유티카 노회의 장로교회 선교회가 주로 마련하였다. 지금 그곳에는 필드 박사와 쉴즈 양이 살고 있으며, 병원과 책임 의사 에비슨 박사 사택 근처에 있다.

(중략)

Mission in Korea.

Sixty-third Annual Report of the BFM of the PCUSA. Presented to the General Assembly, May, 1900, p. 160

(Omitted)

During the year a house has been completed, to be known as the "Jacobson Memorial Home." The money was contributed chiefly by the Presbyterial Society of Utica Presbytery, in memory of Miss Jacobson, the first trained nurse employed at the Government Hospital in Seoul, who died while faithfully discharging her duties with much self-sacrifice. It is now occupied by Dr. Field and Miss Shields, and is adjacent to the hospital and residence of Dr. Avison, physician in charge.

(Omitted)

19000802

에스터 L. 쉴즈[북한(산)], 한국 - 1900 (1900년 8월 2일)

(중략)

필드 박사와 나는 유티카 장로회의 여성들이 마련해준 제이콥슨 기념관에 대하여 크게 감사하고 있다. 우리가 12월 4일 그곳으로 이사한 후 기념관 안 팎을 정돈해 우리들은 편안하게 보냈다.

(중략)

Esther L. Shields (Puk Han), Korea - 1900 (Aug. 2nd, 1900)

(Omitted)

The Jacobson Memorial Horne provided by the ladies of the "Utica Branch" has been greatly appreciated by Dr. Field and me; and since we moved there Dec. 4th, arrangements out-of-doors and in-doors for future use and comfort have occupied some of our time.

(Omitted)

1900년 9월 한국 평양에서 개최된 장로교회 선교부 회의 회의록
(1900년 9월 21일)

(중략)

평양, 1900년 9월 21일

제7일

(......)

의장은 제이콥슨 양의 무덤에 놓을 묘비에 대한 위원회에 에비슨 박사, 밀러 씨, 필드 박사, 그리고 위원회가 임명하는 그들과 연관된 한국인 2명을 임명하였다.

(중략)

Minutes of the Meeting of the Presbyterian Mission Held in Pyeng Yang Korea, September, 1900 (Sept. 21st, 1900)

(Omitted)

Pyeng Yang, Sep. 21, 1900

Seventh Day

(......)

The Chairman here appointed as committee on tombstone for Miss Jacobson's grave, Dr. Avison, Mr. Miller, Dr. Field and two Koreans to be associated with them, to be chosen by the committee.

(Omitted)

19010130

회의록, 한국 선교부 서울지부 (미국 북장로교회) 1891~1921
(1901년 1월 30일)

한국 서울,
1901년 1월 30일

지부의 소집된 회의는 병원의 여자 사택(제이콥슨 기념 사택)에서 서울 병원과 관련한 선교본부의 결정, 또한 정동 부지의 매각과 관련한 제안을 검토하기 위해 열렸다. 회의는 성경 봉독과 기도로 개회되었고, 병원 문제에 대한 토의로 이어졌다.

(중략)

Minutes, Seoul Station, Korea, 1891~1921 (PCUSA) (Jan. 30th, 1901)

Seoul,
Jan. 30th, 1901

A called meeting of the Station convened at the Ladies Residence Hospital (Jacobson Memorial House) to consider the action of the Board with regard to Seoul Hospital also certain proposal with regard to the sale of Chung Dong Property. The meeting was opened with reading and prayer and the discussion of the Hospital question followed.

(Omitted)

회의록, 한국 선교부 서울지부 (미국 북장로교회) 1891~1921
(1901년 10월 17일)

미드 기념 감리교회,
1901년 10월 17일

(중략)

동의에 의하여 바렛 양은 쉴즈 양이 돌아올 때까지 제이콥슨 기념 사택에 거주할 수 있는 허가를 받았다.

(중략)

Minutes, Seoul Station, Korea, 1891~1921 (PCUSA) (Oct. 17th, 1901)

Meade Memorial M. E. Church
Oct. 17th, 1901

(Omitted)

On motion Miss Barrett was given permission to live in the Jacobson Memorial Home until Miss Shields's return.

(Omitted)

19020501

올리버 R. 에비슨(서울)이 프랭크 F. 엘린우드(미국 북장로교회 해외선교본부 총무)에게 보낸 편지 (1902년 5월 1일)

(중략)

돌출부의 형태와 도시 고도와의 관계는 남산 정상의 성벽에서 반지름을 따라 도시 중심까지 수직 단면을 표시하기 위하여 첨부된 도면에서 판단할 수 있습니다.

우리는 동쪽에서 서쪽으로 바라보고 있어야 합니다. 왼쪽은 정상에 성벽이 있는 남산이고, 언덕은 일본인 마을이 위치한 다소 편평한 곳까지 가파르게 내려갑니다. 그런 다음 가톨릭 대성당이 부속 건물과 함께 위치하고 있습니다.

그런 다음 가로질러 우리 부지가 시작되는 훌륭한 거리로 가파르게 떨어지며, 그 건물은 필드 박사, 쉴즈 양 및 바렛 양이 거주하는 제이콥슨 기념 숙소인 것 같습니다. 그런 다음 약간 낮아졌다가 몇 피트 상승하는 곳에 저의 집이 있으며, 그 후 현재의 병원 부지까지 상당히 급격한 하락이 있으며 넓은 도로까지 경사가 나있고 가장 낮은 고도를 나타내는 넓은 배수로까지 완만하게 하락합니다.

이제 제이콥슨 기념 사택과 저의 집 사이의 공간으로 그림을 거꾸로 가면 바로 그것들 사이가 아니라 약간 서쪽으로 떨어져 있지만, 이 두 장소에 인접하여 있는 비달 부지로 알려진 곳이 기념 사택보다 약간 더 낮은 곳에 있으며 경사는 서쪽을 향해 있고 가톨릭 부지와 제이콥슨 기념 사택 사이를 지나는 길에 좁은 전면이 있습니다. 이 부지는 매물로 나와 있으며, 병원 부지로 구입하려고 많이 생각하였지만 충분히 크지 않고 동시에 서쪽으로 낮은 고도에 있는 작은 집 몇 채를 구입해야 할 필요가 있습니다.

(중략)

Oliver R. Avison (Seoul),
Letter to Frank F. Ellinwood (Sec., BFM, PCUSA) (May 1st, 1902)

(Omitted)

The conformation of the spur and its relation to the city level can be judged from the accompanying diagram which is intended to show a vertical section from the wall on the top of South Mountain to the center of the city along one radius.

We are supposed to be viewing it from the East, looking Westward. At the left is S. Mountain with the wall at the top and the hill runs rapidly down to a more or less flat plateau on which Japanese town is located. There is then a considerable rise to a large knoll upon which the R. C. Cathedral is situated with its accessory building.

Then there is an immediate drop to a street of good with across which our Compound begins, the building seem there being the Jacobson Memorial Home occupied by Dr. Field, Miss Shields and Miss Barrett. Then there is a slight dip and another rise of a few feet to the level on which my house is built and then a considerable fall to the present hospital site with a slope to a wide street and a gentle decline to the wide drain which represents the lowest level.

Now going backwards on the diagram to the space between the Jacobson Memorial Home and my house there lies, not directly between them but a little to the West and yet adjoining both these sites what is known as the Vidal property which lies on ground a trifle lower than that of the Jacobson Memorial, the slope facing the West and having a narrow frontage on the street which runs between the R.C. property and the Jacobsen Memorial. This property is for sale and we have thought much of buying it for a hospital site but it is not large enough and it would be necessary at the same time to buy some small houses lying still more to the West and on a lower level.

(Omitted)

19021001

올리버 R. 에비슨(위원회), 안나 P. 제이콥슨 기념비와 관련된 특별 위원회 보고서 (1902년 10월 1일)

세브란스 기념 병원   미국 북장로교회 선교부
올리버 R. 에비슨, 의학박사
병원장

한국 서울, 1902년 10월 1일

안나 P. 제이콥슨 기념비와 관련된 특별 위원회 보고서

위원회는 72.50엔의 기부금을 받았다. 높이가 약 6피트, 폭이 1피트인 사각형 화강암 기둥의 단순한 비석의 비용은 모든 것을 합해 70~80엔 정도이다.

제이콥슨 양이 사망한 이후 오랜 시간이 흘러 위원회의 위원장은 특히 이 목적을 위하여 지명된 사람이 아무도 없었기 때문에 이 문제에 대하여 한국인들에게 어떻게 접근해야 할지 난감해 하였고, 우리는 그것에 대하여 함께 하도록 한국인 친구들에게 묻지 않고 비석을 세울 것을 추천한다.

우리는 다음의 비문을 제안한다.

장로교회 선교 병원에서 간호사로 일정 기간 봉사한 후 1897년 1월
___세로 서울에서 사망한 안나 P. 제이콥슨을 사랑스럽게 기억하며.

우리는 75~80엔을 넘지 않는 비석을 즉시 세울 것을 추천한다.

삼가 제출합니다.
O. R. 에비슨
위원장, 위원회

Oliver R. Avison (Com.), Report of Special Committee re Anna P. Jacobson Memorial (Oct. 1st, 1902)

Severance Memorial Hospital
Oliver R. Avison, M. D.
Medical Supt.

Mission of Presbyterian Church in U. S. A.

Seoul, Korea, Oct. 1st 1902

Report of Special Committee re Anna P. Jacobsen Memorial

The committee has received subscriptions to the amount of 72.50 Yen. The cost of a simple headstone in the form of a pillar of granite about 6 feet high by I foot square will be about 70 to 80 yen, all set up.

Such a long time having elapsed since the death of Miss Jacobsen the chairman of the Committee felt at a loss how to approach the Koreans on the subject especially as no one had been named for the purpose and we recommend that the stone be erected without asking the Korean friend to join us in it.

We suggest the following inscription,

> In loving memory of Anna P. Jacobsen who after a period of service as nurse in the Presbyterian Mission Hospital died in Seoul January 1897, aged _____ years.

We recommend that a stone not to cost more than 75 to 80 yen be erected at once.

Respectfully submitted,
O. R. Avison
Chairman, Com.

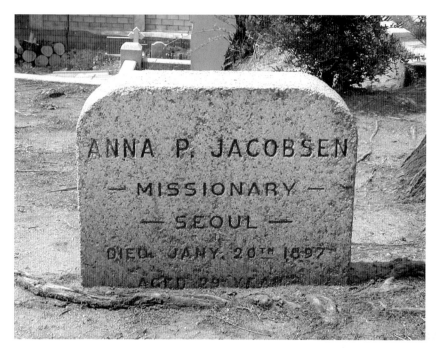

그림 31. 양화진 묘지에 있는 제이콥슨의 묘비석.

제중원 반환에 관한 약정서, 규23174 (1905년 4월 10일)

1905년 4월 10일, 조선정부 외무아문을 갑(甲)으로 하고 미국 장로교회 해외선교본부의 정식 위임을 받은 책임자 C. C. 빈튼을 을(乙)로 하여 다음과 같이 약정서를 작성한다.

1894년 갑과 을 사이에 체결된 협정(이것은 미국 변리공사 J. M. B. 실이 보낸 공문 제29호와 조선정부 외무대신 김윤식이 회답한 제24호에 실려 있다)에 의하면, 갑은 서울에 있는 정부병원 제중원을 을에게 인도하여 을이 자신의 비용으로 운영하도록 하며, 갑은 1년 전에 정식으로 을에게 환수 통고를 하고 양측이 합의한 금액을 지불하는 조건으로 언제든지 환수할 수 있도록 합의하였다.

현재 갑은 환수 의지를 전달하고 있으며, 을은 갑이 즉시 병원 자산을 소유하고 싶어 한다는 점을 이해하고 있다.

이에 따라 을은 다음의 사항들이 실행되는 조건으로, 전에 합의한 1년 전의 환수통고라는 권리를 철회하는 데 동의한다.

(중략)

(넷째) 갑은 을이 소유한 (제중원) 인접 자산을 매입하고자 하므로, 을은 저동(苧洞)에 소재한 을의 실제 자산 전부로 에바 H. 필드 박사가 전에 사용해온 부지, 건물, 그 후 보수한 시설들을 총 19,020원에 매각 양도하기로 한다. 갑은 19,020원을 즉시 전액 지불하며, 을은 지불 받은 즉시 적절한 양도 수속을 밟기로 한다. 아울러 이들 자산의 양도는 19,020원을 지불한 날짜로부터 1년 뒤에 집행되며, 이 부지에 있는 외국산 과수 및 다른 작물들은 을의 소유로 남겨두고 자산의 양도 전에 옮길 수 있다는 데에도 합의한다. 을은 지금의 합의에 따라 그 부지의 1년간 사용을 주장할 수 있지만, 갑은 자신의 판단에 따라 빈 부지에 건물을 세울 수 있으며 이 경우 공사가 시작되기 전에 현재의 건물과 정원(庭園) 주위에 적절한 담장을 쳐야한다.

이상의 내용에 대한 증거로 1905년 4월 10일 양측은 여기에 서명한다.

입회인

H. G. 언더우드

S. 후루야

Agreement on the Return of Jejoongwon Site and Building, Kunjanggak No. 23174 (Apr. 10th, 1905)

Articles of Agreement made this 10th day of April, 1905, between the Department for Foreign Affairs of the Korean Government, party of the First Part, and The Board of Foreign Missions of the Presbyterian Church in the United States of America, by C. C. Vinton, Treasurer, duly authorized, party of the Second Part, as follows

Whereas, in an agreement entered into between the party of the First Part and the party of the Second Part in the year 1894 (contained in despatch no. 29, from the Honorable J. M. B. Sill, Minister Resident of the United States, and in despatch no. 24 in reply thereto, from the Honorable Kim Yun Sik, Minister for Foreign Affairs of the Korean Government) it was agreed that the Government Hospital (Chei Chung Wan) in Seoul should be delivered over the party of the First Part to be operated by and at the expense of the party of the Second part, being subject to be resumed at any time by the party of the First Part upon one year's notice, duly given to the Party of the Second Part, of such intention and upon the payment by the party of the First Part to the party of the Second Part of certain sums as agreed; and

Whereas, the party of the First Part having now indicated its intention to give such notice of resumption, and it being understood by the party of the Second Part that the party of the First Part is very desirous of obtaining immediate possession of a portion of the hospital property;

Therefore, it is hereby agreed that the party of the Second Part consents to waive its claim to one year's notice as previously agreed, upon the carrying out of the following conditions

(Omitted)

(Fourth) The saad party of the First Part being desirous to purchase the adjoining property belonging the the said party of the Second Part, the party of the Second Part hereby agrees to sell and convey to the party of the First Part all that certain piece of land, with buildings and improvements thereon, situated in the district known as Chu Dong, in the city of Seoul, and formerly occupied by Dr. Eva H. Field, being all of the real property of the said party of the Second Part in the said district of Chu Dong, for the sum of yen 19020, which said sum of yen 19020 the said party of the First Part agrees to pay in full for the same, and upon receipt of the said sum the party of the Second Part agrees to execute and deliver to the said party of the First Part a proper deed or deeds of conveyance for the same; and it is further agreed that delivery of said property shall be given one year after the date of the payment of said sum of yen 19020, that the foreign fruit-trees and other growing plants upon said certain piece of land shall remain the property of the party of the Second Part and may be removed before the deliver of said property; Nevertheless the party of the Second Part shall claim the use during the said period of one year of only such portion of said piece of land as is agreed hereafter with the party of the First Part, but the party of the First Part shall be free to erect buildings upon such vacant portion of said piece of land as they shall elect, and shall enclose the present residence and its remaining garden land by a sufficient fence before beginning such erection.

In witness whereof the parties hereto have herewith set their hands and seals this 10th day of April, 1905

Ye Ha Yung
C. C. Vinton

In the presence of

H. G. Underwood

S. Furuya

병원 건물 및 기념 사택 양도 대금 수수관계서,
규23206 (1905년 4월 10일)

서울,
1905년 4월 10일

한국의 외부대신으로부터 30,289원 90전을 받았다. 이 돈은 오늘 외부와 체결한 계약, 즉 동현에 있는 병원 건물과 제이콥슨 기념 사택을 양도하는 계약에 따라 받기로 한 총 31,989원 90전의 일부이다. 나머지 1700원은 외부대신이 1894년에 합의된 시한에 관한 조항을 이행할 때까지 지불이 유보된다. 또한 오늘부터 18일 이내에 시한에 관한 결정을 내리기로 합의하였다. 지금 문제가 되고 있는 주택 임차와 이사 비용(1,700원) 지불이 승인되지 않으면 제이콥슨 기념관의 매매는 무효가 되고, 따라서 19,020원은 반환하기로 합의하였다.

C. C. 빈튼

[Document on the Payment for Returning the Hospital Site and Building, and the Jacobson Memorial Home to Korean Government.] Kunjanggak No. 23206 (Apr. 10th, 1905)

Seoul,
April 10, 1905

Received from the Korean Minister of Foreign Affairs the sum of thirty thousand two hundred and eighty-nine yen and ninety sen (￥30,289.90), being part of the full sum of thirty-one thousand nine hundred and eighty-nine yen and ninety sen called for by the contract entered into this day for the transfer with the Foreign Office of the hospital plants in Dong Hyun and of the Jacobson Memorial Home, the remaining one thousand and seven hundred yen being withheld until the Foreign Minister shall have satisfied himself concerning the time clause in the agreement of 1894; it being also agreed that such conclusion shall be reached within eighteen days from this date, and that if the rent and moving expense in question (yen 1700) be not allowed, the sale of Jacobson Memorial Home shall be annulled and the sum of 19,020 yen returned.

C. C. Vinton

토지 매매 계약서, 규23207 (1905년 4월 10일)

갑(甲), 즉 미 합중국 장로교회 해외선교부 한국지부의 책임자 빈튼은 서울 남부 저동 소재, 프랑스 성당과 면한 길의 북면에 위치한 대지와 개보수한 건물에 대한 모든 권리와 소유권을 을(乙), 즉 대한제국 외부에 매각하고 그 대금으로 19,020원을 수령하였음을 모든 사람에게 알린다. 상기 장소에 위치한 갑의 부동산은 다음의 증서에 보다 구체적으로 기록되어있다. 1899년 3월 26일자로 필드 양에게 발행된 판윤의 증서 3번과 4번. 서울에 있는 미국 총영사관 문서철 제2권 61쪽, 1899년 4월 10일자에 기록됨; 1899년 3월 9일 필드 양에게 발행된 도로국 증서. 문서철 제2권 62쪽, 1899년 4월 10일자에 기록됨; 1899년 9월 6일 필드 양에게 발행된 판윤의 증서 8번. 문서철 제2권 91쪽, 1899년 8월 26일자에 기록됨; 1899년 9월 12일에 필드 양에게 발행된 판윤의 증서 9번. 문서철 제2권 99쪽, 1899년 9월 21일자에 기록됨; 1899년 9월 12일에 필드 양에게 발행된 판윤의 증서 10번. 문서철 제2권 100쪽, 1899년 9월 21일자에 기록됨. 이 자산은 갑을 대표하여 필드가 구입해 소유하던 것임. 계승자인 을에게 상기 부동산을 영구히 양도함.

미 합중국 장로교회 해외선교부 한국지부의 책임자 빈튼은 증인으로서 그 이름을 서명한다.

미 합중국 장로교회 해외선교본부의 한국 선교부
빈튼
재무

대한제국
서울

1905년 4월 10일 미 합중국 장로교회 해외선교본부 한국 선교부의 재무인 빈튼은 서울 주재 미 총영사인 나 고든 패독 앞에서 개인 자격으로 출두하여 계약서에 기재된 내용대로 시행하였다고 말하였다. 그는 문서에 언급된 자산이 한국 선교부를 대신하여 에바 H. 필드가 구입하여 소유했던 것이라고 진술하였다.

고튼 패덕
미 합중국 총영사

[Land Sale Contract], Kyujanggak No. 23207 (Apr. 10th, 1905)

Know All Men by these Presents, that The Korea Mission of the Board of Foreign Missions of the Presbyterian Church in the United States of America, by C. C. Vinton, its Treasurer in Korea duly authorized, party of the first part, hereby sells and conveys to the Imperial Korean Foreign Office, party of the second part, in consideration of the payment of Yen 19,020.00, the receipt whereof is hereby acknowledged, all its right title and interest in and to that certain tract or parcel of land with the improvements thereon, situated at Chu Dong in the Southern District of Seoul, lying along the North side of the road facing the French Cathedral, and being all the real property of the party of the first part in the said locality, more particularly described in the following deeds:- Governor's deeds Nos. 3 and 4 to Miss Field, dated March 26, 1899, recorded in the American Consulate General at Seoul, Korea, in Liber 2 page 61, on April 10, 1899; Deed of the Road Department to Miss Field, dated March 9, 1899, recorded April 10, 1899 in Liber 2 page 62; Governor's deed No 8 to Miss Field, dated September 6, 1899, recorded August 26, 1899 in Liber 2 page 91; Governor's deed to Miss Field dated September 12, 1899, No 9, recorded September 21, 1899 in Liber 2 page 99, and Governor's deed No 10 to Miss Field, dated September 12, 1899, recorded September 21, 1899 in Liber 2 Page 100. The said property having been-purchased and held by Miss Eva H. Field, the grantee named in the above mentioned deeds for and on behalf of the said party of the first part. To have and to Hold unto the said party of the second part its successors and assigns forever.

In Witness Whereof the said Korea Mission of the Board of Foreign Missions of the Presbyterian Church in the United States of America, party of the first part, by its duly authorized Agent, has hereunto subscribed its name

The Korea Mission of the Board of Foreign Missions of the Presbyterian Church in the United States of America
by C. C. Vinton
Treasurer

Empire of Korea   :
                         : S. S.
City of Seoul,   :

On this day of April, 1905, before me, Gordon Paddock, American Consul General at Seoul, Korea, personally appeared C. C. Vinton, to me known and known to me to be the Treasurer of the Korea Mission of the Board of Foreign Missions of the Presbyterian Church in the United States of America, the individual described in and who executed the within instrument, and duly acknowledged to me that he executed the same for the purposes therin mentioned. He further stated to me that the property therein described was purchased and held by the grantee named in the before mentioned deeds, Eva H. Field, for and on behalf of the said Korea Mission.

Gordon Paddock
U. S. Consul General

1866년	4월 18일	노르웨이에서 출생
	8월 26일	루터 교회에서 세례를 받음
1886년	1월 31일	노르웨이 장로교회의 신자가 됨
		부모의 강압에 의한 약혼이 깨짐
		집에서 쫓겨나 가사 일을 하며 생활함
1889년	8월 27일	간호사 교육을 받기 위하여 메인 주 포틀랜드에 도착함 (3년 동안 가사 일을 함)
1890년	4월	포틀랜드 제일장로교회로 이적함
1892년	9월	포틀랜드 종합병원 간호사 양성소에 입학함
1893년	10월 24일	여자 선교회 뉴욕 지부장에게 졸업 후 선교사가 되겠다는 편지를 보냄
1894년	8월	포틀랜드 종합병원 간호사 양성소를 졸업함
1894년	5월 7일	검진의, 소견서를 보냄
		양성소 소장 어밀리어 L. 스미스, 추천서를 보냄
	9일	지원자의 보충 양식을 보냄
	11일	포틀랜드 종합병원원의 외과 의사 윌리엄 로렌스 다나, 추천서를 보냄
	13일	선교사 지원 편지를 보냄
	15일	모드 M. 알렌 박사, 한국 파송 여의사로 임명됨
	18일	친구 아델라 E. 호키스, 담임 목사인 시드니 S. 콩거, 코넬리아 M. 다우, 추천서를 보냄
	6월 4일	선교사로 임명되고, 임지가 한국으로 결정됨
	6월 22일	미국 시민으로 귀화함
	9월 20일	모드 M. 알렌 박사, 선교지가 인도로 변경됨

	12월 17일	조지아나 E. 화이팅 박사, 한국 파송 여의사로 임명됨
1895년	3월 4일	밴쿠버를 떠남
	17일	요코하마에 도착함
	4월 9일	서울에 도착함 (당일 오후부터 진료소에서 일을 함)
	7월 13일	콜레라 방역을 위해 제중원의 문을 닫음
	9월 13일	제중원에서의 업무를 다시 시작함
	10월 하순	언어 학습을 위하여 선교부로부터 6주 동안의 지방 체류를 허락 받음
	12월 중순	언어 학습을 마치고 돌아옴
	12월 이후	에비슨의 의학교에서 간호, 붕대 감기 및 안마를 강의함
1896년	4월 이후	매주 일요일마다 정동 교회의 주일 학교에서 강의함
	5월	언더우드 부인이 즈푸에 가 있을 때 모화관 진료소를 담당함
	8월	심한 이질에 걸림
	10월 초	병원 업무로 복귀함
	10월 말	병이 재발됨
1897년	1월 7일	간 천자술을 시행함 (집도: 에비슨)
	1월 11일	간농양 수술을 받음 (집도: 에비슨)
	20일	사망함
	22일	장례를 치르고 양화진 외국인 묘지에 안장됨
	27일	유품의 경매가 진행됨
	2월 15일	북장로교회 해외선교본부 실해이사회, 서울에 여의사와 간호사가 거주할 사택 경비를 마련하겠다는 뉴욕 유티카 노회의 제안을 허가함
	3월 27일	서울지부, 제이콥슨의 후임자를 요청함
	5월 3일	제이콥슨의 후임으로 에스터 L. 쉴즈가 임명됨
	11월 1일	필드, 에비슨 및 쉴즈, 제이콥슨 기념 사택 위원회에 임명됨
1899년	3월 9일	명동성당 맞은 편에 제이콥슨 기념 사택 부지를 구입함
	26일	필드에게 토지에 대한 판윤의 증서가 발행됨

12월 4일	에비 H. 필드와 에스터 L. 쉴즈 제이콥슨 사택으로 이사함	
1902년 10월 1일	안나 P. 제이콥슨 기념비와 관련된 특별 위원회가 보고서를 제출함	
1905년 4월 10일	제중원 부지와 건물을 반환하며 제이콥슨 기념관을 19,020원에 한국 정부에 매각 양도함	
2022년 1월 27일	제이콥슨 125주기를 기념하여 세브란스병원 간호국에서 묘역 방문 및 헌화	
2022년 4월	세브란스병원 간호국, 안나 P. 제이콥슨 자료집을 발간함	

1. 각종 공문서

병원 건물 및 기념관 양도 대금 수수관계서, 규23206 (1905년 4월 10일)
제중원 반환에 관한 약정서, 규23174 (1905년 4월 10일)
토지 매매 계약서, 규23207 (1905년 4월 10일)
1875 Norway Census
1891 Norway Census
1900 Norway Census
Maine, U. S., Federal Naturalization Records, 1787~1991
Norway, Church Records, 1812~1938

2. 메인 주 포틀랜드 관련 문서

1893 Directory of Portland and Vicinity, Volume 34 (Portland, Maine, Brown
    Thurston Co., 1893)
1894 Directory of Portland and Vicinity, Volume 35 (Portland, Maine, Brown
    Thurston Co., 1894)

3. 미국 북장로교회 관련 문서

*Annual Report of the Board of Foreign Mission of the Presbyterian Church in the
    U. S. A. Presented to the General Assembly*
Department of Missionary Personnel Records, 1832~1952, Presbyterian Church in
    the U. S. A., Board of Foreign Missions
Korea. *Presbyterian Church in the U. S. A., Board of Foreign Missions,
    Correspondence and Reports, 1833~1911*

Minutes [of Executive Committee, PCUSA], 1837~1919

Minutes, Seoul Station, Korea, 1891~1921 (PCUSA)

Presbyterian Church in the U. S. A. Board of Foreign Missions. Secretaries' files, 1829~95

4. 선교 관련 잡지

The Church at Home and Abroad

The Missionary

Woman's Work for Woman

5. 각종 신문 및 간행물

Japan Weekly Mail (Yokohama)

The Christian New (Seoul)

The Independent (Seoul)

The Korean Repository (Seoul)

* 쪽수 뒤의 f는 사진이나 그림을 나타낸다.

G

Gerrett, Marian E.	25
Gifford, Daniel L.	299
Gulliksen, Elisabet	9

H

Hawkes, Ardella E.	54

J

Jackobsen, Anders Jørgen	4
Jacobson Memorial Home	326, 345, 353, 358, 359, 367
Jakobsen, Anders	1, 9
Jakobsen, Anders Jørgen	2, 9
Jakobsen, Anders Oterbæk	2, 9
Jakobsen, Anne Petrea	2, 7, 9
Jakobsen, Anton	2
Jakobsen, Elisebet	2
Jakobsen, Even	9, 13
Jakobsen, Even A.	2
Jakobsen, Inger Marie	2, 9
Jakobsen, Julie	2, 9, 13
Jakobsen, Jørgen	13
Jakobsen, Maren	3, 9
Jakobsen, Maren Bertine	1, 9, 13, 14
Junkin, William M.	304

L

Leese, Alida M. Donnell	18

M

Main General Hospital Training School for Nurses	18
Maine Medical Center	18

Y

상우(尙友) 박형우(朴瀅雨) | 편역자

연세대학교 의과대학을 졸업하고. 모교에서 인체해부학(발생학)을 전공하여 1985년 의학박사의 학위를 취득하였다. 1992년 4월부터 2년 6개월 동안 미국 워싱턴 주 시애틀의 워싱턴 대학교 소아과학교실(Dr. Thomas H. Shepard)에서 발생학과 기형학 분야의 연수를 받았고, 관련 외국 전문 학술지에 다수의 연구 논문을 발표하고 귀국하였다.

1996년 2월 연세대학교 의과대학에 신설된 의사학과의 초대 과장을 겸임하며 한국의 서양의학 도입사 및 북한 의학사에 대하여 연구하였다. 1999년 11월에는 재개관한 연세대학교 의과대학 동은의학박물관의 관장에 임명되어 한국의 서양의학과 관련된 주요 자료의 수집에 노력하였다. 2009년 4월 대한의사학회 회장을 역임하였다.

최근에는 한국의 초기 의료선교의 역사에 대한 연구를 진행하여, 알렌, 헤론, 언더우드 및 에비슨의 내한 과정에 관한 논문을 발표하였다. 이를 바탕으로 주로 초기 의료 선교사들과 관련된 다수의 자료집을 발간하였으며, 2021년 8월 정년 후에는 상우연구소 소장으로 연구를 계속하고 있다.

박형우는 이러한 초기 선교사들에 대한 연구 업적으로 2017년 1월 연세대학교 의과대학 총동창회의 해정상을 수상하였고, 2018년 9월 남대문 교회가 수여하는 제1회 알렌 기념상을 수상하였다.

세브란스병원 간호국 | 발행처

세브란스병원 간호국은 근대 간호의 도입과 성장·발전에 관심을 가지고 2018년 『세브란스병원 간호의 역사』를 출간한 바 있다. 제중원에 파견된 첫 정규 간호사인 안나 P. 제이콥슨 125주기를 맞이하여, 간호국은 한국에서의 약 2년간의 활동과 출생에서 사망 이후까지의 기록을 정리하여 두 번째 역사 자료를 편찬하였다.

이번 출판을 통하여 세브란스병원 간호국은 제중원의 안나 P. 제이콥슨 후임으로 임명되어 세브란스병원 간호원양성소를 설립하고 한국 간호의 기초를 다져 국제적인 수준으로 올리고자 노력한 에스더 L. 쉴즈로 이어지는 근대 간호의 역사적 정통성을 확인하였다.

앞으로도 지속적인 근대 간호와 인물에 대한 연구 활동을 통하여 세브란스 간호가 한국 간호계를 선도해 온 역사적 의미를 되새기고 현대 간호가 나아갈 길을 제시하며, "하나님의 사랑으로 인류를 질병으로부터 자유롭게 한다"는 사명을 실천하고자 한다.